今注本二十四史

晋書

一二

傳〔二〕

唐 房玄齡等 撰

梁滿倉 主持校注

中国社会科学出版社

晋書　卷三七

列傳第七

宗室

安平獻王孚 子邕 邕弟義陽成王望 望子河間平王洪 洪子威 洪弟隨穆王整 整弟竟陵王楙 望弟太原成王輔 輔弟翼 翼弟下邳獻王晃 晃弟太原烈王瓌 瓌弟高陽元王珪 珪弟常山孝王衡 衡弟沛順王景　彭城穆王權 曾孫紘[1] 紘子俊　高密文獻王泰 子孝王略 略兄新蔡武哀王騰 騰子莊王確 略弟南陽王模 模子保　范陽康王綏 子虓　濟南惠王遂 曾孫勛　譙剛王遜 子閔王承 承子烈王無忌 無忌子敬王恬 恬子忠王尚之 尚之弟恢之 休之 允之 韓延之 恬弟愔　高陽王睦　任城景王陵 弟順 斌

安平獻王孚

安平獻王孚，字叔達，宣帝次弟也。初，孚長兄朗字伯達，宣帝字仲達，孚弟馗字季達，恂字顯達，進字惠達，通字雅達，敏字幼達，俱知名，故時號爲“八達”焉。孚温厚廉讓，博涉經史。漢末喪亂，與兄弟處危亡之中，簞食瓢飲，而披閱不倦。[2]性通恕，以貞白自立，未嘗有怨於人。陳留殷武有名於海内，[3]嘗罹譴，孚往省之，遂與同處分食，談者稱焉。

[1]曾孫紘：原本、宋本、殿本卷首目録作“孫紘”，無“曾”字，據中華本目録及正文人物關係改。

[2]披閱：開卷閱讀。披，翻開。

[3]陳留：郡國名，治所在小黄縣（今河南省開封市東）。

魏陳思王植有俊才，[1]清選官屬，以孚爲文學掾。[2]植負才陵物，孚每切諫，初不合意，後乃謝之。遷太子中庶子。[3]魏武帝崩，太子號哭過甚，孚諫曰：“大行晏駕，[4]天下恃殿下爲命。當上爲宗廟，下爲萬國，奈何效匹夫之孝乎！”太子良久乃止，曰：“卿言是也。”時群臣初聞帝崩，相聚號哭，無復行列。孚厲聲於朝曰：“今大行晏駕，天下震動，當早拜嗣君，以鎮海内，而但哭邪！”孚與尚書和洽罷群臣，[5]備禁衛，具喪事，奉太子以即位，是爲文帝。

[1]陳思王植：即曹植，三國時沛國譙縣（今安徽省亳州市）人，字子建，曹操第三子。封陳王，謚號思，故稱陳思王。善辭賦，建安文學領袖。

[2]文學掾：官名，州、郡、王國、丞相府均置，主管教育。

[3]太子中庶子：官名，太子侍從，掌侍從、奏事、諫議等。五品。

[4]大行：古代稱剛死而尚未定謚號的皇帝、皇后。　晏駕：指皇帝死亡。

[5]尚書：此指和洽的吏部尚書之職，三國魏時爲尚書省吏部曹長官，位居列曹尚書之上。三品。　和洽：字陽士，汝南西平（今河南省舞陽縣）人。東漢末避亂荆州，後歸附曹操。歷任曹魏侍中、郎中令、光禄勳、太常、廷尉、吏部尚書等職。

時當選侍中、常侍等官，[1]太子左右舊人頗諷諭主者，便欲就用，不調餘人。孚曰："雖有堯舜，必有稷契。[2]今嗣王新立，當進用海内英賢，猶患不得，如何欲因際會自相薦舉邪！官失其任，得者亦不足貴。"遂更他選。轉孚爲中書郎、給事、常侍，[3]宿省内，除黄門侍郎，[4]中騎都尉。[5]

[1]侍中：官名，東漢建安中與給事黄門侍郎出入禁中，省尚書事。曹魏時爲門下之侍中省長官，常侍衛皇帝左右，掌顧問應對、諫諍糾察、平議奏事、駁奏異議等，權力甚重。三品。　常侍：官名，散騎常侍、散騎中常侍、員外散騎常侍等官的省稱。三品。

[2]稷契：稷即后稷，周先祖，虞舜命爲農官，教民耕稼，稱爲"后稷"。契即殷契，商的祖先，爲帝嚳之子。舜時佐禹治水有功，任司徒，封於商，賜姓子氏。

[3]中書郎：官名，隸屬中書令。掌草擬詔書、外出執行重要使命等。亦作爲中書通事郎、中書侍郎的省稱。五品。　給事：給事中的省稱。五品。中華本作"給事、常侍"爲"給事常侍"，時無此官，當在"給事"與"常侍"中頓開。

[4]黄門侍郎：官名，魏晋時爲侍中省或門下省次官。侍從皇帝，顧問應對，多以重臣或外戚子弟擔任，位頗重要。五品。

[5]中：殿本作"加"。　騎都尉：官名，最高位領騎兵之武職，不領兵時爲侍衛武官。因親近皇帝，多以侍中兼任。與駙馬都

尉、奉車都尉並爲三都尉。六品。

時孫權稱藩，請送任子，[1]當遣前將軍于禁還，[2]久而不至。天子以問孚，孚曰："先王設九服之制，[3]誠以要荒難以德懷，不以諸夏禮責也。陛下承緒，遠人率貢。權雖未送任子，于禁不至，猶宜以寬待之。畜養士馬，以觀其變。不可以嫌疑責讓，恐傷懷遠之義。[4]自孫策至權，奕世相繼，惟强與弱，不在一禁。禁之未至，當有他故耳。"後禁至，果以疾遲留，而任子竟不至。大軍臨江，責其違言，吴遂絶不貢獻。後出爲河内典農，[5]賜爵關内侯，轉清河太守。[6]

［1］任子：即人質。

［2］前將軍：官名，漢代爲重號將軍，與後、左、右將軍並爲上卿。魏晋時常設，權位較兩漢時漸低，僅爲武官名號，略高於一般雜號將軍，不典禁兵，不與朝政。三品。　于禁：三國時泰山巨平（今山東省泰安市南）人，字文則。東漢末從濟北相鮑信起兵，後歸曹操。歷任平虜校尉、虎威將軍、左將軍、安遠將軍等職。樊城之戰兵敗，投降關羽。孫吴擒殺關羽，于禁亦被擒，後被釋還魏。

［3］九服：王畿以外的九等地區。《周禮・夏官・職方氏》："乃辨九服之邦國：方千里曰王畿，其外方五百里曰侯服，又其外方五百里曰甸服，又其外方五百里曰男服，又其外方五百里曰采服，又其外方五百里曰衛服，又其外方五百里曰蠻服，又其外方五百里曰夷服，又其外方五百里曰鎮服，又其外方五百里曰藩服。"

［4］懷遠：懷柔遠人，使之順服。

［5］河内：郡名，治所在野王縣（今河南省沁陽市）。　典農：

官名，典農中郎將、典農校尉、典農都尉的簡稱。掌管屯田事務、管理所部吏民。典農中郎將和典農校尉相當於郡守。六品。典農都尉相當於縣令。七品。

[6]清河：郡名，治所在清河縣（今山東省臨清市東北）。

初，魏文帝置度支尚書，[1]專掌軍國支計，朝議以征討未息，動須節量。及明帝嗣位，[2]欲用孚，問左右曰："有兄風不?"答云："似兄。"天子曰："吾得司馬懿二人，復何憂哉!"轉爲度支尚書。孚以爲擒敵制勝，宜有備預。每諸葛亮入寇關中，[3]邊兵不能制敵，中軍奔赴，[4]輒不及事機，宜預選步騎二萬，以爲二部，爲討賊之備。又以關中連遭賊寇，穀帛不足，遣冀州農丁五千屯於上邽，[5]秋冬習戰陣，春夏修田桑。由是關中軍國有餘，待賊有備矣。後除尚書右僕射，[6]進爵昌平亭侯，遷尚書令。[7]及大將軍曹爽擅權，[8]李勝、何晏、鄧颺等亂政，[9]孚不視庶事，但正身遠害而已。及宣帝誅爽，孚與景帝屯司馬門，[10]以功進爵長社縣侯，加侍中。

[1]度支尚書：官名，尚書省度支曹長官，掌全國財富的收支會計及事役、漕運、物價、屯田之政令。三品。

[2]明帝：即魏明帝曹叡，字元仲，文帝曹丕長子，公元226至239年在位。謚明，廟號烈祖。

[3]諸葛亮：三國時琅邪陽都（今山東省沂南縣南）人，字孔明。東漢末隨叔父諸葛玄依附荆州劉表，隱居躬耕於隆中。後加入劉備集團，協助劉備占領荆州、益州，實現三分之勢。劉備死後輔佐劉禪，南征南中，北伐曹魏，最終病逝於北伐前綫。　關中：地

區名，函谷關以西秦國故地，包括今河南省靈寶市以西及陝西省、甘肅省東部和四川省部分地區。

［4］中軍：軍事編制，相對外軍而言，即朝廷軍隊。

［5］冀州：三國魏時治所在信都縣（今河北省衡水市冀州區），西晋時移治房子縣（今河北省高邑縣西南）。　上邽：縣名，治所在今甘肅省天水市。

［6］尚書右僕射：官名，尚書令副手，掌拆閲封緘奏章文書、參議政事、諫諍駁議、監察百官。位在左僕射之下。三品。

［7］尚書令：官名，秦漢時爲尚書署長官。秩位雖低，權力甚重。魏晋時沿置，爲尚書省長官，綜理全國政務，參議大政，爲高級政務長官。三品。

［8］大將軍：官名，高級軍事統帥。曹魏時多以之屯駐長安，對付蜀漢，蜀漢以其爲最高軍事長官，孫吴則别置上大將軍居其上。西晋時爲八公之一，位居上公、大司馬下，三公之上。東晋時常專擅軍政事務。一品。　曹爽：三國時沛國譙縣（今安徽省亳州市）人，字昭伯，曹真子。明帝死，受遺詔與司馬懿共同輔政。後與司馬懿争權，爲司馬懿所殺。

［9］李勝：三國時南陽（今河南省南陽市）人，字公昭。歷任曹魏滎陽太守、河南尹等職。曹爽親信，司馬懿政變後被殺。　何晏：三國魏南陽宛（今河南省南陽市）人，字平叔，玄學家。曹爽親信，官至尚書，典選舉，司馬懿政變後被殺。　鄧颺：三國時南陽新野（今河南省新野縣）人，字玄茂。歷任曹魏尚書郎、洛陽令、潁川太守、大將軍長史、侍中、尚書等職。曹爽親信，司馬懿政變後被殺。

［10］司馬門：皇宫外門。

時吴將諸葛恪圍新城，[1]以孚督諸軍二十萬防禦之。[2]孚次壽春，[3]遣毌丘儉、文欽等進討。[4]諸將欲速擊之，孚曰："夫攻者，借人之力以爲功，且當詐巧，不可争力也。"故稽留月餘乃進軍，吴師望風而退。

[1]諸葛恪：三國時琅邪陽都（今山東省沂南縣南）人，字元遜，諸葛瑾長子，少有才名。歷任孫吴騎都尉、撫越將軍、領丹楊太守、威北將軍、大將軍等職。孫權卒後，輔立孫亮，拜太傅，改善國政，頗得人心。建興二年（253）伐魏失敗，損兵折將，國内怨聲載道。後爲孫峻所殺。　新城：郡名，曹魏黄初元年（220）改房陵郡置，治所在房陵縣（今湖北省房縣）。

[2]以孚督諸軍二十萬防禦之：殿本"孚"下有"進"字，"禦"作"禁"。

[3]次：軍隊駐扎。　壽春：縣名，治所在今安徽省壽縣東南。

[4]毌丘儉：三國時河東聞喜（今山西省聞喜縣東北）人，字仲恭。歷任曹魏尚書郎、羽林監、洛陽典農、荆州刺史、幽州刺史等職。後舉兵反司馬師，兵敗被殺。　文欽：三國時譙郡（今安徽省亳州市）人，字仲若。歷任曹魏牙門將、廬江太守、揚州刺史等職。後與毌丘儉起兵反對司馬師，兵敗投降孫吴，任孫吴鎮北大將軍。

魏明悼后崩，[1]議書銘旌，[2]或欲去姓而書魏，或欲兩書。孚以爲："經典正義，皆不應書。凡帝王皆因本國之名以爲天下之號，而與往代相别耳，非爲擇美名以自光也。天稱皇天，則帝稱皇帝；地稱后土，則后稱皇后。此乃所以同天地之大號，流無二之尊名，不待稱國號以自表，不俟稱氏族以自彰。是以《春秋》隱公三年《經》曰'三月庚戌天王崩'，尊而稱天，不曰周王者，所以殊乎列國之君也。'八月庚辰宋公和卒'，書國稱名，所以異乎天王也。襄公十五年《經》曰‘劉夏逆王后于齊’，不云逆周王后姜氏者，[3]所以異乎列國之夫人也。至乎列國，則曰‘夫人姜氏至自齊’，又曰‘紀伯姬卒’，[4]書國稱姓，此所以異乎天王后也。由此考之，尊稱皇帝，赫赫無二，何待於魏乎？尊稱皇后，彰以謚號，何待於姓乎？議者欲書魏者，此以爲天皇之尊，同於往古列國之君也。或欲書姓者，此以爲天皇之后，同於往古之夫人也。乖經典之大義，異乎聖人之明制，非所以垂訓將來，爲萬世不易之式者也。”遂從孚議。

［1］魏明悼后：曹魏明帝皇后，毛姓，黄初中入太子東宫，明帝即位，以爲貴嬪。太和元年（227）立爲皇后。後失寵被賜死。

［2］銘旌：豎在靈柩前標志死者官職和姓名的旗幡。

［3］逆周王后姜氏：楊伯峻注曰：“《公羊》以劉夏爲‘天子之大夫’，《穀梁》云‘劉夏，士也’；《左傳》則稱‘官師’，其非卿則可必。襄十四年《傳》稱其謚爲定公，或其後有升遷，死而賜謚乎。周制，天子娶親不迎親，而使卿往迎，公監之。劉夏非卿，故古之説《春秋》者以爲譏。”（楊伯峻：《春秋左傳注》，中華書局1981年版，第162頁）

［4］紀伯姬：事見《左傳・莊公四年》。楊伯峻注曰：“紀伯姬，隱二年紀裂繻所迎娶者。魯國君之女爲諸侯夫人者，據《經》《傳》所載，計有九人。紀伯姬、宋共姬、紀叔姬書卒書葬，鄫季姬、子叔姬、杞叔姬僅書卒，而子叔姬、杞叔姬乃杞桓公所遺棄者，至郯伯姬、齊子叔姬、杞伯姬則不書卒，而郯伯姬、齊子叔姬亦被出而歸者也。”（楊伯峻：《春秋左傳注》，第162頁）

遷司空。[1]代王淩爲太尉。[2]及蜀將姜維寇隴右，[3]雍州刺史王經戰敗，[4]遣孚西鎮關中，統諸軍事。征西將軍陳泰與安西將軍鄧艾進擊維，[5]維退。孚還京師，轉太傅。[6]

[1]司空：官名，魏晋南北朝爲名譽宰相，多爲大臣加官。晋八公之一，位在三公之末。一品。

[2]王淩：三國時太原祁縣（今山西省祁縣東南）人，字彦雲。歷任曹魏建武將軍、揚州刺史、豫州刺史、征東將軍、都督揚州諸軍事等職。密謀擁立楚王曹彪，廢黜齊王曹芳，謀泄被殺。　太尉：官名，曹操爲丞相後，太尉府屬官歸相府，晋時太尉雖爲八公之一、三公之首，實爲名譽宰相，多爲大臣加官。一品。

[3]姜維：三國時天水冀縣（今甘肅省甘谷縣東南）人，字伯約。本仕曹魏，後歸蜀漢。歷任征西將軍、凉州刺史、衛將軍、録尚書事、大將軍等職。蜀漢景耀六年（263）成都被曹魏軍攻破，後主投降，乃受命投降魏將鍾會。後與鍾會謀叛，失敗被殺。　隴右：地區名，指今甘肅省隴山以西地區。

[4]雍州：治所在姑臧縣（今甘肅省武威市）。東漢建安十八年（213）移治長安縣（今陝西省西安市西北）。　王經：三國時清河（今山東省臨清市東北）人，字彦緯。初爲江夏太守，因高貴鄉公事被殺。

[5]征西將軍：官名，東漢永元年間置，地位與雜號將軍、偏將軍、裨將軍等同。建安年間與征東、征南、征北將軍合稱四征將軍，地位提高。三品，加持節都督者二品。　陳泰：三國時潁川許昌（今河南省許昌市東）人，字玄伯，陳群之子。歷任散騎侍郎、護匈奴中郎將、雍州刺史、征西將軍、尚書僕射等職。　安西將軍：官名，東漢建安年間置，與安東、安南、安北將軍合稱四安將軍，爲出鎮某一地區的軍事長官，或作爲刺史等兼理軍務的加官，

權任頗重。三品，加持節都督者二品。　鄧艾：三國時義陽棘陽（今河南省南陽市南）人，字士載。歷任典農綱紀、尚書郎、討寇將軍、汝南太守、兖州刺史等職。平蜀漢有功，官至太尉。後爲鍾會所誣，以檻車徵回京師，中途爲衛瓘所殺。

[6]太傅：官名，晋爲八公之一。位上公，太宰之下、太保之上。一品。

及高貴鄉公遭害，[1]百官莫敢奔赴，孚枕尸於股，哭之慟，曰："殺陛下者臣之罪。"奏推主者。會太后令以庶人禮葬，孚與群公上表，乞以王禮葬，從之。孚性至慎。宣帝執政，常自退損。後逢廢立之際，未嘗預謀。景文二帝以孚屬尊，亦不敢逼。[2]後進封長樂公。

[1]高貴鄉公：曹髦，字彦士，曹丕孫。曹芳被廢後立爲帝。後爲司馬昭部下成濟所殺。

[2]亦不敢逼：殿本無"亦"字。

及武帝受禪，陳留王就金墉城，[1]孚拜辭，執王手，流涕歔欷，不能自勝。曰："臣死之日，固大魏之純臣也。"詔曰："太傅勛德弘茂，朕所瞻仰，以光導弘訓，鎮静宇内，願奉以不臣之禮。其封爲安平王，邑四萬户。進拜太宰、持節、都督中外諸軍事。"[2]有司奏，諸王未之國者，所置官屬，權未有備。帝以孚明德屬尊，當宣化樹教，爲群后作則，遂備置官屬焉。又以孚内有親戚，外有交游，惠下之費，而經用不豐，奉絹二千匹。及元會，[3]詔孚乘輿車上殿，帝於阼階迎拜。既坐，帝親奉觴上壽，如家人禮。帝每拜，孚跪而止之。又給以雲母輦、青蓋車。[4]

[1]金墉城：三國魏明帝時築。位於今河南省洛陽市東北漢魏洛陽城故址西北角。三面開門，南曰乾光門，東曰含春門，北曰逕門。城内又置西宫，西晋改爲永昌宫。魏晋時被廢的皇帝及后妃都安置於此。城小而固，爲攻占戍守要地。

[2]太宰：官名，即太師，因避司馬師名諱而改名太宰。八公之一，居上公之首，爲宰相之任。一品。　持節：官員外出持有皇帝授予的節杖，代表高等權威，常用於軍事長官出征。　都督中外諸軍事：官名，亦稱都督中外諸軍。全國最高軍事統帥，總統中央地方的内外諸軍，權力極大。

[3]元會：朝廷禮儀，每年元月初一朝會群臣。

[4]雲母輦：圖繪雲母作裝飾的車。　青蓋車：黑色傘蓋車。

孚雖見尊寵，不以爲榮，常有憂色。臨終，遺令曰："有魏貞士河内温縣司馬孚，[1]字叔達，不伊不周，[2]不夷不惠，[3]立身行道，終始若一。當以素棺單椁，斂以時服。"泰始八年薨，時年九十三。帝於太極東堂舉哀三日。[4]詔曰："王勛德超世，尊寵無二，期頤在位，[5]朕之所倚。庶永百齡，諮仰訓導，奄忽殂隕，哀慕感切。其以東園温明、秘器、朝服一具、衣一襲、緋練百匹、絹布各五百匹、錢百萬、穀千斛以供喪事。[6]諸所施行，皆依漢東平獻王蒼故事。"[7]其家遵孚遺旨，所給器物，一不施用。帝再臨喪，親拜盡哀。及葬，又幸都亭，望柩而拜，哀動左右。給鑾輅輕車，[8]介士武賁百人，[9]吉凶導從二千餘人，前後鼓吹，[10]配饗太廟。九子：邕、望、輔、翼、晃、瓌、珪、衡、景。

［1］温縣：治所在今河南省温縣西南。

［2］不伊不周：不像伊尹、周公那樣有輔佐之功。

［3］不夷不惠：没有伯夷、柳下惠那樣的賢名。

［4］太極：太極殿。《初學記》卷二四《居處部·殿》："歷代殿名，或沿或革，唯魏之太極，自晋以降，正殿皆名之。摯虞《決疑要注》云：'其制有陛，左城右平者，以交磚相亞；次城者爲階級也。九錫之禮，納陛以登，謂受此陛以上殿。'"

［5］期頤：一百歲。

［6］東園：官署名。秦漢置。掌管陵墓内器物、葬具的製造與供應，屬少府。　温明：古代葬器。《漢書》卷六八《霍光傳》注引服虔曰："東園處此器，形如方漆桶，開一面，漆畫之，以鏡置其中，以懸屍上，大斂并蓋之。"　秘器：即棺材。《漢書》卷九三《佞幸·董賢傳》："及至東園秘器，珠襦玉柙，豫以賜賢，無不備具。"顔師古注引《漢舊儀》："東園秘器作棺梓，素木長二丈，崇廣四尺。"

［7］東平獻王蒼：即劉蒼，劉秀之子。建武十五年（39）封東平公，兩年後進爵爲王。明帝時拜驃騎將軍。少好經書，明禮制，曾與公卿共議定諸多禮儀制度。後因聲望日重，恐遭猜忌，屢求退身就國。章帝時，恩禮之過於明帝。

［8］鑾輅輕車：裝飾鈴鐺的輕車。《古今注·鑾輅》："鑾輅衡上金爵者，朱鳥。口銜鈴，鈴謂之鑾，所謂和鑾也。"

［9］介士武賁：即甲士虎賁。"武"應爲"虎"，唐人的避諱字。

［10］鼓吹：儀仗隊中的樂隊。由管樂和打擊樂組成。

邕，字子魁。初爲世子，拜步兵校尉、侍中。[1]先孚卒，追贈輔國將軍，[2]謚曰貞。邕子崇爲世孫，又早夭。泰始九年，立崇弟平陽亭侯隆爲安平王。立四年，咸寧二年薨，[3]謚曰穆。無子，國絶。

[1]步兵校尉：官名，東漢時隸屬北軍中候，爲北軍五校尉之一。魏晋時隸屬中領軍，領宿衛營兵。四品。

[2]輔國將軍：官名，屬將軍名號，三國兩晋皆置。三品。

[3]咸寧二年：二年，殿本作“三年”。

義陽成王望，字子初，出繼伯父朗，寬厚有父風。仕郡上計吏，[1]舉孝廉，[2]辟司徒掾，[3]歷平陽太守、洛陽典農中郎將。[4]從宣帝討王淩，以功封永安亭侯。遷護軍將軍，[5]改封安樂鄉侯，加散騎常侍。[6]時魏高貴鄉公好才愛士，望與裴秀、王沉、鍾會並見親待，[7]數侍宴筵。[8]公性急，秀等居内職，急有召便至。以望外官，特給追鋒車一乘，[9]武賁五人。時景文相繼輔政，[10]未嘗朝覲，權歸晋室。望雖見寵待，每不自安，由是求出，爲征西將軍、持節、都督雍凉二州諸軍事。[11]在任八年，威化明肅。先是蜀將姜維屢寇關中，及望至，廣設方略，維不得爲寇，關中賴之。進封順陽侯。徵拜衛將軍，[12]領中領軍，[13]典禁兵。尋加驃騎將軍、開府。[14]頃之，代何曾爲司徒。[15]

[1]上計吏：亦稱計吏，地方政府派赴中央呈遞計簿的官員。

[2]孝廉：漢代選拔人才的科目。

[3]司徒掾：司徒府屬官。

[4]平陽：郡名，治所在平陽縣（今山西省臨汾市西南）。洛陽：古都名，戰國時稱雒陽，三國曹魏時改爲洛陽。在今河南省

洛陽市東北。　典農中郎將：官名，簡稱典農，掌管屯田事務、管理所部吏民，相當於郡守。六品。

［5］護軍將軍：官名，東漢建安十二年（207）曹操改丞相府護軍爲中護軍，資重者可遷護軍將軍，典武官選舉，與中領軍同掌禁軍。曹魏時四品，西晋時三品。

［6］散騎常侍：官名，三國魏文帝黄初年間置，侍從皇帝左右，諫諍得失，顧問應對，與侍中等共平尚書奏事。也用作宰相、諸公等加官，入宫議政。三品。

［7］裴秀：字季彦，本書卷三五有傳。　王沉：晋陽（今山西省太原市西南）人，字處道，本書卷三九有傳。　鍾會：三國時潁川長社（今河南省長葛市東）人，字士季。鍾繇之子。歷任秘書郎、尚書郎、中書侍郎、黄門侍郎、司隸校尉等職。破蜀後因與姜維謀叛，失敗被殺。

［8］宴筵：殿本乙作“筵宴”。

［9］追鋒車：古代一種輕便的驛車，因車行疾速，故名。

［10］景文：景帝司馬師和文帝司馬昭。

［11］都督雍凉二州諸軍事：上述二州最高軍事行政長官。

［12］衛將軍：官名，魏晋時位在名號將軍之上，多爲軍府名號，加給大臣、重要州郡長官。二品，開府位從公者一品。宋本無“衛”字。

［13］領：以職位較高的官員兼理較低的職務。　中領軍：官名，東漢建安中曹操改領軍置。與中護軍皆典禁兵，屬丞相府。三品。

［14］驃騎將軍：官名，西漢時爲重號將軍，東漢以後，居諸名號將軍之首，僅作爲軍府名號加授大臣或重要州郡長官。二品，開府位從公者一品。　開府：開設府署，辟置僚屬。魏晋時常以此作爲對高級官員的寵待。

［15］何曾：字穎考，本書卷三三有傳。　司徒：官名，西漢哀帝元壽二年（前1）改丞相爲大司徒，東漢光武帝時改名爲司徒，

東漢末又改爲丞相。三國魏恢復三公制，改丞相爲司徒，管理民政。兩晋沿制，爲八公之一，在太尉之下、司空之上。與丞相通職，一般不並置，爲名譽宰相。一品。

武帝受禪，封義陽王，邑萬户，給兵二千人。泰始三年，詔曰："夫尚賢庸勛，[1]尊宗茂親，所以體國經化，式是百辟也。[2]且臺司之重，[3]存乎天官，故周建六職，[4]政典爲首。司徒、中領軍，以明德近屬，世濟其美；祖考創業，翼佐大命，出典方任，入贊朝政，文德既著，武功宣暢。逮朕嗣位，弼道惟明，宜登上司，兼統軍戎，内輔帝室，外隆威重。其進位太尉，中領軍如故。置太尉軍司一人、參軍事六人、騎司馬五人。[5]又增置官騎十人，并前三十，假羽葆、鼓吹。"

[1]尚賢庸勛：崇尚賢才，讓他們建勛立功。

[2]式是百辟：作爲百官的楷模。

[3]臺司：《文選·羊祜〈讓開府表〉》："臣昨出，伏聞恩詔，拔臣使同臺司。"李善注："臺司，三公也。"

[4]六職：即天、地、春、夏、秋、冬六官。

[5]太尉軍司：官名，太尉府負責軍事方面的僚屬。軍司，官名，即軍師，因避司馬師諱，故改。爲諸軍府主要僚屬，佐主帥統軍隊，負有匡正監察主帥之責，地位很高，常繼任主帥。　參軍事：官名，亦作參軍，謂參謀軍事。兩晋公府、軍府皆置。　騎司馬：官名，太尉府的幕僚，參讚軍務。

吴將施績寇江夏，[1]邊境騷動。以望統中軍步騎二萬，出屯龍陂，[2]爲二方重鎮，假節，[3]加大都督諸軍事。[4]會荆州刺史胡烈距績，[5]破之，望乃班師。俄而吴將丁奉寇芍陂，[6]望又率諸軍以赴之，未至而奉退。拜大司馬。[7]孫皓率衆向壽春，[8]詔望統中軍二萬，騎三千，據淮北。皓退，軍罷。泰始七年薨，時年六十七，賻贈有加。[9]望性儉吝而好聚斂，身亡之後，金帛盈溢，以此獲譏。四子：弈、洪、整、楙。

[1]施績：三國孫吴將領，丹楊故鄣（今浙江省安吉縣北）人，字公績。其父孫吴將軍朱然，本姓施，至施績改回原姓。歷任孫吴建忠都尉、平魏將軍、驃騎將軍、上大將軍等職。建衡二年（270）卒。　江夏：郡名，此指曹魏所置江夏郡，治所在上昶城（今湖北省雲夢縣）。

[2]龍陂：又作龍川、龍泉。位於今湖北省荆州市沙市區北紀南城西南。

[3]假節：假以節杖。指大臣臨時持節出巡，爲權臣掌軍、秉政的地位象徵和政治待遇。

[4]大都督諸軍事：官名，即所駐龍陂地區最高軍事行政長官，加“大”字，以示權重。

[5]荆州：三國時曹魏治新野縣（今河南省新野縣），孫吴治江陵縣（今湖北省江陵縣），西晋統一後治所在江陵縣（今湖北省江陵縣）。　胡烈：三國時安定臨涇（今甘肅省鎮原縣東南）人。胡遵之子。

[6]丁奉：三國時廬江安豐（今河南省固始縣東南）人，字承淵。歷任孫吴偏將軍、冠軍將軍、左將軍、大將軍等職。官至右大司馬左軍師。　芍陂：又名龍泉陂，位於今安徽省壽縣南。漢唐間屢有修治，隋唐以後稱安豐塘。

[7]大司馬：官名，八公之一，位在上公之下、大將軍及三公之上，高級將帥，多爲大臣加官。一品。

[8]孫皓：殿本無“孫”字。
[9]賻贈：贈與辦喪事用的財物。

弈至黄門郎,[1]先望卒。整亦早亡。以弈子奇襲爵。奇亦好畜聚，不知紀極,[2]遣三部使到交廣商貨,[3]爲有司所奏，太康九年，詔貶爲三縱亭侯。更以章武王威爲望嗣。後威誅，復立奇爲棘陽王以嗣望。

[1]黄門郎：官名，黄門侍郎或給事黄門侍郎的省稱。五品。
[2]紀極：限度。
[3]交：交州，又稱交阯，公元前2世紀初南越王趙佗置，後屬西漢。東漢改爲交州，治所在番禺縣（今廣東省廣州市），三國時移治龍編縣（今越南社會主義共和國河北省仙游縣東）。 廣：廣州，治所在番禺縣（今廣東省廣州市）。

河間平王洪，字孔業，出繼叔父昌武亭侯遺。仕魏，歷位典農中郎將、原武太守,[1]封襄賁男。武帝受禪，封河間王。立十二年，咸寧二年薨。二子：威、混。威嗣，徙封章武。其後威既繼義陽王望，更立混爲洪嗣。混歷位散騎常侍，薨。

[1]原武：縣名，治所在今河南省原陽縣。《魏書·地形志》：“原武，二漢屬河南郡，晋罷。”本書《地理志》無此縣。因司馬洪所任典農中郎將爲郡級農官，所以稱爲太守。

及洛陽陷，混諸子皆没於胡。而小子滔初嗣新蔡王確，亦與其兄俱没。後得南過,[1]與新蔡太妃不協。太興二年上疏，以兄弟並没在遼東，[2]章武國絶，宜還所生。太妃訟之，事下太常。[3]太常賀循議：[4]“章武、新蔡俱承一國不絶之統，義不得替其本宗而先後傍親。按滔既已被命爲人後矣，必須無復兄弟，本國永絶，然後得還所生。今兄弟在遠，不得言無，道理雖阻，復非絶域。且鮮卑恭命，信使不絶。自宜詔下遼東，依劉群、盧諶等例，[5]發遣令還，繼嗣本封。謂滔今未得便委離所後也。”元帝詔曰：“滔雖出養，自有所生母。新蔡太妃相待甚薄，滔執意如此。如其不聽，終當紛紜，更爲不可。今便順其所執，還襲章武。”

[1]南過：過，殿本作“還”。

[2]遼東：郡名，治所在襄平縣（今遼寧省遼陽市）。

[3]太常：官名，漢代稱奉常，本掌禮樂宗廟、社稷祭祀，魏晋時此職掌歸尚書裁定，太常成爲閑職。三品。

[4]賀循：字彦先，本書卷六八有傳。

[5]劉群：字公度，本書卷六二有傳。　盧諶：劉琨别駕、從事中郎。劉琨爲段匹磾所害，二人率餘衆依段末波，後投後趙石虎。

滔歷位散騎常侍，薨，子休嗣。休與彭城王雄俱奔蘇峻。[1]峻平，休已戰死。弟珍時年八歲，以小弗坐。咸和六年襲爵，位至大宗正。[2]薨，無嗣。[3]河間王欽以子範之繼，位至游擊將軍。[4]薨，子秀嗣。義熙元年，爲桂陽太守。[5]秀妻桓振之妹，[6]振作逆，秀不自安，謀反，伏誅，[7]國除。

[1]彭城王雄：司馬雄，司馬釋之子，司馬權之孫。　蘇峻：字子高，本書卷一〇〇有傳。

[2]大宗正：官名，宗正别稱，亦稱宗正卿。掌皇族事務。曹魏時多以皇族擔任，兩晋有時兼以外姓。三品。

[3]無嗣：嗣，原本、宋本無此字，殿本有，據殿本補。

[4]游擊將軍：官名，禁軍將領，與驍騎將軍分領命中虎賁，掌宿衛之任。隸屬中領軍（領軍將軍）。四品。殿本作“游擊大將軍”。

[5]桂陽：郡名，治所在郴縣（今湖南省郴州市）。

[6]桓振：字道全，本書卷七四有傳。

[7]伏誅：伏，原本作“休”，宋本作“休”，殿本作“伏”。據殿本改。

威，字景曜，初嗣洪。咸寧三年，徙封章武。太康九年，嗣義陽王望。威凶暴無操行，諂附趙王倫。[1]元康末，爲散騎常侍。倫將篡，使威與黄門郎駱休逼帝奪璽綬，倫以威爲中書令。倫敗，惠帝反正，曰：“阿皮捩吾指，奪吾璽綬，不可不殺。”阿皮，威小字也。於是誅威。

[1]趙王倫：司馬倫，字子彝，本書卷五九有傳。

隨穆王整，兄奕卒，以整爲世子。歷南中郎將，[1]封清泉侯，先父望薨，追贈冠軍將軍。[2]武帝以義陽國一縣追封爲隨縣王。[3]子邁嗣。[4]太康九年，以義陽之平林益邁爲隨郡王。[5]

［1］南中郎將：官名，與東、西、北中郎將並稱四中郎將，統兵征戰，權職甚重。四品。

［2］冠軍將軍：官名，曹魏、孫吴、西晋皆置。西晋時領營兵。三品。

［3］義陽國：西晋置，治所在新野縣（今河南省新野縣），東晋末改爲義陽郡，移治平陽縣（今河南省信陽市）。

［4］子邁嗣：中華本校勘記："《職官志》'邁'作'萬'。"

［5］平林：縣名，治所在今湖北省隨州市東北。

竟陵王楙，字孔偉，初封樂陵亭侯，起家參相國軍事。武帝受禪，封東平王，邑三千九十七户。入爲散騎常侍、尚書。

楙善諂諛，曲事楊駿。[1]及駿誅，依法當死，東安公繇與楙善，故得不坐。尋遷大鴻臚，[2]加侍中。繇欲擅朝政，與汝南王亮不平。[3]亮託以繇討駿顧望，免繇、楙等官，遣楙就國。楙遂殖財貨，奢僭踰制。趙王倫篡位，召還。及義兵起，倫以楙爲衛將軍、都督諸軍事。倫敗，楙免官。齊王冏輔政，[4]繇復爲僕射，[5]舉楙爲平東將軍、都督徐州諸軍事，[6]鎮下邳。[7]成都王穎輔政，[8]進楙爲衛將軍。

［1］楊駿：字文長，本書卷四〇有傳。

［2］大鴻臚：官名，九卿之一，掌賓客迎送接待、贊襄引導朝會百官等。三品。

［3］汝南王亮：司馬亮，字子翼，本書卷五九有傳。

［4］齊王冏：司馬冏，字景治，本書卷五九有傳。

［5］僕射：官名，即尚書僕射。秦漢爲尚書令副貳，東漢建安

四年（199）分置左、右，爲尚書省次官。三品。

[6]平東將軍：官名，與平北、平南、平西將軍合稱四平將軍，權任很重，多持節都督或監某一地區的軍事，有時亦作爲刺史等地方官員兼理軍務的加官。三品，加持節都督者二品。　都督徐州諸軍事：徐州地區最高軍事行政長官。

[7]下邳：縣名，治所在今江蘇省睢寧縣古邳鎮東。

[8]成都王穎：司馬穎，字章度，本書卷五九有傳。

會惠帝北征，即以楙爲車騎將軍，[1]都督如故，使率衆赴鄴。[2]蕩陰之役，[3]東海王越奔于下邳，[4]楙不納，越乃還國。帝既西幸，越總兵謀迎大駕，楙甚懼。長史王脩説曰：[5]"東海宗室重望，今將興義，公宜舉徐州以授之，此克讓之美也。"楙從之，乃身承制都督兖州刺史、車騎將軍，[6]表於天子。時帝在長安，遣使者劉虔即拜焉。

[1]車騎將軍：官名，魏晋南北朝時位次於驃騎將軍，在諸名號將軍之上，多作爲軍府名號，以加授大臣及重要州郡長官。二品，開府位從公者一品。

[2]鄴：縣名，治所在今河北省臨漳縣西南。

[3]蕩陰：縣名，治所在今河南省湯陰縣。

[4]東海王越：司馬越，字元超，本書卷五九有傳。

[5]長史：官名，掌顧問參謀，爲所在官署掾屬之長。魏晋南北朝時王府、公府、軍府、邊郡均置。此爲車騎將軍府長史，六品。

[6]身承制：自稱秉承皇帝旨意。身，殿本作"自"。　兖州：三國魏治所在廩丘縣（今山東省鄆城縣西北），晋惠帝末，兖州闔境淪没於石勒。東晋元帝僑置兖州，治京口（今江蘇省鎮江市）。

楙慮兖州刺史苟晞不避己，[1]乃給虔兵，使稱詔誅晞。晞時已避位，楙在州徵求不已，郡縣不堪命。范陽王虓遣晞還兖州，徙楙都督青州諸軍事。[2]楙不受命，背山東諸侯，與豫州刺史劉喬相結。[3]虓遣將田徽擊楙，破之，楙走還國。帝還洛陽，楙乃詣闕。

[1]苟晞：字道將，本書卷六一有傳。原本作“荀晞”，宋本、殿本作“苟晞”，依宋本、殿本改。

[2]都督青州諸軍事：青州地區最高軍事行政長官。

[3]豫州：曹魏時治所在安城縣（今河南省正陽縣東北），西晋時移治陳縣（今河南省周口市淮陽區）。　劉喬：字仲彦，本書卷六一有傳。

及懷帝踐阼，改封竟陵王，拜光禄大夫。[1]越出牧豫州，留世子毗及其黨何倫訪察宫省。楙白帝討越，乃合衆襲倫，不克。帝委罪於楙，楙奔竄獲免。越薨，乃出。及洛陽傾覆，爲亂兵所害。

[1]光禄大夫：官名，三公等大臣告老回家即拜此職，或作爲在朝顯職的加官。三品，開府位從公者一品。

太原成王輔，魏末爲野王太守。[1]武帝受禪，封渤海王，邑五千三百七十九户，泰始二年之國。後爲衛尉，[2]出爲東中郎將，[3]轉南中郎將。咸寧三年，徙爲太原王，監并州諸軍事。[4]太康四年入朝，五年薨，追贈鎮北將軍。[5]永平元年，更贈衛將軍、開府儀同三司。[6]

子弘立，[7]元康中爲散騎常侍，後徙封中丘王。三年薨，子鑠立。

[1]野王：縣名，治所在今河南省沁陽市。

[2]衛尉：官名，掌宫廷禁衛，兼管武庫、冶鑄，領江北冶令三十九員、南北東西諸督冶掾。三品。

[3]東中郎將：官名，東、西、南、北四中郎將之一，統兵征伐，多有固定的轄區和治所。四品。

[4]監并州諸軍事：并州地區軍事行政長官，位次於都督。

[5]鎮北將軍：官名，東漢建安年間置，與鎮西、鎮南、鎮東將軍合稱四鎮將軍，多爲持節都督，出鎮方面。曹魏二品。晋三品，加持節都督者二品。

[6]開府儀同三司：官名，三國魏始置。爲大臣加號，意謂與太尉、司徒、司空三司待遇相同，許開設府署，任命僚屬。

[7]子弘立：中華本校勘記："勞校：《惠紀》'弘'作'泓'。"

翼，字子世，少歷顯位，官至武賁中郎將，[1]武帝未受禪而卒。[2]以兄邕之支子承爲嗣，封南宫縣王。薨，子祐嗣立，承遂無後。[3]

[1]武賁中郎將：官名，光禄勛屬官，統率宿衛兵。"武"應爲"虎"，唐人避諱字。

[2]武帝未受禪而卒：中華本"武帝"前用句號，"而卒"後用逗號。萬久富認爲，"武帝未受禪而卒"是説"翼在武帝登位前就死了"，"武帝未受禪"表示時間，句子的主語仍然是"翼"。因此可將"中郎將"後的句號改成逗號，把"而卒"後的逗號改成句號。(参見萬久富《〈晋書〉點校劄記》，《南通師範學院學報》1999 年第 3 期)

[3]子祐嗣立，承遂無後：中華本校勘記：“《武紀》‘祐’作‘祜’。又疑‘立’爲‘出’字之誤。考《禮志》，安平穆王隆無子，以敦爲嗣。敦又無子，以祐嗣敦，故曰‘嗣出’。承祇一子，既出繼，故曰‘承遂無後’。”

下邳獻王晃，字子明，魏封武始亭侯，[1]拜黄門侍郎，改封西安男，出爲東莞太守。[2]武帝受禪，封下邳王，邑五千一百七十六户，泰始二年就國。

[1]魏封武始亭侯：原本、宋本作“魏武封始亭侯”，殿本作“魏封武始亭侯”，據殿本、中華本校勘記改。

[2]東莞：郡名，東漢建安初置，治所在今山東省沂水縣東北，西晋元康年間移治莒縣（今山東省莒縣）。

晃孝友貞廉，謙虚下士，甚得宗室之稱。後爲長水校尉、南中郎將。[1]九年，詔曰：“南中郎將、下邳王晃清亮中正，體行明潔，才周政理，有文武策識。其以晃爲使持節、都督寧益二州諸軍事、安西將軍，[2]領益州刺史。”[3]晃以疾不行，更拜尚書，遷右僕射。久之，出爲鎮東將軍、都督青徐二州諸軍事。[4]惠帝即位，入爲車騎將軍，加散騎常侍。將誅楊駿，以晃領護軍，[5]屯東掖門。[6]尋守尚書令。[7]遷司空，加侍中，令如故。元康六年薨，[8]追贈太傅。

[1]長水校尉：官名，五校尉之一，統宿衛兵，魏晋時隸屬中領軍。四品。

[2]使持節：漢朝官吏奉使外出時，或由皇帝授予節杖，以提

高其權力。魏晉以後，凡重要軍事長官出征或出鎮，加使持節，可誅殺二千石以下官員。　都督寧益二州諸軍事：寧、益二州最高軍事行政長官。

［3］益州：治所在成都縣（今四川省成都市）。

［4］鎮東將軍：官名，東漢建安年間置，與鎮西、鎮南、鎮北將軍合稱四鎮將軍，多爲持節都督，出鎮方面。曹魏二品。晋三品，加持節都督者二品。　都督青徐二州諸軍事：上述二州最高軍事行政長官。

［5］護軍：官名，此爲護軍將軍。東漢建安十二年（207）曹操改丞相府護軍爲中護軍，資重者可遷護軍將軍，典武官選舉，與中領軍同掌禁軍。曹魏時四品，西晋時三品。

［6］東掖門：宫東旁小門。《初學記》卷二四《居處部・門》引《洛陽故宫記》："洛陽有南掖門、北掖門、東掖門、西掖門。"

［7］守：暫時署理職務。多指官階低而署理較高的官職。

［8］元康六年：原本、宋本、殿本作"咸寧六年"，據中華本校勘記改。

二子：裒、綽。裒早卒，綽有篤疾，别封良城縣王，以太原王輔第三子韡爲嗣。[1]官至侍中、尚書，早薨，子詔立。

［1］第三子韡：韡，原本、宋本作"韓"，殿本作"韡"，據殿本、中華本校勘記改。

太原烈王瓌，字子泉，魏長樂亭侯，改封貴壽鄉侯。歷振威將軍、秘書監，[1]封固始子。武帝受禪，封太原王，邑五千四百九十六户，泰始二年就國。四年入朝，賜衮冕之服，[2]遷東中郎將。十年薨，詔曰："瓌乃心忠篤，智器雅亮。歷位文武，有幹事之績。出臨封土，夷夏懷附，鎮守許都，思謀可紀。不幸早薨，朕甚悼之。今安厝在近，[3]其追贈前將軍。”子顒立，[4]徙封河間王，别有傳。

[1]振威將軍：官名，雜號將軍，統兵出征。四品。　秘書監：官名，秘書省長官，掌管藝文圖籍、課試署吏，統著作局，掌國史修撰並管理中外三閣圖書。三品。

[2]衮冕之服：古代帝王及上公穿的繪有卷龍的禮服。《周禮·春官·司服》：“享先王則衮冕。”鄭玄注引鄭司農曰：“衮，卷龍衣也。”

[3]安厝：安葬。《孝經·喪親》：“卜其宅兆而安措之。”邢昺疏：“宅，墓穴也；兆，塋域也。葬事大，故卜之。”

[4]顒：司馬顒，字文載，本書卷五九有傳。

高陽元王珪，字子璋，少有才望，魏高陽鄉侯。歷河南令，[1]進封湞陽子，拜給事黄門侍郎。[2]武帝受禪，封高陽王，邑五千五百七十户。歷北中郎將、督鄴城守諸軍事。[3]泰始六年入朝，以父孚年高，乞留供養。拜尚書，遷右僕射。十年薨，詔遣兼大鴻臚持節監護喪事，贈車騎將軍、儀同三司。

[1]河南：縣名，西漢置，治所在今河南省洛陽市西郊澗水東岸。西晋永嘉後廢。

[2]給事黄門侍郎：官名，魏晋時爲侍中省或門下省次官。與侍中俱掌門下衆事，職掌略同，地位隨皇帝旨意或侍中地位而定。五品。

［3］北中郎將：官名，與東、西、南中郎將並稱四中郎將，統兵征戰，權職甚重。四品。　督鄴城守諸軍事：守備鄴城的軍事行政長官，位次於監。

珪有美譽於世，而帝甚悼惜之。無子，詔以太原王輔子緝襲爵。緝立五年，咸寧四年薨，謚曰哀。無子，太康二年詔以太原王瓌世子顒子訟爲緝後，封真定縣侯。

常山孝王衡，字子平，魏封德陽鄉侯。進封汝陽子，爲駙馬都尉。[1]武帝受禪，封常山王，邑三千七百九十户。二年薨，無子，以安平世子邕弟四子敦爲嗣。[2]

［1］駙馬都尉：官名，與奉車都尉、騎都尉並稱三都尉，多用於宗室、外戚、功臣子、貴族、近臣的加官，亦用於尚公主者。六品。

［2］以安平世子邕弟四子敦爲嗣：中華本校勘記云："周校：'敦'當爲'殷'。殷、敦皆邕子。按：周校是。《武紀》，咸寧元年十月常山王殷薨，若敦，則咸寧三年立爲安平王。"弟，同"第"。

沛順王景，字子文，魏樂安亭侯。歷諫議大夫。[1]武帝受禪，封沛王，邑三千四百户。立十一年，咸寧元年薨，子韶立。

［1］諫議大夫：官名，掌議論顧問、參謀應對。晋七品。

彭城穆王權

彭城穆王權，字子輿，宣帝弟魏魯相東武城侯馗之子也。初襲封，拜冗從僕射。[1]武帝受禪，封彭城王，邑二千九百户。出爲北中郎將、都督鄴城守諸軍事。泰始中入朝，賜衮冕之服。咸寧元年薨，[2]子元王植立。歷位後將軍，[3]尋拜國子祭酒、太僕卿、侍中、尚書。[4]出爲安東將軍、都督揚州諸軍事，[5]代淮南王允鎮壽春，未發。或云植助允攻趙王倫，遂以憂薨。贈車騎將軍，增封萬五千户。子康王釋立，官至南中郎將、持節、平南將軍，[6]分魯國蕃、薛二縣以益其國，凡二萬三千户。薨，子雄立，坐奔蘇峻伏誅，更以釋子紘嗣。

[1]冗從僕射：官名，三國魏任用士人，統營兵，負責宫禁侍衛。五品。

[2]元年：殿本作“二年”。

[3]後將軍：官名，漢代爲重號將軍，與前、左、右將軍並爲上卿。魏晋以後權位漸低，僅爲將軍名號，略高於一般雜號將軍。三品。

[4]國子祭酒：官名，國子學的長官，主管國子學，掌教授儒學，參議禮制。五品。　太僕卿：官名，對太僕的尊稱。三品。　尚書：官名，東漢尚書臺六曹各置尚書，魏晋出爲朝官，分掌尚書省諸曹，品秩提高。三品。

[5]安東將軍：官名，東漢建安年間置，與安西、安南、安北將軍合稱四安將軍，爲出鎮某一地區的軍事長官，或作爲刺史等兼理軍務的加官，權任頗重。三品，加持節都督者二品。　都督揚州諸軍事：揚州地區最高軍事行政長官。

[6]平南將軍：官名，與平東、平西、平北將軍合稱四平將軍。

多持節都督或監某一地區的軍事，有時作爲刺史等地方官員監理軍務的加官。三品，加持節都督者二品。

紘，字偉德，初封堂邑縣公。建興末，元帝承制，以紘繼高密王據。及帝即位，拜散騎侍郎，遷翊軍校尉、前將軍。[1]雄之誅也，紘入繼本宗。拜國子祭酒，加散騎常侍，尋遷大宗正、秘書監。有風疾，性理不恒。或欲上疏陳事，歷示公卿。又杜門讓還章印貂蟬，著《杜門賦》以顯其志。由是更拜光禄大夫，領大宗師，[2]常侍如故。後疾甚，馳騁無度，或攻劫軍寺，或打傷官屬，醜言悖詈，誹謗上下。又乘車突入端門，至太極殿前。於是御史中丞車灌奏劾，[3]請免紘官，下其國嚴加防録。成帝詔曰："王以明德茂親，居宗師之重，宜敷道養德，静一其操。而頃游行煩數，冒履風塵。宜令官屬已下，各以職奉衛，不得令王復有此勞。内外職司，各慎其局。王可解常侍、光禄、宗師，先所給車牛可録取，賜米布床帳以養疾。"咸康八年薨，贈散騎常侍、金紫光禄大夫。[4]二子：玄、俊。

[1]翊軍校尉：官名，地位與北軍五校尉同。皇帝出行，與五校並行護駕。四品。

[2]大宗師：官名，宗師的别稱。總領皇家宗室事務，訓導觀察宗親，有不遵禮法者，小者自行處理，大者隨事奏聞。

[3]御史中丞：官名，御史大夫副手，掌監察、執法，爲京師顯官，職權甚重。四品。　車灌：東晋人，歷任尚書、司空、散騎常侍、御史中丞等職。

[4]金紫光禄大夫：官名，對光禄大夫加金章紫綬。禄賜、班

位、車服、佩玉等皆與特進同。二品。

玄嗣立。會庚戌制不得藏户，[1]玄匿五户，桓温表玄犯禁，[2]收付廷尉。[3]既而宥之，位至中書侍郎。[4]薨，子弘之立，位至散騎常侍。薨，子邵之立。[5]薨，子崇之立。薨，子緝之立。宋受禪，國除。

[1]庚戌制：又稱庚戌土斷。東晋興寧二年（364），桓温主持“土斷”，即大力檢查户口，令喬寓在南方的北方流民按實際居住地編定户籍，即以土著爲斷。因此事發生在當年三月庚戌朔，故稱。

[2]桓温：字元子，本書卷九八有傳。

[3]廷尉：官名，中央最高司法審判機構長官，負責會審朝中有罪文武大臣，覆核審决郡國疑獄等。三品。

[4]中書侍郎：官名，三國魏文帝黄初初年設中書省，在長官中書監、中書令以下有通事郎，後增設中書郎，亦稱中書侍郎。掌草擬詔書，外出執行重要使命等。五品。

[5]邵之：殿本無“之”字。

恭王俊，字道度，出嗣高密王略，官至散騎常侍。薨，子敬王純之立，歷臨川内史、司農、少府卿、太宰右長史。[1]薨，子恢之立。義熙末，以給事中兼太尉，[2]修謁洛陽園陵。宋受禪，國除。

[1]臨川：郡名，治所在臨汝縣（今江西省撫州市臨川區西）。　内史：官名，西晋武帝太康十年（289）改諸王國相爲内史，掌管民政。五品。周家禄《晋書校勘記》認爲：“晋制，以郡爲國，内史治民事，若郡太守。國除爲郡，復稱太守。然二名往往混淆，

史家亦互稱之。”　司農：大司農、司農卿的簡稱。　少府卿：官名，對少府的尊稱，掌管宫廷手工業。三品。中華本在“司農”與“少府卿”之間無斷，易使人覺得司農少府卿爲一職，宜頓開。太宰右長史：官名，總領宰相府諸曹。魏晋南北朝宰相府諸曹辦理日常事務，宰相時置時缺，而左右長史則常置，總領諸曹。六品。

[2]給事中：官名，爲加官，所加爲三公、將軍、中書監令、博士、郎等。常侍從皇帝左右，諫諍糾彈，爲中朝要職。五品。

高密文獻王泰

高密文獻王泰，字子舒，彭城穆王權之弟，魏陽亭侯，補陽翟令，[1]遷扶風太守。[2]武帝受禪，封隴西王，邑三千二百户，拜游擊將軍。出爲兗州刺史，加鷹揚將軍。[3]遷使持節、都督寧益二州諸軍事、安西將軍，領益州刺史，稱疾不行。轉安北將軍，[4]代兄權督鄴城守事。遷安西將軍、都督關中事。[5]太康初，入爲散騎常侍、前將軍，領鄴城門校尉，[6]以疾去官。後代下邳王晃爲尚書左僕射。[7]出爲鎮西將軍，[8]領護西戎校尉、假節，[9]代扶風王駿都督關中軍事，[10]以疾還京師。永熙初，代石鑒爲司空，[11]尋領太子太保。[12]及楊駿誅，泰領駿營，加侍中，給步兵二千五百人，騎五百匹。泰固辭，乃給千兵百騎。

[1]陽翟：縣名，治所在今河南省禹州市。

[2]扶風：封國名，治所在郿縣（今陝西省眉縣東渭河北岸）。

[3]鷹揚將軍：官名，雜號將軍中地位較高者，曾作爲荆州、兗州等州刺史的加官。五品。

[4]安北將軍：官名，東漢建安年間置，與安東、安南、安西

將軍合稱四安將軍，爲出鎮某一地區的軍事長官，或作爲刺史等兼理軍務的加官，權任頗重。三品，加持節都督者二品。

[5]都督關中事：中華本校勘記："當作'都督關中軍事'。又疑此事爲下文'代扶風王駿都督關中軍事'之重書。"

[6]城門校尉：官名，掌京城諸城門警衛。新莽時稱城門將軍，東漢時復舊稱。掌管洛陽除北宫門之外的十一城門，位在北五校尉之上。三國、西晋沿置。四品。

[7]尚書左僕射：官名，尚書省次官，輔助尚書令執行政務，參議大政，諫諍得失，監察糾彈百官。有時尚書省不置令，衹設左、右僕射，此時左僕射居右僕射之上。三品。

[8]鎮西將軍：官名，與鎮東、鎮南、鎮北將軍合稱四鎮將軍。多爲持節都督，出鎮方面。曹魏二品。晋改三品，加持節都督者二品。

[9]護西戎校尉：官名，亦稱西戎校尉，西晋初治長治，掌雍州少數民族事務，領兵，多以征西、鎮西將軍兼任。四品。

[10]扶風王駿：司馬駿，字子臧，本書卷三八有傳。

[11]石鑒：字林伯，本書卷四四有傳。

[12]太子太保：官名，東宫三師之一，位居太子太師、太子太傅下，品秩同太子太師。三品。

楚王瑋之被收，[1]泰嚴兵將救之，祭酒丁綏諫曰：[2]"公爲宰相，不可輕動。且夜中倉卒，宜遣人參審定問。"[3]泰從之。瑋既誅，乃以泰録尚書事，[4]遷太尉，守尚書令，改封高密王，邑萬户。元康九年薨，追贈太傅。

[1]楚王瑋：司馬瑋，字彦度，本書卷五九有傳。

[2]祭酒：官名，王公府屬官，主内閣事，又稱東、西閣祭酒。

[3]定問：確切的消息。

[4]録尚書事：官名，初爲職銜名，重臣加此名義始得總知國事，綜理政務，成爲真宰相。魏晋多以公卿權重者居之，總領尚書省政務，凡重號將軍、刺史皆得命曹授用，位在三公之上。

泰性廉静，不近聲色。雖爲宰輔，食大國之租，服飾肴膳如布衣寒士。任真簡率，每朝會，不識者不知其王公也。事親恭謹，居喪哀戚，謙虚下物，爲宗室儀表。當時諸王，惟泰及下邳王晃以節制見稱。雖並不能振施，其餘莫得比焉。泰四子：越、騰、略、模。越自有傳。騰出後叔父，悌略立。

孝王略，字元簡，孝敬慈順，小心下士，少有父風。元康初，愍懷太子在東宫，[1]選大臣子弟有名稱者以爲賓友，略與華恒等並侍左右。[2]歷散騎黄門侍郎、散騎常侍、秘書監，出爲安南將軍、持節、都督沔南諸軍事，[3]遷安北將軍、都督青州諸軍事。略逼青州刺史程牧，牧避之，略自領州。永興初，幍令劉根起兵東萊，[4]誑惑百姓，衆以萬數，攻略於臨淄，[5]略不能距，走保聊城。[6]懷帝即位，遷使持節、都督荆州諸軍事、征南大將軍、開府儀同三司。[7]京兆流人王逌與叟人郝洛聚衆數千，[8]屯于冠軍。[9]略遣參軍崔曠率將軍皮初、張洛等討逌，爲逌所譎，戰敗。略更遣左司馬曹攄統曠等進逼逌。[10]將大戰，曠在後密自退走，攄軍無繼，戰敗，死之。略乃赦曠罪，復遣部將韓松又督曠攻逌，逌降。尋進開府，加散騎常侍。永嘉三年薨，追贈侍中、太尉。子據立。薨，無子，以彭城康王子紘爲嗣。其後紘歸本宗，立紘子俊以奉其祀。

[1]愍懷太子：即司馬遹，字熙祖，本書卷五三有傳。

[2]華恒：字敬則，本書卷四四有傳。

[3]都督沔南諸軍事：沔南地區最高軍事行政長官。

[4]幢令劉根：幢，原本、宋本、殿本作"憧"，據中華本校勘記改。劉根，中華本校勘記云："劉根，《惠紀》《王彌傳》並作'劉柏根'。"

[5]臨淄：縣名，治所在今山東省淄博市東北。

[6]聊城：縣名，治所在今山東省聊城市西北。

[7]都督荆州諸軍事：荆州地區最高軍事行政長官。　征南大將軍：官名，屬將軍名號，多授予統兵出鎮在外，都督數州諸軍事者。位在征南將軍之上。二品，開府位從公者一品。　開府儀同三司：中華本校勘記云："下文云'逌降，尋進開府'，則此時不得先開府，六字蓋衍文。《惠紀》無，亦可證。"

[8]叟：漢至六朝時西南地區部分少數民族。有蜀叟、賨叟、青叟、越嶲叟等。

[9]冠軍：縣名，治所在今河南省鄧州市西北。

[10]左司馬：官名，司馬爲軍府的高級幕僚，有時分置左、右，掌參讚軍務、管理府内武職，位僅次於長史。此爲征南大將軍府左司馬，六品。　曹攄：字顔遠，本書卷九〇有傳。

新蔡武哀王騰，字元邁，少拜冗從僕射，封東嬴公，歷南陽、魏郡太守，[1]所在稱職。徵爲宗正，遷太常，轉持節、寧北將軍、都督并州諸軍事、并州刺史。[2]惠帝討成都王穎，六軍敗績。騰與安北將軍王浚共殺穎所署幽州刺史和演，[3]率衆討穎。穎遣北中郎將王斌距戰，浚率鮮卑騎擊斌，騰爲後係，大破之。穎懼，挾帝歸洛陽，進騰位安北將軍。永嘉初，遷車騎將軍、都督鄴城守諸軍事，鎮鄴。[4]又以迎駕之勛，改封新蔡王。

[1]南陽：郡名，治所在宛縣（今河南省南陽市）。　魏郡：治所在鄴縣（今河北省臨漳縣西南）。

[2]寧北將軍：官名，西晋置，多兼并州、青州等州刺史，或都督并州、冀州諸軍事，位在東中郎將之上。四品。　都督并州諸軍事：并州地區最高軍事行政長官。　并州：治所在晋陽縣（今山西省太原市西南）。

[3]幽州：治所在薊縣（今北京市西南）。　和演：西晋時人，任陽平太守，八王之亂中被司馬穎任爲右司馬、幽州刺史。謀殺王浚未果，反被王浚斬殺。

[4]鎮鄴：鎮，宋本作“領”。

初，騰發并州，次於真定。[1]值大雪，平地數尺，營門前方數丈雪融不積，騰怪而掘之，得玉馬，高尺許，表獻之。其後公師藩與平陽人汲桑等爲群盜，[2]起於清河鄃縣，[3]衆千餘人，寇頓丘。[4]以葬成都王穎爲辭，[5]載穎主而行，與張泓故將李豐等將攻鄴。騰曰：“孤在并州七年，胡圍城不能克。汲桑小賊，何足憂也。”及豐等至，騰不能守，率輕騎而走，爲豐所害。四子：虞、矯、紹、確。虞有勇力，騰之被害，虞逐豐，豐投水而死。是日，虞及矯、紹并鉅鹿太守崔曼、車騎長史羊恒、從事中郎蔡克等又爲豐餘黨所害，[6]及諸名家流移依鄴者，死亡並盡。初，鄴中雖府庫虛竭，而騰資用甚饒。性儉嗇，無所振惠，臨急，乃賜將士米可數升，帛各丈尺，是以人不爲用，遂致於禍。及苟晞救鄴，桑還平陽。于時盛夏，尸爛壞不可復識，騰及三子骸骨不獲。庶子確立。

[1]真定：縣名，治所在今河北省石家莊市。

[2]公師藩：西晋陽平館陶（今河北省館陶縣）人，成都王司馬穎部將，後被濮陽太守苟晞斬殺。 汲桑：西晋時魏郡（今河北省臨漳縣西南）人，一説平陽（今山西省臨汾市西南）人。與石勒從成都王司馬穎故將公師藩，後自稱大將軍爲石勒前驅，被乞活田甄攻殺。

[3]鄃縣：治所在今山東省平原縣西南。

[4]頓丘：縣名，治所在今河南省清豐縣西南。

[5]以葬成都王穎爲辭：中華本校勘記："上文寇頓丘乃公師藩光熙元年事；以葬成都王穎爲辭起兵，乃汲桑永嘉元年事，此時公師藩已死，'以葬'上似當有'桑'字。"

[6]鉅鹿：郡名，治所在巨鹿縣（今河北省平鄉縣西南）。 車騎長史：官名，車騎將軍府長史。掌軍府顧問參謀，爲所在官署掾屬之長。六品。 羊恒：恒，殿本作"桓"。 從事中郎：官名，東漢時爲大將軍屬官，地位較高。三國時爲將軍府或公府屬官。六品。此爲車騎將軍府從事中郎。 蔡克：克，殿本作"充"。

莊王確，字嗣安，歷東中郎將、都督豫州諸軍事，[1]鎮許昌。[2]永嘉末，爲石勒所害。[3]無子，初以章武王混子滔奉其祀，其後復以汝南威王祐子弼爲確後。太興元年薨，無子，又以弼弟邈嗣確，位至侍中。薨，子晃立，拜散騎侍郎。桓温廢武陵王，[4]免晃爲庶人，徙衡陽。[5]孝武帝立晃弟崇繼遜後，爲奴所害，子惠立。宋受禪，國除。

[1]都督豫州諸軍事：豫州地區最高軍事行政長官。

[2]許昌：縣名，治所在許昌城（今河南省許昌市東）。

[3]石勒：字世龍，本書卷一〇四有載記。

[4]武陵王：司馬晞，字道叔，本書卷六四有傳。

[5]衡陽：郡名，治所在湘南縣（今湖南省湘潭市西南）。

南陽王模，字元表，少好學，與元帝及范陽王虓俱有稱於宗室。初封平昌公。惠帝末，拜冗從僕射，累遷太子庶子、員外散騎常侍。[1]成都王穎奔長安，東海王越以模爲北中郎將，鎮鄴。永興初，成都王穎故帳下督公師藩、樓權、郝昌等攻鄴，模左右謀應之。廣平太守丁劭率衆救模，[2]范陽王虓又遣兗州刺史苟晞援之，藩等散走。遷鎮東大將軍，[3]鎮許昌。進爵南陽王。永嘉初，轉征西大將軍、開府、都督秦雍梁益諸軍事，[4]代河間王顒鎮關中。模感丁劭之德，敕國人爲邵生立碑。

[1]太子庶子：官名，東宮屬官。晉太子宮置中庶子、庶子各四員，職比散騎常侍。以俊茂者爲之。釋奠禮時，中庶子扶左，庶子扶右。五品。　員外散騎常侍：官名，初爲正員之外添差之散騎常侍，無定員，三國魏後爲固定官員。職閑位顯。三品。

[2]廣平：郡名，治所在曲梁侯國（今河北省邯鄲市永年區東南）。　丁劭：劭，中華本校勘記：“《良吏傳》、《石勒載記》、《通鑑》八六又作‘紹’。”

[3]鎮東大將軍：官名，三國魏置，職掌與鎮東將軍同，唯資

歷深者得任此職。二品，開府位從公者一品。原本“鎮東大將軍”下衍“鎮東大將軍”五字，宋本“鎮東大將軍”下有“督豫州軍事”五字，殿本無衍文，據殿本删。

[4]征西大將軍：官名，屬將軍名號，多授予統兵出鎮在外、都督數州諸軍事者。位在征西將軍之上。二品，開府位從公者一品。　都督秦雍梁益諸軍事：上述四州最高軍事行政長官。

時關中飢荒，百姓相啖，加以疾癘，盗賊公行。模力不能制，乃鑄銅人鐘鼎爲釜器以易穀，議者非之。東海王越表徵模爲司空，遣中書監傅祗代之。[1]模謀臣淳于定説模曰：“關中天府之國，霸王之地。今以不能綏撫而還，既於聲望有虧。又公兄弟唱起大事，而並在朝廷，若自强則有專權之罪，弱則受制於人，非公之利也。”模納其言，不就徵。表遣世子保爲西中郎將、東羌校尉，[2]鎮上邽，秦州刺史裴苞距之。[3]模使帳下都尉陳安率衆攻苞，[4]苞奔安定。[5]太守賈疋以郡迎苞，[6]模遣軍司謝班伐疋，疋退奔盧水。[7]其年，進位太尉、大都督。[8]

[1]中書監：官名，中書省長官之一。三國魏文帝初年分秘書置中書省，長官爲中書監、中書令，掌收納奏章、草擬詔令。平常不分高下，入朝時監略高於令。三品。　傅祗：字子莊，本書卷四七有傳。

[2]西中郎將：官名，東漢末所置四中郎將之一，帥師征伐或鎮守。魏、西晋多兼凉州刺史，東晋多兼豫州刺史。四品。　東羌校尉：官名，亦稱護東羌校尉，掌管雍、秦、梁等州内羌族事務，領兵，下設東羌督、東羌獵將等部屬。四品。

［3］秦州：治所在冀縣（今甘肅省甘谷縣東）。

［4］帳下都尉：官名，負責將軍帳中事務。　陳安：西晉時人，南陽王司馬模帳下都尉。西晉末自號秦州刺史，稱藩於劉曜。

［5］安定：郡名，西漢置，治所在高平縣（今寧夏回族自治區固原市），東漢治所在臨涇縣（今甘肅省鎮原縣東南）。東晉改治安定縣（今甘肅省涇川縣北）。

［6］賈疋：字彥度，本書卷六〇有傳。

［7］盧水：本書卷六〇《賈疋傳》作"瀘水"。

［8］大都督：官名，高級軍事長官。三國初作爲加官於戰時臨時設置，後逐漸成爲常設加官官職，地位極高。

洛京傾覆，模使牙門趙染戍蒲坂，[1]染求馮翊太守不得，[2]怒，率衆降於劉聰。[3]聰使其子粲及染攻長安，模使淳于定距之，爲染所敗。士衆離叛，倉庫虚竭，軍祭酒韋輔曰：[4]"事急矣，早降可以免。"模從之，遂降于染。染箕踞攘袂數模之罪，送詣粲。粲殺之，以模妃劉氏賜胡張本爲妻。子保立。

［1］牙門：官名，牙門將省稱，三國魏晉南北朝皆置，統兵武職，位在裨將軍下、郡守上。五品。　趙染：中華本校勘記："《愍紀》及《劉琨傳》並作'趙冉'。見卷五校記。"　蒲坂：縣名，治所在今山西省永濟市蒲州鎮。

［2］馮翊：郡名，三國魏以左馮翊改置，治所在臨晋縣（今陝西省大荔縣）。

［3］劉聰：字玄明，一名載，本書卷一〇二有載記。

［4］軍祭酒：官名，又稱軍師祭酒、軍謀祭酒、軍咨祭酒、軍諮祭酒。諸軍府屬官，參謀軍事，位在軍府諸僚佐之上。

保，字景度，少有文義，好述作。初拜南陽國世子。模遇害，保在上邽。其後賈疋死，裴苞又爲張軌所殺，[1]保全有秦州之地，自號大司馬，承制置百官。隴右氐羌並從之，凉州刺史張寔遣使貢獻。[2]及愍帝即位，以保爲右丞相，加侍中、都督陝西諸軍事。[3]尋進位相國。

[1]張軌：字士彦，本書卷八六有傳。

[2]凉州：東漢時治所在隴縣（今甘肅省張家川回族自治縣），三國魏移治姑臧縣（今甘肅省武威市）。　張寔：字安遜，本書卷八六有傳。

[3]都督陝西諸軍事：陝西地區最高軍事行政長官。

模之敗也，都尉陳安歸於保，保命統精勇千餘人以討羌，寵遇甚厚。保將張春等疾之，譖安有異志，請除之，保不許。春等輒伏刺客以刺安，安被創，馳還隴城，遣使詣保，貢獻不絶。

愍帝之蒙塵也，保自稱晋王。時上邽大飢，士衆窘困，張春奉保之南安。[1]陳安自號秦州刺史，稱藩於劉曜。[2]春復奉保奔桑城，[3]將投于張寔。寔使兵迎保，實禦之也。是歲，保病薨，時年二十七。保體質豐偉，嘗自稱重八百斤。喜睡，痿疾，不能御婦人。無子，張春立宗室司馬瞻奉保後。陳安舉兵攻春，春走，瞻降于安，安送詣劉曜，曜殺之。安迎保喪，[4]以天子禮葬於上邽，謚曰元。

[1]南安：郡名，治所在獂道縣（今甘肅省隴西縣東南）。

[2]劉曜：字永明，劉淵族子，本書卷一〇三有載記。

[3]桑城：位於今甘肅省臨洮縣西南洮河西岸。

[4]安迎保喪：迎，殿本作“奉”。

范陽康王綏

范陽康王綏，字子都，彭城王權季弟也。初爲諫議大夫。泰始元年受封，在位十五年。咸寧五年薨，子虓立焉。

虓，字武會，少好學馳譽，研考經記，[1]清辯能言論。以宗室選拜散騎常侍，累遷尚書。出爲安南將軍、都督豫州諸軍事、持節，鎮許昌，進位征南將軍。[2]

[1]研考經記：記，殿本作“紀”。

[2]征南將軍：官名，與征東、征西、征北將軍合稱四征將軍。三國魏蜀吴兩晋皆置，出鎮方面，地位顯要。三品，加持節都督者二品。

河間王顒表立成都王穎爲太弟，爲王浚所破，挾天子還洛陽。虓與東平王楙、鎮東將軍周馥等上言曰：[1]“自愍懷被害，皇儲不建，委重前相，輒失臣節。是以前年太宰與臣，永惟社稷之貳，不可久空，所以共啓成都王穎，以爲國副。受重之後，而弗克負荷。‘小人勿用’，而以爲腹心。骨肉宜敦，而猜佻薦至。[2]險詖宜遠，而讒説殄行。此皆臣等不聰不明，失所宗賴。遂令陛下謬於降授，雖戮臣等，不足以謝天下。今大駕還宫，文武空曠，制度荒破，靡有孑遺。臣等雖劣，足匡王室。而道路之言，謂張方與臣等不同。[3]既惜所在興異，又以太宰惇德允元，[4]著於具瞻，[5]每當義節，輒爲社稷宗盟之先。張方受其指教，爲國效節。昔年之舉，有死無貳。此即太宰之良將，陛下之忠臣。但以受性强毅，不達變通，遂守前志，已致紛紜。然退思惟，既是其不易之節，且慮事翻之後，爲天下所罪，故未即西還耳。[6]原其本事，實無深責。臣聞先代明主，未嘗不全護功臣，[7]令福流子孫。自中間以來，[8]陛下功臣初無全者，非獨人才皆劣，其於取禍，實由朝廷策之失宜，不相容恕。以一旦之咎，喪其積年之勛，既違《周禮》議功之典，且使天下之人莫敢復爲陛下致節者。臣等此言，豈獨爲一張方，實爲社稷遠計，欲令功臣長守富貴。臣愚以爲宜委太宰以關右之任，一方事重，及自州郡已下，選舉授任，[9]一皆仰成。若朝之大事，廢興損益，每輒疇諮。此則二伯述職，[10]周召分陝之義，[11]陛下復行於今時。遣方還郡，令群后申志，時定王室。所加方官，[12]請悉如舊。此則忠臣義士有勸，功臣必全矣。司徒戎，[13]異姓之賢；司空越，公族之望，並忠國愛主，小心翼翼，宜幹機事，委以朝政。安北將軍王浚佐命之胤，率身履道，忠亮清正，遠近所推。如今日之大舉，實有定社稷之勛，此是臣等所以嘆息歸高也。浚宜特崇重之，以副群望，遂撫幽朔，長爲北藩。臣等竭力扞城，藩屏皇家，陛下垂拱，而四海自正。則四祖之業，必隆於今，日月之暉，昧而復曜。乞垂三思，察臣所言。又可以臣表西示太宰。”

[1]周馥：字祖宣，本書卷六一有傳。

[2]猜佻薦至：猜疑挑撥之事接連而來。

[3]張方：西晋時河間（今河北省獻縣東南）人，本書卷六〇有傳。

[4]惇德允元：語出《尚書·舜典》：“惇德，允元，而難任人，蠻夷率服。”意爲厚德行信仁人，拒斥佞人，四夷會相率來服。

[5]具瞻：《詩·小雅·節南山》：“赫赫師尹，民具爾瞻。”毛亨傳：“師，太師，周之三公也。尹，尹氏，爲太師。”

[6]故未即西還耳：未，殿本作“不”。

[7]功臣：臣，殿本作“名”。

[8]中間：一個時期。

[9]授任：授，殿本作“受”。

[10]二伯：指周初分别主管東方和西方諸侯的兩位重臣周公和召公。

[11]周召分陝：西周初周公旦、召公奭分陝而治，周公治陝以東，召公治陝以西。後謂官僚出任地方官爲“分陝”。

[12]所加方官：所，殿本作“如”。

[13]戎：王戎，字濬冲，本書卷四三有傳。

又表曰：“成都王失道，爲奸邪所誤，論王之身，不宜深責。且先帝遺體，陛下群弟，自元康以來，罪戮相尋，實海内所爲匈匈，而臣等所以痛心。今廢成都，[1]更封一邑，宜其必許。若廢黜尋有禍害，既傷陛下矜慈之恩，又令遠近恒謂公族無復骨肉之情，此實臣等内省悲慚，無顔於四海也。乞陛下察臣忠款。”於是虓先率衆自許屯于滎陽。[2]

[1]成都：成，原本、宋本作“城”，殿本作“成”，據殿本改。

[2]滎陽：縣名，治所在今河南省滎陽市東北。

會惠帝西遷，虓與從兄平昌公模、長史馮嵩等刑白馬唏血而盟，推東海王越爲盟主，虓都督河北諸軍事、驃騎將軍、持節，[1]領豫州刺史。劉喬不受越等節度，乘虚破許。虓自拔渡河，王浚表虓領冀州刺史，資以兵馬。虓入冀州發兵，又南濟河，破喬等。河間王顒聞喬敗，斬張方，傳首於越。越與虓西迎帝，而顒出奔。於是奉天子還都，拜虓爲司徒。永興三年暴疾薨，時年三十七。無子，養模子黎爲嗣。黎隨模就國，於長安遇害。

[1]都督河北諸軍事：河北地區最高軍事行政長官。

濟南惠王遂

濟南惠王遂，字子伯，宣帝弟魏鴻臚丞恂之子也。[1]仕魏關内侯，進封平昌亭侯，歷典軍郎將。[2]景元二年，轉封武城鄉侯、督鄴城守諸軍事、北中郎將。五等建，封祝阿伯，累遷冠軍將軍。武帝受禪，封濟南王。泰始二年薨。二子：耽、緝。耽嗣立，咸寧三年徙爲中山王。是年薨，無子，緝繼。成都王穎以緝爲建威將軍，[3]與石熙等率衆距王浚，没於陣，薨。無子，國除。

[1]鴻臚丞：官名，亦稱鴻臚寺丞，鴻臚卿副貳。七品。

[2]典軍郎將：官名，統領宿衛軍兵。

[3]建威將軍：官名，領兵征戰，曹魏、孫吴、西晋皆置。四品。

後遂之曾孫勛，字偉長，年十餘歲，愍帝末，長安陷，劉曜將令狐泥養爲子。及壯，便弓馬，能左右射。咸和六年，自關右還，自列云“是大長秋恂之玄孫，[1]冠軍將軍濟南惠王遂之曾孫，略陽太守瓘之子”，[2]遂拜謁者僕射，[3]以勇聞。

[1]大長秋：官名，宣達皇后旨意，領受皇帝詔命。魏晋南北朝時領諸宦者，管理宫闈。三品。

[2]略陽：郡名，西晋泰始中以廣魏郡改名，治所在臨渭縣（今甘肅省天水市東北渭河北岸）。

[3]謁者僕射：官名，謁者臺長官，名義上屬光禄勛。統領諸謁者，掌朝會司儀，傳達策書，護衛皇帝出行。五品。

庾翼之鎮襄陽，[1]以梁州刺史援桓宣卒，[2]請勛代之。初屯西城，[3]退守武當。[4]時石季龍死，[5]中國亂，雍州諸豪帥馳告勛。勛率衆出駱谷，[6]壁于懸鉤，[7]去長安二百里，遣部將劉焕攻長安，又拔賀城。[8]於是關中皆殺季龍太守令長以應勛。勛兵少，未能自固，復還梁州。永和中，張琚據隴東，[9]遣使招勛，勛復入長安。初，京兆人杜洪以豪族陵琚，琚以勇俠侮洪，洪知勛憚琚兵强，因説勛曰："不殺張琚，關中非國家有也。"勛乃僞請琚，於坐殺之。琚弟走池陽，[10]合衆攻勛，頻戰不利，請和，歸梁州。後桓温伐關中，命勛出子午道，[11]而爲苻雄所敗，[12]退屯于女媧堡。[13]

[1]庾翼：字稚恭，本書卷七三有傳。　襄陽：郡名，東漢建安十三年（208）置，治所在襄陽縣（今湖北省襄陽市），西晋移治宜城縣（今湖北省宜城市南）。

[2]梁州：三國曹魏時治所在沔陽縣（今陝西省勉縣東），西晋移治南鄭縣（今陝西省漢中市東）。　援桓宣：中華本校勘記："周校：'援'，衍文。"桓宣，東晋人，本書卷八一有傳。

[3]西城：縣名，治所在今陝西省安康市西北漢江北岸。

[4]武當：縣名，治所在今湖北省丹江口市西北。

[5]石季龍：即石虎，字季龍，本書卷一〇六有載記。

[6]駱谷：位於今陝西省周至縣西南。

[7]壁于懸鉤：在懸鉤城安營扎寨。懸鉤城，位於今陝西省周至縣西南駱谷北口。

[8]賀城：即賀城戍，位於今陝西省周至縣西。

[9]隴東：郡名，治所在秦汧縣（今陝西省隴縣東南）。

[10]池陽：縣名，治所在今陝西省涇陽縣西北。

[11]子午道：又名蝕中。自今陝西省西安市長安區子午鎮南穿秦嶺，通往陝西省安康市境。

[12]苻雄：字元才，本書卷一一二有載記。

[13]女媧堡：確址待考。疑位於今陝西省西安市鄠邑區或周至縣境。

俄遷征虜將軍，[1]監關中軍事，[2]領西戎校尉，賜爵通吉亭侯。爲政暴酷，至於治中、别駕及州之豪右，[3]

言語忤意，即於坐梟斬之，或引弓自射。[4]西土患其凶虐。在州常懷據蜀，有僭僞之意。桓温聞之，務相綏懷，以其子康爲漢中太守。[5]勛逆謀已成，憚益州刺史周撫，[6]未發。及撫卒，遂擁衆入劍閣。[7]梁州别駕雍端、西戎司馬隗粹並切諫，[8]勛皆誅之，自號梁益二州牧、成都王。桓温遣朱序討勛，[9]勛兵潰，爲序所獲，及息龍子、長史梁憚、司馬金壹等送于温，温並斬之，傳首京都。[10]

[1]征虜將軍：既是武官名，也作爲高級文職官員的加官。三品。

[2]監關中軍事：關中地區軍事行政長官，位次於都督。

[3]治中：官名，治中從事史的省稱，州之佐吏，身份雖低，職權却重。　别駕：官名，别駕從事、别駕從事史省稱。州部佐官，因從刺史行部，别乘傳車，故稱。位居州吏之右。中華本標點爲"治中别駕"，宜頓開。

[4]引弓自射：親自執弓射殺。

[5]漢中：郡名，治所在南鄭縣（今陝西省漢中市）。

[6]周撫：字道和，本書卷五八有傳。

[7]劍閣：即劍門關，位於今四川省劍閣縣東北。

[8]西戎司馬：官名，護西戎校尉府的佐官。掌參讚軍務、管理軍府武職。七品。

[9]朱序：字次倫，本書卷八一有傳。

[10]京都：都，殿本作"師"。

譙剛王遜

譙剛王遜，字子悌，宣帝弟魏中郎進之子也。仕魏關内侯，改封城陽亭侯，參鎮東軍事，[1]拜輕車將軍、羽林左監。[2]五等建，徙封涇陽男。武帝受禪，封譙王，邑四千四百户。泰始二年薨。二子：隨、承。定王隨立。薨，子遂立，没於石勒，元帝以承嗣遜。

[1]參鎮東軍事：官名，鎮東將軍府佐官。參軍事，亦作參軍，謂參謀軍事。兩晋公府、軍府皆置。

[2]輕車將軍：官名，東漢末一度地位較高，在九卿及衛將軍之上。三國魏以後地位稍降，爲將軍名號。五品。　羽林左監：官名，隸屬羽林中郎將，主管羽林左騎。五品。

閔王承，字敬才，少篤厚有志行。拜奉車都尉、奉朝請，[1]稍遷廣威將軍、安夷護軍，[2]鎮安定。[3]從惠帝還雒陽，拜游擊將軍。永嘉中，天下漸亂，間行依征南將軍山簡，[4]會簡卒，進至武昌。[5]元帝初鎮揚州，[6]承歸建康，[7]補軍諮祭酒。[8]愍帝徵爲龍驤將軍，[9]不行。元帝爲晋王，承制更封承爲譙王。太興初，拜屯騎校尉，[10]加輔國將軍，領左軍將軍。[11]

[1]奉車都尉：官名，魏晋時作加官，與駙馬都尉、騎都尉並號三都尉。六品。　奉朝請：原爲兩漢朝廷給與退休大臣、列侯、宗室、外戚等的一種政治優待。西晋時成爲加官名號。晋武帝以宗室、外戚爲奉車都尉、駙馬都尉、騎都尉，並授此號。請，宋本無此字。

[2]廣威將軍：官名，三國魏始置。四品。　安夷護軍：官名，三國魏置，治美陽（今陝西省扶風縣以東），主管内附氐人事務。西晋改鎮安定，與郡守同。五品。

[3]安夷護軍，鎮安定：宋本無“安夷護軍鎮”五字。

[4]山簡：字季倫，本書卷四三有傳。

[5]武昌：郡名，治所在武昌縣（今湖北省鄂州市鄂城區）。

[6]揚州：三國魏、吴各置揚州，魏治所在壽春縣（今安徽省壽縣），吴治所在建業縣（今江蘇省南京市）。西晋統一後合並，治所在建鄴縣（今江蘇省南京市）。

[7]建康：地名，即今江蘇省南京市。

[8]軍諮祭酒：官名，即軍師祭酒，晋朝避司馬師名諱而改。亦稱軍咨祭酒、軍祭酒。諸軍府屬官，參謀軍事，位在軍府諸僚佐之上。

[9]龍驤將軍：官名，高級軍事將領。三品。

[10]屯騎校尉：官名，北軍五校尉之一，隸屬中領軍，掌本營騎士，戍衛京師。四品。

[11]左軍將軍：官名，與前軍、後軍、右軍將軍合稱四軍將軍，領營兵千人，掌宿衛。初屬中軍將軍，後屬領軍將軍。四品。

承居官儉約，家無别室。尋加散騎常侍，輔國、左軍如故。王敦有無君之心，[1]表疏輕慢。帝夜召承，以敦表示之，曰：“王敦頃年位任足矣，而所求不已，言至於此，將若之何？”承曰：“陛下不早裁之，難將作矣。”帝欲樹藩屏，會敦表以宣城内史沈充爲湘州，[2]帝謂承曰：“湘州南楚險固，在上流之要，控三州之會，是用武之國也。今以叔父居之，何如？”[3]承曰：“臣幸託末屬，身當宿衛，未有驅馳之勞，頻受過厚之遇，夙夜自厲，思報天德。君之所命，惟力是視，敢有辭焉！然湘州蜀寇之餘，人物彫盡，若上憑天威，得之所莅，比及三年，請從戎役。若未及此，雖復灰身，亦無益也。”於是詔曰：“夫王者體天理物，非群才不足濟其務。外建賢哲，以樹風聲，内睦親親，以廣藩屏。是以太公封齊，[4]伯禽君魯，[5]此先王之令典，古今之通義也。我晋開基，列國相望，乃授琅邪武王，鎮統東夏；汝南文成，總一淮許；扶風、梁王，[6]迭據關右；爰暨東嬴，作司并州。今公族雖寡，不逮曩時，豈得替舊章乎！散騎常侍、左將軍、譙王承貞素款亮，志存忠恪，便蕃左右，恭肅彌著。今以承監湘州諸軍事、南中郎將、湘州刺史。”[7]

[1]王敦：字處仲，本書卷九八有傳。

[2]宣城：郡名，治所在宛陵縣（今安徽省宣城市）。　沈充：字士居，本書卷九八有傳。　湘州：治所在臨湘縣（今湖南省長沙市）。

[3]何如：殿本乙作“如何”。

[4]太公：又稱尚父吕望、太公望、吕尚。西周開國大臣，姜姓，吕氏，字子牙。助文王興國，佐武王滅商。西周建立後封齊地。

[5]伯禽：又稱魯公、禽父、魯公伯禽，姬姓，字伯禽。周公旦長子。武王封周公於曲阜，周公留佐武王，命伯禽就封，爲魯國第一代國君。

[6]扶風：扶風王司馬駿，字子臧，本書卷三八有傳。　梁王：梁王司馬肜，字子徽，本書卷三八有傳。

[7]監湘州諸軍事：湘州地區軍事行政長官，位低於都督。

初，劉隗以王敦威權太盛，[1]終不可制，勸帝出諸心腹，以鎮方隅。故先以承爲湘州，續用隗及戴若思等，[2]並爲州牧。承行達武昌，釋戎備見王敦。敦與之宴，欲觀其意，謂承曰："大王雅素佳士，恐非將帥才也。"承曰："公未見知耳，鉛刀豈不能一割乎！"[3]承以敦欲測其情，故發此言。敦果謂錢鳳曰：[4]彼不知懼而學壯語，此之不武，何能爲也。"聽承之鎮。時湘土荒殘，公私困弊，承躬自儉約，乘葦茭車，[5]而傾心綏撫，甚有能名。敦恐其爲己患，詐稱北伐，悉召承境内船乘。承知其奸計，分半與之。

[1]劉隗：字大連，本書卷六九有傳。　威權大盛：大，殿本作"太"。

[2]戴若思：戴淵，本書卷六九有傳。

[3]鉛刀豈不能一割：典出《後漢書》卷四七《班超傳》："建初三年，班超率疏勒、康居、于寘、拘彌兵一萬人，攻占墨石城，破之，斬首七百級。超欲因此叵平諸國，乃上疏請兵曰：'昔魏絳列國大夫，尚能和輯諸戎，況臣奉大漢之威，而無鉛刀一割之用乎？'"

[4]錢鳳：字世儀，王敦鎧曹參軍。知王敦有不臣之心，因進邪説，遂相朋構，專弄威權，言成禍福。

[5]葦茭車：亦稱薄笨車，制作粗簡而行駛緩慢的車子。《後漢書·郭太傳》："林宗唯與李膺同舟而濟。"王先謙集解引清惠棟曰："商芸《小説》云：'林宗游京師，當還鄉里，送車千乘，李膺在焉。衆人皆詣大槐客舍而別，獨膺與林宗共載，乘薄笨車，上大槐坂。觀者數百人，引領望之，眇若松喬之在霄漢。'"

敦尋構難，遣參軍桓羆説承，[1]以劉隗專寵，今便討擊，請承以爲軍司，以軍期上道。承嘆曰："吾其死矣！地荒人鮮，勢孤援絶。赴君難，忠也；死王事，義也。惟忠與義，夫復何求！”便欲唱義，而衆心疑惑。承曰：“吾受國恩，義無有貳。”府長史虞悝慷慨有志節，[2]謂承曰：“王敦居分陝之任，而一旦作逆，天地所不容，人神所痛疾。大王宗室藩屏，寧可從其僞邪！便宜電奮，存亡以之。”於是與悝及弟前丞相掾望、建昌太守長沙王循、衡陽太守淮陵劉翼等共盟誓，[3]囚桓羆，馳檄湘州，指期至巴陵。[4]零陵太守尹奉首同義謀，[5]出軍營陽。於是一州之内，皆同義舉。乃使虞望討諸不服，斬湘東太守鄭澹。[6]澹，敦姊夫也。

[1]桓羆：東晋時人，先任王敦參軍，後任荆州刺史桓豁都護、參軍。

[2]虞悝：本書卷八九有傳。

[3]建昌：郡名，治所在今湖北省通城縣西北。　長沙：郡名，治所在臨湘縣（今湖南省長沙市）。　淮陵：郡名，元康七年（297）析臨淮郡置，治所在武進縣（今江蘇省丹陽市東）。

[4]巴陵：縣名，治所在今湖南省岳陽市。

[5]零陵：郡名，西漢置，治所在零陵縣（今廣西壯族自治區全州縣西南），東漢至晋治所在泉陵縣（今湖南省永州市）。

[6]湘東：郡名，治所在酃縣（今湖南省衡陽市東）。

敦遣南蠻校尉魏乂、將軍李恒、田嵩等甲卒二萬以攻承。承且戰且守，待救於尹奉、虞望，而城池不固，人情震恐。[1]或勸承南投陶侃，[2]又云可退據零桂。[3]承曰：“吾舉義衆，志在死節，寧偷生苟免，爲奔敗之將乎！事之不濟，其令百姓知吾心耳。”

［1］人情震恐：震，殿本作“振”。

［2］陶侃：字士行，本書卷六六有傳。

［3］零桂：零陵和桂陽。桂陽，郡名，治所在郴縣（今湖南省郴州市）。

初，安南將軍甘卓與承書，[1]勸使固守，當以兵出沔口，[2]斷敦歸路，則湘圍自解。承答書曰：“季思足下：勞於王事。天綱暫圮，[3]中原丘墟。四海義士，方謀克復，中興江左，草創始爾，豈圖惡逆萌自寵臣。吾以暗短，託宗皇屬。仰豫密命，作鎮南夏，親奉中詔，成規在心。伯仁諸賢，[4]扼腕歧路，至止尚淺，凡百茫然。豺狼易驚，遂肆醜毒，聞知駭踴，神氣衝越。子來之義，[5]人思自百，不命而至，衆過數千。誠足以決一旦之機，攄山海之憤矣。[6]然迫於倉卒，舟楫未備，魏乂、李恒，[7]尋見圍逼，是故事與意違，志力未展。猥辱來使，深同大趣；[8]嘉謀英算，發自深衷。執讀周復，欣無以量。足下若能捲甲電赴，猶或有濟；若其狐疑，求我枯魚之肆矣。兵聞拙速，未睹工遲。季思足下，勉之勉之！書不盡意，絶筆而已。”

［1］安南將軍：官名，東漢建安年間置，與安東、安北、安西將軍合稱四安將軍，爲出鎮某一地區的軍事長官，或作爲刺史等兼理軍務的加官，權任頗重。三品，加持節都督者二品。　甘卓：字季思，本書卷七〇有傳。

［2］沔口：原漢水入長江之口，又稱漢口、夏口、魯口。位於今湖北省武漢市。

［3］天綱暫圮：朝廷綱紀暫時崩壞。

[4]伯仁：即周顗，字伯仁，本書卷六九有傳。

[5]子來：謂民心歸附，如子女趨事父母，不召自來，竭誠效忠。

[6]攄（shū）：抒發。

[7]李恒：李，殿本作“季”。

[8]深同大趣：趣，原本、宋本作“越”，殿本作“趣”，據殿本改。

卓軍次賭口，聞王師敗績，停師不進。乂等攻戰日逼，敦又送所得臺中人書疏，令乂射以示承。城内知朝廷不守，莫不悵惋。劉翼臨陣戰死，[1]相持百餘日，城遂没。乂檻送承荆州，刺史王廙承敦旨於道中害之，[2]時年五十九。敦平，詔贈車騎將軍。子無忌立。

[1]臨陣戰死：殿本無“臨陣”二字。

[2]王廙：字世將，本書卷七六有傳。

烈王無忌，字公壽，承之難，以年小獲免。咸和中，拜散騎侍郎，累遷屯騎校尉、中書、黄門侍郎。江州刺史褚裒當之鎮，[1]無忌及丹楊尹桓景等餞於版橋。[2]時王廙子丹楊丞耆之在坐，[3]無忌志欲復仇，拔刀將手刃之，裒、景命左右救捍獲免。御史中丞車灌奏無忌欲專殺人，付廷尉科罪。成帝詔曰：“王敦作亂，閔王遇禍，尋事原情，今王何責。然公私憲制，亦已有斷，王當以體國爲大，豈可尋繹由來，[4]以亂朝憲。主者其申明法令，[5]自今已往，有犯必誅。”於是聽以贖論。

[1]江州：治所在南昌縣（今江西省南昌市）。　褚裒：字季野，本書卷九三有傳。

[2]丹楊尹：官名，東晋京城所在郡府長官，掌京城行政諸務並詔獄，亦稱“京尹”。三品。　版橋：位於今安徽省和縣境内長江西岸。

[3]丹楊丞：官名，一作丹楊尹丞，丹楊尹屬官。七品。

[4]尋繹由來：推求緣由。

[5]主者：主，宋本作“王”。

建元初遷散騎常侍，轉御史中丞，出爲輔國將軍、長沙相，[1]又領江夏相，尋轉南郡、河東二郡太守，[2]將軍如故。隨桓温伐蜀，以勛賜少子愔爵廣晋伯，進號前將軍。永和六年薨，贈衛將軍。二子：恬、愔。恬立。

[1]相：官名，郡國相，也稱内史。五品。

[2]南郡：治所在江陵縣（今湖北省江陵縣）。　河東：郡名，東晋僑置，治所在松滋縣（今湖北省松滋市西北）。

敬王恬，字元愉，少拜散騎侍郎，累遷散騎常侍、黄門郎、御史中丞。值海西廢，簡文帝登阼，未解嚴，大司馬桓温屯中堂，[1]吹警角，恬奏劾温大不敬，請科罪。温視奏嘆曰：“此兒乃敢彈我，真可畏也。”

[1]中堂：又稱南皇堂。《江南通志》卷三〇《輿地志·江寧府》載：“中堂在上元縣古都城宣陽門外，或謂之南皇堂。六朝時建康有警，多以親貴出頓中堂。”

恬忠正有幹局,[1]在朝憚之。遷右衛將軍、司雍秦梁四州大中正,[2]拜尚書，轉侍中，領左衛將軍,[3]補吴國内史，又領太子詹事。[4]恬既宗室勛望，有才用，孝武帝時深杖之,[5]以爲都督兖青冀幽并揚州之晋陵徐州之南北郡軍事,[6]領鎮北將軍、兖青二州刺史、假節。太元十五年薨，追贈車騎將軍。四子：尚之、恢之、允之、休之。尚之立。

[1]幹局：辦事的才幹和器局。

[2]右衛將軍：官名，三國魏咸熙二年（265），司馬炎即晋王位，分中衛將軍爲左、右衛將軍。掌佽飛虎賁及前驅、由基、强弩三部司馬，屬下還有虎賁、羽林、上騎、異力、命中共五部督，負責宫禁侍衛。西晋屬中軍將軍，後屬領軍將軍。爲禁衛軍主要統帥之一，權任很重。四品。　司：司州，治所在洛陽縣（今河南省洛陽市東北）。　大中正：州一級評定士人品第的官員。

[3]左衛將軍：參“右衛將軍”。

[4]太子詹事：官名，東宫屬官，掌管東宫内外事務。兩晋南北朝東宫地位極重，官署齊備，擬於朝廷。太子詹事任總宫官，堪比朝廷之尚書令、領軍將軍，位權甚重。三品。

[5]深杖之：杖，殿本作“仗”。本卷下文“每事杖焉”同。

[6]都督兖青冀幽并揚州之晋陵、徐州之南北郡軍事：上述兖、青、冀、幽四州及揚州晋陵郡、徐州下轄部分郡之最高軍事行政長官。青，青州，治所在臨淄縣（今山東省淄博市東北）。

忠王尚之，字伯道，初拜秘書郎，遷散騎侍郎。恬鎮京口,[1]尚之爲振威將軍、廣陵相,[2]父憂去職。服闋，爲驃騎諮議參軍。[3]宗室之内，世有人物。王國寶之誅也,[4]散騎常侍劉鎮之、彭城内史劉涓子、徐州别駕徐放並以同黨被收,[5]將加大辟。尚之言於會稽王道子曰:[6]“刑獄不可廣,宜釋鎮之等。”道子以尚之昆季並居列職,每事杖焉,乃從之。

[1]京口:地名,即今江蘇省鎮江市。

[2]廣陵:郡名,三國時治所在淮陰縣(今江蘇省淮安市淮陰區西南甘羅城),東晋治所在廣陵縣(今江蘇省揚州市西北蜀岡上)。

[3]驃騎諮議參軍:官名,驃騎將軍府的屬官,掌咨詢謀議軍事,位在諸參軍之上。

[4]王國寶:王坦之第三子,本書卷七五有傳。

[5]彭城:縣名,治所在今江蘇省徐州市。　徐州:治所在彭城縣(今江蘇省徐州市)。

[6]會稽王道子:司馬道子,字道子,本書卷六四有傳。

兖州刺史王恭忌其盛也,[1]與豫州刺史庾楷並稱兵,[2]以討尚之爲名,南連荆州刺史殷仲堪、南郡公桓玄等。[3]道子命前將軍王珣、右將軍謝琰討恭,[4]尚之距楷。允之與楷子鴻戰於當利,[5]鴻敗走,斬楷將段方,楷單馬奔桓玄。道子以尚之爲建威將軍、豫州刺史、假節,一依楷故事,尋進號前將軍;允之爲吴國内史;恢之驃騎司馬、丹楊尹;休之襄城太守。各擁兵馬,勢傾朝廷。後將軍元顯執政,[6]亦倚以爲援。

[1]王恭:字孝伯,本書卷八四有傳。

[2]庾楷:庾亮之孫,本書卷八四有傳。

[3]殷仲堪：本書卷八四有傳。　桓玄：字敬道，本書卷九九有傳。

[4]王珣：字元琳，本書卷六五有傳。珣，殿本作“恂”。　右將軍：官名，漢代重號將軍之一，與前、左、後將軍並爲上卿。魏晋時常設，權位漸低，僅爲武官名號，略高於一般雜號將軍。三品。　謝琰：字瑗度，本書卷七九有傳。

[5]當利：縣名，治所在今山東省萊州市西南。

[6]元顯：司馬元顯，司馬道子之子，本書卷六四有傳。

元顯寵倖張法順，每宴會，坐起無别。尚之入朝，正色謂元顯曰：“張法順驅走小人，有何才異，而暴被拔擢。當今聖世，不宜如此。”元顯默然。尚之又曰：“宗室雖多，匡諫者少，王者尚納芻蕘之言，况下官與使君骨肉不遠，蒙眷累世，何可坐視得失而不盡言。”因叱法順令下。舉坐失色，尚之言笑自若，元顯深銜之。後符下西府，令出勇力二千人。尚之不與，曰：“西藩濱接荒餘，寇虜無常，兵止數千，不足戍衛，無復可分徹者。”元顯尤怒。會欲伐桓玄，故無他。

及元顯稱詔西伐，命尚之爲前鋒，尚之子文仲爲寧遠將軍、宣城内史。[1]桓玄至姑熟，[2]遣馮該等攻歷陽，[3]斷洞浦，[4]焚尚之舟艦。尚之率步卒九千陣於浦上，先遣武都太守楊秋屯横江。[5]秋奔于玄軍，尚之衆潰，逃于涂中十餘日。[6]譙國人韓連、丁元等以告玄，玄害之於建康市。玄上疏以閔王不宜絶祀，[7]乃更封尚之從弟康之爲譙縣王。安帝反正，追贈尚之衛將軍，以休之長子文思爲尚之嗣，襲封譙郡王。

[1]寧遠將軍：官名，屬名號將軍。五品。

[2]姑熟：即姑熟城，又名南州城，位於今安徽省當塗縣西北。

[3]歷陽：縣名，治所在今安徽省和縣。

[4]洞浦：一作洞口。位於今安徽省和縣南。

[5]武都：郡名，治所在下辯縣（今甘肅省成縣西）。　横江：今安徽省和縣與馬鞍山市之間的長江。

[6]涂中：即今安徽、江蘇二省境内的滁河流域。

[7]不宜絶祀：祀，殿本作“嗣”。

文思性凶暴，每違軌度，多殺弗辜。好田獵，燒人墳墓，數爲有司所糾，遂與群小謀逆。劉裕聞之，[1]誅其黨與，送文思付父休之，令自訓厲。後與休之同怨望稱兵，爲裕所敗而死，國除。

[1]劉裕：字德輿，小名寄奴，彭城（今江蘇省徐州市）人，南朝宋開國皇帝。世居京口，初爲東晋冠軍司馬，後被劉牢之任爲參軍。歷任鎮軍將軍、都督十六州諸軍事，官至相國，受封宋王。元熙二年（420）代晋稱帝。謚武皇帝，廟號高祖。

恢之，字季明，歷官驃騎司馬、丹楊尹。尚之爲桓玄所害，徙恢之等於廣州，而於道中害之。安帝反正，追贈撫軍將軍。[1]

[1]撫軍將軍：官名，三國蜀漢、孫吴皆置，爲加官，以示權重。晋沿置，與中軍將軍、鎮軍將軍並爲三名號將軍。三品。

休之，字季預。少仕清塗，以平王恭、庾楷功，拜龍驤將軍、襄城太守，鎮歷陽。桓玄攻歷陽，休之嬰城固守。及尚之戰敗，休之以五百人出城力戰，不捷，乃還城，携子姪奔于慕容超。[1]聞義軍起，復還京師。大將軍武陵王令曰："前龍驤將軍休之，才幹貞審，[2]功業既成。歷陽之戰，事在幾捷。及至勢乖力屈，奉身出奔，猶鳩集義徒，崎嶇險阻。既應親賢之舉，宜委分陝之重。可監荆益梁寧秦雍六州軍事、領護南蠻校尉、荆州刺史、假節。"[3]到鎮無幾，桓振復襲江陵，[4]休之戰敗，出奔襄陽。寧朔將軍張暢之、高平相劉懷肅自沔攻振，[5]走之。休之還鎮，御史中丞王楨之奏休之失戍，免官。朝廷以豫州刺史魏咏之代之，[6]徵休之還京師，拜後將軍、會稽内史。[7]御史中丞阮歆之奏休之與尚書虞嘯父犯禁嬉戲，[8]降號征虜將軍，尋復爲後將軍。

[1]慕容超：字祖明，本書卷一二八有載記。

[2]才幹貞審：才能幹練，清高審慎。

[3]監荆益梁寧秦雍六州軍事：上述六州軍事行政長官，位低於都督。　護南蠻校尉：官名，亦稱南蠻校尉，府鎮襄陽，東晋改鎮江陵。掌荆州及江州少數民族事務，統兵。四品。

[4]江陵：縣名，治所在今湖北省江陵縣。

[5]寧朔將軍：官名，西晋時多駐幽州，爲幽州地區軍政長官，兼管烏丸事務。此時駐洛陽。四品。　張暢之：東晋時人，歷任寧朔將軍、劉牢之參軍、江夏相等職。　高平：郡名，治所在昌邑縣（今山東省巨野縣南）。　劉懷肅：彭城（今江蘇省徐州市）人，劉裕從母兄，初爲劉敬宣寧朔府司馬，東征孫恩，有戰功，又爲龍驤司馬、費令。隨劉裕討桓玄及桓氏餘黨，除通直郎，任淮南、歷陽二郡太守。

［6］魏咏之：字長道，本書卷八五有傳。

［7］會稽：郡名，治所在山陰縣（今浙江省紹興市）。

［8］虞嘯父：虞潭之孫，本書卷七六有傳。

及盧循作逆，[1]加督浙江東五郡軍事，[2]坐公事免。劉毅誅，[3]復以休之都督荆雍梁秦寧益六州軍事、平西將軍、荆州刺史、假節。[4]以子文思爲亂，上疏謝曰："文思不能聿修，自貽罪戾，憂懼震惶，惋愧交集。臣御家無方，威訓不振，致使子侄愆法，仰負聖朝。悚赧兼懷，胡顏自處，請解所任，歸罪闕庭。"不許。

［1］盧循：字于先，小名元龍，本書卷一〇〇有傳。

［2］督浙江東五郡軍事：浙江東五郡軍事行政長官，位低於都督、監。

［3］劉毅：字希樂，本書卷八五有傳。

［4］都督荆雍梁秦寧益六州軍事：上述六州最高軍事行政長官。平西將軍：官名，與平北、平南、平東將軍合稱四平將軍，權任很重，多持節都督或監某一地區的軍事，有時亦作爲刺史等地方官員兼理軍務的加官。三品，加持節都督者二品。

後以文思事怨望，遂結雍州刺史魯宗之，[1]將共誅執政。時休之次子文寶及兄子文祖並在都，收付廷尉賜死。劉裕親自征之，密使遺休之治中韓延之書曰："文思事意，遠近所知。去秋遣康之送還司馬君者，推至公之極也。而了無愧心，久絶表疏，此是天地所不容。吾受命西征，止其父子而已。彼土僑舊，爲之驅逼，一無所問。往年郗僧施、謝劭、任集之等交構積歲，[2]專爲劉毅規謀，所以至此。今卿諸人一時逼迫，本無纖釁。吾虛懷期物，自有由來，今在近路，是諸賢濟身之日。若大軍相臨，交鋒接刃，蘭艾雜揉，[3]或恐不分。故白此意，并可示同懷諸人。”

［1］魯宗之：東晉扶風郿縣（今陝西省眉縣東渭河北岸）人，字彥仁。南陽太守，從劉裕伐桓玄有功，遷輔國將軍、雍州刺史。後自疑不爲劉裕所容，乃起兵與司馬休之伐劉裕，兵敗後投姚興。

［2］郗僧施：字惠脱，本書卷六七有傳。

［3］蘭艾雜揉：蘭草與艾草錯雜一起。喻良莠不分，一起受到戕害。

延之報曰：“聞親率戎馬，遠履西畿，[1]闔境士庶，莫不恇駭。何者？莫知師出之名故也。辱來疏，始委以譙王前事，良增嘆息。司馬平西體國忠貞，款懷待物。以君有匡復之勛，家國蒙賴，推德委誠，每事詢仰。譙王往以微事見劾，猶自遜位，况以大過，而當默然也！但康之前言，有所不盡，故重使胡道，申白所懷。道未及反，已奏表廢之，所不盡者命耳。推寄相與，正當如此，有何不可，便及兵戈。自義旗以來，方伯誰敢不先相諮疇，而徑表天子，可謂欲加之罪，其無辭乎！劉裕足下，海内之人，誰不見足下此心。而復欲誑國士，‘天地所不容’，在彼不在此矣。來言‘虛懷期物，自有由來’；今伐人之君，啗人以利，真可謂‘虛懷期物，自有由來’矣！劉藩死於閶闔之門，[2]諸葛斃於左右之手。[3]甘言詑方伯，[4]襲之以輕兵，遂使席上靡款懷之士，閫外無自信諸侯。[5]以是爲得算，良可恥也。吾誠鄙劣，嘗聞道於君子。以平西之至德，寧可無授命之臣乎！假令天長喪亂，九流渾濁，當與臧洪游於地下耳。"[6]裕得書嘆息，以示諸佐曰："事人當應如此！"[7]

[1]遠履西畿：遠征西部。

[2]劉藩：東晋時人，歷任兖州刺史、右將軍，隨劉裕征討，後被劉裕所殺。　閶闔之門：此泛指京城宫門。

[3]諸葛：諸葛長民，本書卷八五有傳。

[4]甘言詫方伯：中華本校勘記："'詫'下原有'語'字，據《宋書》及《南史·宋武紀》、《通鑑》一一七、《册府》七二五删。"

[5]閫外：指京城或朝廷之外。

[6]臧洪：東漢廣陵射陽（今江蘇省寶應縣東北）人，字子源。初舉孝廉，補即丘長。後棄官歸家。後任廣陵太守張超功曹。後又被袁紹任爲東郡太守。曹操圍張超於雍丘，袁紹坐視不救，臧洪因此與袁紹相絶。終爲袁紹所殺。

[7]事人當應如此：殿本作"事君應如此"。

宗之聞裕向荆州，自襄陽就休之共屯江陵。使文思及宗之子軌以兵距裕，戰于江津。[1]休之大敗，遂與宗之俱奔于姚興。[2]裕平姚弘，[3]休之將奔于魏，未至，道死。

[1]江津：即江津戍，一名奉城，位於今湖北省荆州市沙市區東南長江中沙洲上。

[2]姚興：字子略，本書卷一一七有載記。

[3]姚弘：弘，宋本、殿本作“泓”。

允之，字季度，出後叔父愔，襲爵廣晋伯，歷位輔國將軍，吴國、宣城、譙、梁内史。王恭、庾楷、桓玄等内伐也，會稽王道子命允之兄弟距楷，破之。元興初，與兄恢之同徙廣州，於道被害。義軍起，追贈太常卿。從弟康之以子文惠襲爵。宋受禪，國除。

韓延之，字顯宗，南陽赭陽人，[1]魏司徒暨之後也。[2]少以分義稱。[3]安帝時爲建威將軍、荆州治中，轉平西府録事參軍。以劉裕父名翹字顯宗，延之遂字顯宗，名兒爲翹，以示不臣劉氏。與休之俱奔姚興。劉裕又奔于魏。[4]

[1]赭陽：縣名，治所在今河南省方城縣東。

[2]暨：韓暨，三國時南陽赭陽（今河南省方城縣東）人，字公至。任劉表宜城長。曹操占荆州後，任曹操丞相士曹屬、監冶謁者。改造冶鑄鼓風設備，功用提高三倍。加司金都尉。官至太常、司徒。

[3]分義：情分，親情。

[4]劉裕又奔于魏：殿本“裕”下有“入關”二字。

愔，字敬王，初封廣晋伯。早卒，無子，兄恬以子允之嗣。[1]

[1]殿本將此段文置“允之”“韓延之”之間。

高陽王睦

高陽王睦，字子友，譙王遜之弟也。魏安平亭侯，歷侍御史。[1]武帝受禪，封中山王，邑五千二百户。睦自表乞依六蓼祀皋陶，[2]鄫杞祀相立廟。[3]事下太常，依禮典平議。博士祭酒劉憙等議：[4]“《禮記·王制》，諸侯五廟，二昭二穆，與太祖而五。是則立始祖之廟，謂嫡統承重，一人得立耳。假令支弟並爲諸侯，始封之君不得立廟也。今睦非爲正統，若立祖廟，中山不得並也。後世中山乃得爲睦立廟，爲後世子孫之始祖耳。”詔曰：“禮文不明，此度大事，宜令詳審，可下禮官博議，乃處當之。”

[1]侍御史：官名，簡稱御史、侍御。御史臺屬官，曹魏時分掌治書、課第等八曹，尚書、符節等三臺。西晋時分掌吏、課第、直事、印、中都督、外都督、媒、符節、水、中壘、軍營、法、算十三曹。六品。

[2]六蓼祀皋陶：六，六國。蓼，蓼國。《左傳·文公五年》：“楚公子燮滅蓼，臧文仲聞六與蓼滅，曰：‘皋陶庭堅不祀，忽諸，德之不建，民之無援，哀哉！’”杜預注：“蓼與六皆皋陶後也，傷二國之君不能建德，結援大國，忽然而亡。”

[3]鄫杞祀相立廟：鄫、杞爲春秋古國名，相爲古地名，在今河南省安陽市西。意爲鄫、杞兩國在相立廟祭祀祖先。

[4]博士祭酒：官名，領諸五經博士，掌教授經學，備顧問應對。西晋爲太學之長，與國子學之長國子祭酒並隸太常。東晋南朝以國子祭酒兼統國子、太學博士，此官或省。五品。

咸寧三年，睦遣使募徙國内八縣受逋逃、私占及變易姓名、詐冒復除者七百餘户，冀州刺史杜友奏睦招誘逋亡，不宜君國。有司奏，事在赦前，應原。詔曰："中山王所行何乃至此，覽奏甚用憮然。[1]廣樹親戚，將以上輔王室，下惠百姓也。豈徒榮崇其身，而使民逾典憲乎！此事當大論得失，正臧否所在耳。[2]苟不宜君國，何論於赦令之間邪。其貶睦爲縣侯。"乃封丹水縣侯。

[1]甚用憮然：因此感到特别驚訝。

[2]臧否：品評，褒貶。

及吴平，太康初詔復爵。有司奏封江陽王，帝曰："睦退静思愆，改修其德，今有爵土，不但以赦。江陽險遠，其以高陽郡封之。"乃封爲高陽王。元康元年，爲宗正。薨於位，世子蔚早卒，孫毅立。拜散騎侍郎，永嘉中没於石勒。隆安元年，詔以譙敬王恬次子恢之子文深繼毅後。立五年，薨，無嗣，復以高密王純之子法蓮繼之。宋受禪，國除。

任城景王陵

任城景王陵，字子山，宣帝弟魏司隸從事安城亭侯通之子也。[1]初拜議郎。[2]泰始元年，封北海王，邑四千七百户。三年，轉封任城王，之國。咸寧五年薨，子濟立。拜散騎侍郎、給事中、散騎常侍、輔國將軍。隨東海王越在項，[3]爲石勒所害，二子俱没。有二弟：順、斌。

[1]司隸從事：官名，司隸校尉的屬官。

[2]議郎：官名，西漢始置。魏晋時品秩雖低，名義清高。七品。

[3]項：縣名，治所在今河南省沈丘縣。

順，字子思，初封習陽亭侯。及武帝受禪，順嘆曰："事乖唐虞，而假爲禪名！"遂悲泣。由是廢黜，徙武威姑臧縣。[1]雖受罪流放，守意不移而卒。

[1]武威：郡名，治所在姑臧縣（今甘肅省武威市）。

西河繆王斌，字子政，魏中郎。武帝受禪，封陳王，邑千七百一十户。三年，改封西河。咸寧四年薨，子隱立。薨，子憙立。[1]

[1]子憙立：中華本校勘記："《斠注》：《石勒載記》'憙'作'喜'。按：《通鑑》八七亦作'喜'。"

史臣曰：泰始之初，天下少事，革魏餘弊，遵周舊典，並建宗室，以爲藩翰。諸父同虞虢之尊，[1]兄弟受魯衛之社，[2]以爲歷紀長久，本支百世。安平風度宏邈，器宇高雅，内弘道義，外闡忠貞。洎高貴薨殂，則枕尸流慟；陳留就國，則拜辭隕涕。語曰"疾風彰勁草"，[3]獻王其有焉。故能位班上列，享年眉壽，[4]清徽至範，爲晋宗英，子孫遵業，世篤其慶。高密風監清遠，簡素寡欲，孝以承親，忠以奉上，方諸枝庶，實謂國楨。[5]

新蔡、南陽，俱莅方岳。值王室多難，中原蕪梗，[6]表義甄節，效績艱危。于時醜類實繁，凶威日逞，勢懸衆寡，相繼淪亡，悲夫！譙閔沉雄壯勇，作鎮南服。屬奸回肆亂，稱兵内侮。懷忠憤發，建義湘州，荆沔響應，群才致力。雖元勛不立，而誠節克彰，垂裕後昆，奕世貞烈，豈不休哉！勛託末屬，禀性凶暴。仍荷朝寄，推轂梁岷，[7]遂棄親背主，負恩放命。憑庸蜀之饒，苞臧不逞；恃江山之固，奸謀日深。是以搢紳切齒，[8]攄積憤之志；義士思奮，厲忘身之節。天道禍淫，應時蕩定。昔汲黯猶在，[9]淮南寢謀，周撫若存，凶渠未發，[10]以邪忌正，異代同規。《詩》云“自貽伊戚”，[11]其勛之謂矣。習陽憑慶枝葉，守約懷逸，栖情塵外，希踪物表，顧匹夫之獨善，貴達節之弘規，言出身播，猶爲幸也。

[1]虞：古國名。在今山西省平陸縣東北，周武王滅商，封古公亶父之子虞仲的後人於此，是爲西虞。　虢：古國名。西周文王弟虢仲之封地，故城在今陝西省寶鷄市東，是爲西虢。虢叔之封地，在今河南省滎陽市虢亭，是爲東虢。

[2]魯：古國名，周武王封弟周公旦於曲阜，名曰魯。　衛：周公封周武王弟康叔於衛，先後在今河南省淇縣、滑縣、濮陽市、沁陽市。

[3]疾風彰勁草：語出《後漢書》卷二〇《王霸傳》：“光武謂霸曰：‘潁川從我者皆逝，而子獨留。努力！疾風知勁草。’”

[4]眉壽：長壽。《詩·豳風·七月》：“爲此春酒，以介眉壽。”毛亨傳：“眉壽，豪眉也。”孔穎達疏：“人年老者必有豪眉秀出者。”高亨注：“眉壽，長壽也。”

[5]國楨：國家的棟樑、支柱。

［6］蕪梗：荒蕪阻斷。

［7］推轂：古代帝王任命將帥時的隆重禮儀。　梁岷：梁山和岷山。此指蜀漢。

［8］搢紳：搢，殿本作“縉”。

［9］汲黯：西漢濮陽（今河南省濮陽市西南）人，字長孺。景帝時任太子洗馬，武帝時爲謁者、東海太守。在郡有治績。後召爲主爵都尉。爲人耿直，敢直言相諫，號“汲直”。卒於淮陽太守任上。

［10］凶渠：元凶。

［11］自貽伊戚：語見《左傳·宣公二年》：“宣子曰：‘烏呼，“我之懷矣，自詒伊戚”，其我之謂矣！’”王肅注：“逸詩也，言人多所懷戀，則自遺憂。”

贊曰：安平立節，雅性貞亮。高密含和，宗室之望。新蔡遇禍，忠全元喪。譙閔殉義，[1]力屈志揚。[2]勛自貽戚，名隕身亡。順不恤忌，流播遐方。

［1］譙閔殉義：殿本作“譙門狥義”，狥，同“徇”。

［2］力屈志揚：揚，原本、宋本作“楊”，殿本作“揚”，據殿本改。

晉書　卷三八

列傳第八

宣五王　文六王

平原王幹　琅邪王伷 子覲 澹 繇 漼　清惠亭侯京　扶風王駿 子暢 歆　梁王肜　齊王攸 子蕤 贊 寔　城陽王兆　遼東王定國　廣漢王廣德　樂安王鑒　樂平王延祚[1]

宣五王

宣帝九男，穆張皇后生景帝、文帝、平原王幹，[2]伏夫人生汝南文成王亮、琅邪武王伷、清惠亭侯京、扶風武王駿，張夫人生梁王肜，柏夫人生趙王倫、汝南王亮。[3]亮及倫别有傳。

[1]原本總目録未列附傳人物；原本卷首目録衹“宣五王文六王”六字。據中華本目録及正文補。

[2]穆張皇后：名春華，本書卷三一有傳。

[3]趙王倫：司馬倫，字子彝，本書卷五九有傳。　汝南王亮：

司馬亮，字子翼，本書卷五九有傳。

平原王幹

平原王幹，字子良。少以公子魏時封安陽亭侯，稍遷撫軍中郎將，[1]進爵平陽鄉侯。五等建，改封定陶伯。武帝踐阼，封平原王，邑萬一千三百户，給鼓吹、駙馬二匹，[2]加侍中之服。[3]咸寧初，遣諸王之國，幹有篤疾，性理不恒，而頗清虛静退，簡於情欲，故特詔留之。太康末，拜光禄大夫，[4]加侍中，特假金章紫綬，[5]班次三司。惠帝即位，進左光禄大夫，[6]侍中如故，劍履上殿，入朝不趨。

[1]撫軍中郎將：官名，三國曹魏置，掌督領中軍。四品。

[2]鼓吹：帝王及高級官員儀仗中的樂隊，由管樂和打擊樂器組成，常用來賜予有軍功的高級武官。

[3]侍中：官名，東漢建安中與給事黄門侍郎出入禁中，省尚書事。曹魏時爲門下之侍中省長官，常侍衛皇帝左右，掌顧問應對、諫諍糾察、平議奏事、駁奏異議等，權力甚重。三品。

[4]光禄大夫：官名，三公等大臣告老回家即拜此職，或作爲在朝顯職的加官。三品，開府位從公者一品。

[5]金章紫綬：黄金印章，紫色綬帶。

[6]左光禄大夫：官名，齊王曹芳正始元年（240）在光禄大夫上增置左、右，位在光禄大夫上。在朝顯職的加官，或授予年老有病致仕者，或授予死者。西晋時禄賜與特進同。二品，開府位從公者一品。

幹雖王大國，不事其務，有所調補，必以才能。雖有爵禄，若不在己，秩奉布帛，皆露積腐爛。陰雨則出犢車而内露車，或問其故，對曰："露者宜内也。"朝士造之，雖通姓名，必令立車馬於門外，或終夕不見。時有得覲，與人物酬接，亦恂恂恭遜，初無闕失。前後愛妾死，既斂，輒不釘棺，置後空室中，數日一發視，或行淫穢，須其尸壞乃葬之。

趙王倫輔政，以幹爲衛將軍。[1]惠帝反正，復爲侍中，加太保。[2]齊王冏之平趙王倫也，[3]宗室朝士皆以牛酒勞冏，幹獨懷百錢，見冏出之，曰："趙王逆亂，汝能義舉，是汝之功，今以百錢賀汝。雖然，大勢難居，不可不慎。"冏既輔政，幹詣之，冏出迎拜。幹入，踞其床，不命冏坐，語之曰："汝勿效白女兒。"[4]其意指倫也。及冏誅，幹哭之慟，謂左右曰："宗室日衰，唯此兒最可，而復害之，從今殆矣！"

[1]衛將軍：官名，魏晋時位在名號將軍之上，多爲軍府名號，加給大臣、重要州郡長官。二品，開府位從公者一品。

[2]太保：官名，史上屢次廢置，三國魏末年復置。晋爲八公之一，位上公，在太宰、太傅之下。安置元老重臣，無職掌。一品。

[3]齊王冏：司馬冏，字景治，本書卷五九有傳。冏，原本、宋本作"囧"，殿本作"冏"，據其本傳及殿本改。本卷下同。

[4]白女兒：給家人帶來灾禍。魏晋時有以白爲凶者。《南史》卷三《宋本紀》："劉宋明帝諱白，尚書右丞江謐嘗誤犯，上變色曰：'白汝家門！'"

東海王越興義，[1]至洛陽，往視幹，幹閉門不通。

越駐車良久，幹乃使人謝遣，而自於門間闚之。當時莫能測其意，或謂之有疾，或以爲晦迹焉。永嘉五年薨，時年八十。會劉聰寇洛，[2]不遑贈謚。有二子，世子廣早卒，次子永以太熙中封安德縣公，散騎常侍，[3]皆爲善士。遇難，合門堙滅。[4]

[1]東海王越：司馬越，字元超，本書卷五九有傳。

[2]劉聰：字玄明，一名載，本書卷一〇二有載記。

[3]散騎常侍：官名，三國魏文帝黄初年間置，侍從皇帝左右，諫諍得失，顧問應對，與侍中等共平尚書奏事。也用作宰相、諸公等加官，入宫議政。三品。

[4]合門湮滅：全家被滅。滅，宋本作“城”。

琅邪王伷

琅邪武王伷，字子將，正始初封南安亭侯。早有才望，起家爲寧朔將軍，[1]監守鄴城，[2]有綏懷之稱。累遷散騎常侍，進封東武鄉侯，拜右將軍、監兖州諸軍事、兖州刺史。[3]五等初建，封南皮伯。轉征虜將軍、假節。[4]武帝踐阼，封東莞郡王，邑萬六百户。始置二卿，[5]特詔諸王自選令長。伷表讓，不許。入爲尚書右僕射、撫軍將軍，[6]出爲鎮東大將軍、假節、徐州諸軍事，[7]代衛瓘鎮下邳。[8]伷鎮御有方，得將士死力，吴人憚之。加開府儀同三司，[9]改封琅邪王，以東莞益其國。[10]

[1]寧朔將軍：官名，西晋時多駐幽州，爲幽州地區軍政長官，

兼管烏丸事務。四品。

[2]監守鄴城：守備鄴城的軍事長官。

[3]右將軍：官名，漢代重號將軍之一，與前、左、後將軍並爲上卿。魏晋時常設，權位漸低，僅爲武官名號，略高於一般雜號將軍。三品。　監兗州諸軍事：兗州地區的軍事行政長官，位低於都督。兗州，三國魏治所在廩丘縣（今山東省鄆城縣西北），晋惠帝末，兗州闔境淪没於石勒。東晋元帝僑置兗州，治京口（今江蘇省鎮江市）。

[4]征虜將軍：既是武官名，也作爲高級文職官員的加官。三品。　假節：假以節杖。指大臣臨時持節出巡，爲權臣掌軍、秉政的地位象徵和政治待遇。

[5]始置二卿：卿，原本、宋本作"鄉"，殿本作"卿"，據殿本、中華本校勘記改。

[6]尚書右僕射：官名，尚書令副手，掌拆閲封緘奏章文書、參議政事、諫諍駁議、監察百官。位在左僕射之下。三品。　撫軍將軍：官名，三國蜀漢、孫吴皆置，爲加官，以示權重。晋沿置，與中軍將軍、鎮軍將軍並爲三名號將軍。三品。

[7]鎮東大將軍：官名，三國魏置，職掌與鎮東將軍同，唯資歷深者得任此職。二品，開府位從公者一品。　假節、徐州諸軍事：中華本校勘記云："周校：'假節'下脱'都督'。"

[8]衛瓘：字伯玉，本書卷三六有傳。　下邳：縣名，治所在今江蘇省睢寧縣古邳鎮東。邳，宋本作"郅"。

[9]開府儀同三司：官名，三國魏始置。爲大臣加號，意謂與太尉、司徒、司空三司待遇相同，許開設府署，任命僚屬。

[10]東莞：郡名，東漢建安初置，治所在今山東省沂水縣東北，西晋元康年間移治莒縣（今山東省莒縣）。

平吴之役，率衆數萬出涂中，[1]孫皓奉箋送璽綬，詣伷請降。詔曰："琅邪王伷督率所統，連據涂中，使賊不得相救。又使琅邪相劉弘等進軍逼江，[2]賊震懼，遣使奉僞璽綬。又使長史王恒率諸軍渡江，[3]破賊邊守，獲督蔡機，斬首降附五六萬計，諸葛靚、孫奕等皆歸命請死。[4]功勛茂著，其封子二人爲亭侯，各三千户，賜絹六千匹。"頃之，并督青州諸軍事，[5]加侍中之服。進拜大將軍、開府儀同三司。[6]

[1]涂中：即今安徽、江蘇二省境内的滁河流域。

[2]琅邪：封國名，治所在今山東省臨沂市。　相：官名，郡國相，也稱内史。五品。

[3]長史：官名，掌顧問參謀，爲所在官署掾屬之長。魏晋南北朝時王府、公府、軍府、邊郡均置。此爲司馬伷鎮東大將軍府長史，六品。

[4]諸葛靚：三國時琅邪陽都（今山東省沂南縣南）人，字仲思，諸葛誕之子，任孫吴右將軍。吴平還晋。

[5]督青州諸軍事：青州地區軍事行政長官，位低於都督、監。

[6]大將軍：官名，高級軍事統帥。曹魏時多以之屯駐長安，對付蜀漢，蜀漢以其爲最高軍事長官，孫吴則别置上大將軍居其上。西晋時爲八公之一，位居上公、大司馬下，三公之上。東晋時常專擅軍政事務。一品。

伷既戚屬尊重，加有平吴之功，克己恭儉，無矜滿之色，僚吏盡力，[1]百姓懷化。疾篤，賜床帳、衣服、錢帛、秔粱等物，遣侍中問焉。太康四年薨，時年五十七。臨終表求葬母太妃陵次，并乞分國封四子，帝許之。子恭王覲立。又封次子澹爲武陵王，繇爲東安王，濯爲淮陵王。

[1]僚吏：吏，原本、宋本作“史”，殿本作“吏”，據殿本改。

覲，字思祖，拜冗從僕射。[1]太熙元年薨，時年三十五。子睿立，是爲元帝。中興初，帝以皇子裒爲琅邪王，奉恭王祀。裒早薨，更以皇子焕爲琅邪王。[2]其日薨，復以皇子昱爲琅邪王。咸和之初，既徙封會稽，[3]成帝又以康帝爲琅邪王。康帝即位，封成帝長子哀帝爲琅邪王。哀帝即位，以廢帝爲琅邪王。廢帝即位，以會稽王攝行琅邪國祀。簡文帝登阼，琅邪王無嗣。及帝臨崩，封少子道子爲琅邪王。道子後爲會稽王，更以恭帝爲琅邪王。帝既即位，琅邪國除。

[1]冗從僕射：官名，三國魏任用士人，統營兵，負責宮禁侍衛。晋沿置。五品。

[2]裒早薨，更以皇子焕爲琅邪王：中華本校勘記：“《册府》二八三作‘裒早薨，子哀王安國立，未逾年薨，更以皇子焕爲琅邪王’。《裒傳》亦云‘子哀王安國立，未逾年薨’。裒卒於建武元年十月，焕立於太興元年十二月，中間一年當是哀王安國嗣立之時，《紀》《傳》並漏書。”

[3]會稽：郡名，治所在山陰縣（今浙江省紹興市）。

武陵莊王澹，字思弘。初爲冗從僕射，後封東武公，邑五千二百户。轉前將軍、中護軍。[1]性忌害，無孝友之行。弟東安王繇有令名，爲父母所愛，澹惡之如仇，遂譖繇於汝南王亮，亮素與繇有隙，奏廢徙之。趙王倫作亂，以澹爲領軍將軍。[2]澹素與河内郭俶、俶弟侃親善。[3]酒酣，俶等言張華之冤，澹性酗酒，因並殺之，送首於倫，其酗虐如此。[4]

[1]前將軍：官名，漢代爲重號將軍，與左、右、後將軍並爲上卿。魏晋時常設，權位較兩漢時漸低，僅爲武官名號，略高於一般雜號將軍，不典禁兵，不與朝政。三品。　中護軍：官名，掌武官選舉，與中領軍同掌禁軍。曹魏四品，晋三品。

[2]領軍將軍：官名，三國曹丕置，職掌同於中領軍，但任職者資位重於中領軍，簡稱領軍。爲禁衛軍最高統帥，常由皇帝親信或宗室擔任。兩晋沿置。三品。

[3]河内：郡名，治所在野王縣（今河南省沁陽市）。

[4]酗虐：酗，殿本作“凶”。

澹妻郭氏，賈后内妹也。[1]初恃勢，無禮於澹母。齊王冏輔政，澹母諸葛太妃表澹不孝，乞還繇，由是澹與妻子徙遼東。[2]其子禧年五歲，不肯隨去，曰：“要當爲父求還，無爲俱徙。”陳訴歷年，太妃薨，繇被害，然後得還。拜光禄大夫、尚書、太子太傅，[3]改封武陵王。永嘉末爲石勒所害，子哀王喆立。喆，字景林，拜散騎常侍，亦爲勒所殺。[4]無子，其後元帝立皇子晞爲武陵王，以奉澹祀焉。

[1]賈后：惠帝皇后賈南風，本書卷三一有傳。

[2]遼東：郡名，治所在襄平縣（今遼寧省遼陽市）。

[3]尚書：官名，東漢尚書臺六曹各置尚書，秩六百石。魏晋

出爲朝官，分掌尚書省諸曹，品秩提高。三品。　太子太傅：官名，與太子少傅並稱二傅，三國時並攝東宮事務，與尚書、東曹並掌太子、諸侯官署選舉。西晋時下設丞、功曹、主簿等屬官。三品。

[4]殺：殿本作“害”。

東安王繇，字思玄。初拜東安公，歷散騎、黄門侍郎，[1]遷散騎常侍。美鬚髯，性剛毅，有威望，博學多才，事親孝，居喪盡禮。誅楊駿之際，[2]繇屯雲龍門，[3]兼統諸軍，以功拜右衛將軍，[4]領射聲校尉，[5]進封郡王，邑二萬户，加侍中，兼典軍大將軍，[6]領右衛如故。遷尚書右僕射，加散騎常侍。是日誅賞三百餘人，皆自繇出。東夷校尉文俶父欽爲繇外祖諸葛誕所殺，[7]繇慮俶爲舅家之患，是日亦以非罪誅俶。

[1]散騎：官名，此指散騎侍郎。五品。　黄門侍郎：官名，魏晋時爲侍中省或門下省次官。侍從皇帝，顧問應對，多以重臣或外戚子弟擔任，位頗重要。五品。中華本在散騎與黄門侍郎之間無斷，無“散騎黄門侍郎”一職，宜頓開。

[2]楊駿：字文長，本書卷四〇有傳。

[3]雲龍門：洛陽宫門。《後漢書》卷四〇下《班彪傳下》李賢注引戴延之記曰：“端門東有崇賢門，次外有雲龍門。”

[4]右衛將軍：官名，三國魏咸熙二年（265），司馬炎即晋王位，分中衛將軍爲左、右衛將軍。掌佽飛虎賁及前驅、由基、强弩三部司馬，屬下還有虎賁、羽林、上騎、異力、命中共五部督，負責宫禁侍衛。西晋屬中軍將軍，後屬領軍將軍。爲禁衛軍主要統帥之一，權任很重。四品。

［5］領：以職位較高的官員兼理較低的職務。　射聲校尉：官名，統宿衛兵，魏晋時隸屬中領軍。四品。

［6］典軍大將軍：官名，西晋置，統宿衛禁軍，並領右衛將軍。禄與特進同，權勢頗重。二品，開府位從公者一品。

［7］東夷校尉：官名，亦稱護東夷校尉，掌東北地區少數民族事務。駐平州（今遼寧省遼陽市）。四品。　文俶：本書卷四作“文淑”，《三國志》作“文鴦”。　欽：文欽，三國時譙郡（今安徽省亳州市）人，字仲若。歷任曹魏牙門將、廬江太守、揚州刺史等職。後與毌丘儉起兵反對司馬師，兵敗投降孫吴，任孫吴鎮北大將軍。　諸葛誕：三國時琅邪陽都（今山東省沂南縣南）人，字公休。歷任曹魏滎陽令、御史中丞、尚書、揚州刺史、鎮東將軍、鎮南將軍、征東大將軍等職。後起兵反司馬昭，兵敗被殺。

繇兄澹屢構繇於汝南王亮，亮不納。至是以繇專行誅賞，澹因隙譖之，亮惑其説，遂免繇官，以公就第，坐有悖言，廢徙帶方。[1]永康初，[2]徵繇，復封，拜宗正卿，[3]遷尚書，轉左僕射。[4]惠帝之討成都王穎，[5]時繇遭母喪在鄴，勸穎解兵而降。及王師敗績，穎怨繇，乃害之。後立琅邪王覲子長樂亭侯渾爲東安王，以奉繇祀。尋薨，國除。

［1］帶方：郡名，東漢治帶方縣（今朝鮮民主主義人民共和國文石井土城），西晋治所在棘城縣（今遼寧省義縣北）。

［2］永康初：初，殿本作“中”。中華本校勘記：“《校文》：繇復封據《惠紀》在永寧元年九月，此‘康’字疑‘寧’字之誤。”

［3］宗正卿：官名，對宗正的尊稱，又稱大宗正。掌皇族事務。曹魏時多以皇族擔任，兩晋有時兼以外姓。三品。

［4］左僕射：官名，即尚書左僕射，尚書省次官，輔助尚書令

執行政務，參議大政，諫諍得失，監察糾彈百官。有時尚書省不置令，祇設左、右僕射，此時左僕射居右僕射之上。三品。

[5]成都王穎：司馬穎，字章度，本書卷五九有傳。

淮陵元王漼，字思冲。初封廣陵公，食邑二千九百户。歷左將軍、散騎常侍。[1]趙王倫之簒也，三王起義，漼與左衛將軍王輿攻殺孫秀，[2]因而廢倫。以功進封淮陵王，入爲尚書，加侍中，轉宗正、光禄大夫。薨，子貞王融立。薨，無子，安帝時立武陵威王孫藴爲淮陵王，以奉元王之祀，位至散騎常侍。薨，無子，以臨川王寶子安之爲嗣。宋受禪，國除。

[1]左將軍：官名，漢代爲重號將軍，與右、前、後將軍並爲上卿。魏晋時爲常設官職，權位較兩漢漸低，僅爲武官名號，略高於一般雜號將軍，不典禁兵。三品。

[2]左衛將軍：官名，三國魏咸熙二年（265），司馬炎即晋王位，分中衛將軍爲左、右衛將軍。掌佽飛虎賁及前驅、由基、强弩三部司馬，屬下還有虎賁、羽林、上騎、異力、命中共五部督，負責宫禁侍衛。西晋屬中軍將軍，後屬領軍將軍。爲禁衛軍主要統帥之一，權任很重。四品。　孫秀：西晋琅邪臨沂（今山東省臨沂市）人，趙王倫心腹。趙王倫執政後任中書令，威震朝廷。趙王倫稱帝，任侍中、中書監、驃騎將軍。趙王倫失敗後被殺。

清惠亭侯京

清惠亭侯京，字子佐，魏末以公子賜爵。年二十四薨，追贈射聲校尉，以文帝子機字太玄爲嗣。泰始元年，封燕王，邑六千六百六十三户。機之國，咸寧初徵爲步兵校尉,[1]以漁陽郡益其國,[2]加侍中之服。拜青州都督、鎮東將軍、假節,[3]以北平、上谷、廣寧郡一萬三百三十七户增燕國爲二萬户。[4]薨，無子，齊王冏表以子幾嗣。[5]後冏敗，國除。

[1]步兵校尉：官名，東漢時隸屬北軍中候，爲北軍五校尉之一，魏晋時隸屬中領軍，領宿衛營兵。四品。

[2]漁陽郡：治所在漁陽縣（今北京市密雲區西南）。

[3]青州都督：都督青州諸軍事，青州地區最高軍事行政長官。　鎮東將軍：官名，東漢建安年間置，與鎮西、鎮南、鎮北將軍合稱四鎮將軍，多爲持節都督，出鎮方面。曹魏二品。晋三品，加持節都督者二品。

[4]北平：郡名，治所在徐無縣（今河北省遵化市東）。　上谷：郡名，三國魏治所在居庸縣（今北京市延慶區），西晋治所在沮陽縣（今河北省懷來縣東南）。　廣寧郡：西晋太康中置，治所在下洛縣（今河北省涿鹿縣）。　一萬三百三十七户：原本、宋本作“一萬三百四十七户”，殿本作“一萬三百三十七户”，據殿本改。中華本校勘記：“原封六千六百六十三户，當增一萬三千三百三十七户，始合二萬户之數，‘一萬’下疑脱‘三千’二字。”

[5]齊王冏表以子幾嗣：中華本校勘記：“勞校：據《冏傳》，冏三子，淮南王超、樂安王冰、濟陽王英，無‘幾’名。且‘幾’既爲‘機’嗣，則不當亦名‘幾’，疑《傳》誤。”

扶風王駿

扶風武王駿，字子臧。幼聰惠，年五六歲能書疏，諷誦經籍，見者奇之。及長，清貞守道，宗室之中最爲俊望。魏景初中，封平陽亭侯。齊王芳立,[1]駿年八歲,爲散騎常侍侍講焉。尋遷步兵、屯騎校尉，[2]常侍如故。進爵鄉侯，出爲平南將軍、假節、都督淮北諸軍事，[3]改封平壽侯，轉安東將軍。[4]咸熙初，徙封東牟侯，轉安東大將軍，[5]鎮許昌。[6]

[1]齊王芳：即曹芳，明帝養子，青龍三年（235）封齊王。正始元年（240）即帝位，嘉平六年（254）被廢。

[2]屯騎校尉：官名，北軍五校尉之一，隸屬中領軍，掌本營騎士，戍衛京師。四品。

[3]平南將軍：官名，與平東、平西、平北將軍合稱四平將軍。多持節都督或監某一地區的軍事，有時作爲刺史等地方官員監理軍務的加官。三品，加持節都督者二品。　都督淮北諸軍事：淮北地區最高軍事行政長官。

[4]安東將軍：官名，東漢建安年間置，與安西、安南、安北將軍合稱四安將軍，爲出鎮某一地區的軍事長官，或作爲刺史等兼理軍務的加官，權任頗重。三品，加持節都督者二品。

[5]安東大將軍：官名，職掌同安東將軍，唯資深者得任之，祿賜與特進同。二品，開府位從公者一品。

[6]許昌：縣名，治所在今河南省許昌市東。

武帝踐阼，進封汝陰王，邑萬户，都督豫州諸軍事。[1]吴將丁奉寇芍陂，[2]駿督諸軍距退之。遷使持節、都督揚州諸軍事，[3]代石苞鎮壽春。[4]尋復都督豫州，還鎮許昌。遷鎮西大將軍、使持節、都督雍凉等州諸軍事，[5]代汝南王亮鎮關中，[6]加衮冕侍中之服。[7]

[1]都督豫州諸軍事：豫州地區最高軍事行政長官。

［2］丁奉：三國時廬江安豐（今河南省固始縣東南）人，字承淵。歷任孫吴偏將軍、冠軍將軍、左將軍、大將軍等職。官至右大司馬左軍師。　芍陂：又名龍泉陂，位於今安徽省壽縣南。漢唐間屢有修治，隋唐以後稱安豐塘。

［3］使持節：漢朝官吏奉使外出時，或由皇帝授予節杖，以提高其權力。魏晉以後，凡重要軍事長官出征或出鎮，加使持節，可誅殺二千石以下官員。　都督揚州諸軍事：揚州地區最高軍事行政長官。

［4］石苞：字仲容，本書卷三三有傳。　壽春：縣名，治所在今安徽省壽縣東南。

［5］鎮西大將軍：官名，三國魏置，職掌與鎮西將軍同，唯資歷深者得任此職，不常置。二品，開府位從公者一品。　都督雍涼等州諸軍事：上述二州最高軍事行政長官。

［6］關中：地區名，函谷關以西秦國故地，包括今河南省靈寶市以西及陝西省、甘肅省東部和四川省部分地區。

［7］衮冕：古代帝王及上公穿的繪有捲龍的禮服。《周禮·春官·司服》："享先王則衮冕。"鄭玄注引鄭司農曰："衮，卷龍衣也。"

駿善撫御，有威恩，勸督農桑，與士卒分役，己及僚佐并將帥兵士等人限田十畝，具以表聞。詔遣普下州縣，使各務農事。

咸寧初，羌虜樹機能等叛，[1]遣衆討之，斬三千餘級。進位征西大將軍，[2]開府辟召，[3]儀同三司，持節、都督如故。又詔駿遣七千人代涼州守兵。[4]樹機能、侯彈勃等欲先劫佃兵，駿命平虜護軍文俶督涼、秦、雍諸軍各進屯以威之。[5]機能乃遣所領二十部及彈勃面縛軍門，各遣入質子。安定、北地、金城諸胡吉軻羅、侯金多及北虜熱冏等二十萬口又來降。[6]其年入朝，徙封扶風王，以氐户在國界者增封，給羽葆、鼓吹。[7]太康初，進拜驃騎將軍，[8]開府、持節、都督如故。

[1]樹機能：河西鮮卑，秃髮壽闐之孫，壯果多謀略。泰始中，殺秦州刺史胡烈於萬斛堆，敗涼州刺史蘇愉於金山，盡有涼州之地。後爲馬隆所敗，爲部下所殺。

[2]征西大將軍：官名，屬將軍名號，多授予統兵出鎮在外，都督數州軍事者。位在征西將軍之上。二品，開府位從公者一品。

[3]開府辟召：開設府署，辟置僚屬。魏晋時常以此作爲對高級官員的寵待。

[4]涼州：東漢時治所在隴縣（今甘肅省張家川回族自治縣），三國魏時移治姑臧縣（今甘肅省武威市）。

[5]平虜護軍：官名，三國魏、吴及西晋皆置。時常隨征伐目的，置諸雜號護軍，如征蜀護軍、平虜護軍、揚威護軍等，職如將軍，而地位稍遜同號將軍，資歷稍淺之統帥常授此。五品。　秦：秦州，治所在冀縣（今甘肅省甘谷縣東）。　雍：雍州，治所在姑臧縣（今甘肅省武威市）。東漢建安十八年（213）移治長安縣（今陝西省西安市西北）。

[6]安定：郡名，西漢置，治所在高平縣（今寧夏回族自治區固原市），東漢治所在臨涇縣（今甘肅省鎮原縣東南）。東晋改治安定縣（今甘肅省涇川縣北）。　北地：郡名，三國魏治所在祋祤城（今陝西省銅川市耀州區東），西晋治泥陽縣（今甘肅省寧縣東南）。　金城：郡名，治所原來在允吾縣（今甘肅省永靖縣西北），曹魏時移治榆中縣（今甘肅省榆中縣西北黄河南岸）。

[7]羽葆：帝王儀仗中以鳥羽聯綴爲飾的華蓋。

[8]驃騎將軍：官名，西漢時爲重號將軍，東漢以後，居諸名

號將軍之首，僅作爲軍府名號加授大臣或重要州郡長官。二品，開府位從公者一品。

駿有孝行，母伏太妃隨兄亮在官，駿常涕泣思慕，若聞有疾，輒憂懼不食，或時委官定省。少好學，能著論，與荀顗論仁孝先後，[1]文有可稱。及齊王攸出鎮，駿表諫懇切，以帝不從，遂發病薨。追贈大司馬，[2]加侍中、假黄鉞。[3]西土聞其薨也，泣者盈路，百姓爲之樹碑，長老見碑無不下拜，其遺愛如此。有子十人，暢、歆最知名。

[1]荀顗：字景倩，本書卷三九有傳。

[2]大司馬：官名，八公之一，位在上公之下、大將軍及三公之上，高級將帥，多爲大臣加官。一品。

[3]假黄鉞：假以黄鉞。黄鉞即飾以黄金的斧鉞，爲皇帝儀仗。賜予出征重臣，以示威重，令其專主征伐。

暢，字玄舒。改封順陽王，拜給事中、屯騎校尉、游擊將軍。[1]永嘉末，劉聰入洛，不知所終。

[1]給事中：官名，爲加官，所加爲三公、將軍、中書監令、博士、郎等。常侍從皇帝左右，諫諍糾彈，爲中朝要職。五品。游擊將軍：官名，禁軍將領，與驍騎將軍分領命中虎賁，掌宿衛之任。隸屬中領軍（領軍將軍）。四品。

新野莊王歆，字弘舒。武王薨後，兄暢推恩請分國封歆。太康中，詔封新野縣公，邑千八百户，儀比縣王。歆雖少貴，而謹身履道。母臧太妃薨，居喪過禮，以孝聞。拜散騎常侍。

趙王倫篡位，以爲南中郎將。[1]齊王冏舉義，[2]移檄天下，歆未知所從。嬖人王綏曰："趙親而强，齊疏而弱，公宜從趙。"參軍孫洵大言於衆曰：[3]"趙王凶逆，天下當共討之，大義滅親，古之明典。"歆從之。乃使洵詣冏，冏迎執其手曰："使我得成大節者，新野公也。"冏入洛，歆躬貫甲冑，率所領導冏。以勛進封新野郡王，邑二萬户。遷使持節、都督荆州諸軍事、鎮南大將軍、開府儀同三司。[4]

[1]南中郎將：官名，與東、西、北中郎將並稱四中郎將，統兵征戰，權職甚重。四品。

[2]舉義：殿本"義"下有"兵"字。

[3]參軍：官名，亦作參軍事，謂參謀軍事。兩晋公府、軍府皆置。　孫洵：中華本校勘記云："《通鑑》八四作'孫詢'。"今注按：此處參軍孫洵與下文從事中郎孫洵，從行文看，應是同一人，孫楚子，孫盛父。本書卷五六《孫楚傳》亦作"孫洵"。卷八二《孫盛傳》作"孫恂"。

[4]都督荆州諸軍事：荆州地區最高軍事行政長官。　鎮南大將軍：官名，三國魏置，職掌與鎮南將軍同，唯資歷深者得任此職，不常置。二品，開府位從公者一品。

歆將之鎮，與冏同乘謁陵，因説冏曰："成都至親，[1]同建大勛，今宜留之與輔政。若不能耳，當奪其兵權。"冏不從。俄而冏敗，歆懼，自結於成都王穎。

[1]成都：即成都王司馬穎。

歆爲政嚴刻，蠻夷並怨。及張昌作亂於江夏，[1]歆表請討之。時長沙王乂執政，[2]與成都王穎有隙，疑歆與穎連謀，不聽歆出兵，昌衆日盛。時孫洵爲從事中郎，[3]謂歆曰："古人有言，一日縱敵，數世之患。公荷藩屏之任，居推轂之重，[4]拜表輒行，有何不可！而使奸凶滋蔓，禍釁不測，豈維翰王室，鎮静方夏之謂乎！"歆將出軍，王綏又曰："昌等小賊，偏裨自足制之，不煩違帝命，親矢石也！"乃止。昌至樊城，[5]歆出距之，衆潰，爲昌所害。追贈驃騎將軍。無子，以兄子劭爲後，永嘉末没於石勒。

[1]江夏：郡名，三國魏時治所在上昶城（今湖北省雲夢縣），西晋時移治安陸縣（今湖北省安陸市西南）。

[2]長沙王乂：司馬乂，字士度，本書卷五九有傳。

[3]孫洵：西晋太原中都（今山西省平遥縣西南）人，孫楚之子，歷任潁川太守、司馬歆從事中郎等職。　從事中郎：官名，東漢時爲大將軍屬官，地位較高。三國時爲將軍府或公府屬官。六品。此爲司馬歆鎮南大將軍府從事中郎。

[4]推轂：古代帝王任命將帥時的隆重禮儀。

[5]樊城：地名，在今湖北省襄陽市樊城區。

梁王肜

梁孝王肜，字子徽。清修恭慎，無他才能，以公子封平樂亭侯。及五等建，改封開平子。武帝踐阼，封梁王，邑五千三百五十八户。及之國，遷北中郎將，[1]督鄴城守事。

［1］北中郎將：官名，與東、西、南中郎將並稱四中郎將，統兵征戰，權職甚重。四品。

時諸王自選官屬，肜以汝陰上計吏張蕃爲中大夫。[1]蕃素無行，本名雄，妻劉氏解音樂，爲曹爽教伎。[2]蕃又往來何晏所，[3]而恣爲奸淫。晏誅，徙河間，[4]乃變名自結於肜。爲有司所奏，詔削一縣。咸寧中，復以陳國、汝南南頓增封爲次國。[5]太康中，代孔洵監豫州軍事，[6]加平東將軍，[7]鎮許昌。頃之，又以本官代下邳王晃監青徐州軍事，[8]進號安東將軍。

［1］汝陰：縣名，治所在今安徽省阜陽市。　上計吏：亦稱計吏，地方政府派赴中央呈遞計簿的官員。　中大夫：王國官，掌奉使京城及諸國之事。兩晋時九品。

［2］曹爽：三國時沛國譙縣（今安徽省亳州市）人，字昭伯，曹真子。明帝死，受遺詔與司馬懿共同輔政。後與司馬懿争權，爲司馬懿所殺。

［3］何晏：三國魏南陽宛（今河南省南陽市）人，字平叔，玄學家。曹爽親信，官至尚書，典選舉，司馬懿政變後被殺。

［4］河間：郡名，治所在樂成縣（今河北省獻縣東南）。

［5］陳國：治所在陳縣（今河南省周口市淮陽區）。　汝南：郡名，西晋治所在新息縣（今河南省息縣西南），東晋移治懸瓠城（今河南省汝南縣）。　南頓：縣名，治所在今河南省項城市西南。

［6］孔洵：中華本校勘記："《王濟傳》《庾純傳》《魏志·倉慈傳》注引《孔氏譜》、《册府》四五八、《御覽》二一九並作'孔

恂’。”孔恂，字士信，歷任侍中、御史中丞、平東將軍、衛尉等職。　監豫州軍事：豫州地區軍事行政長官，位低於都督。

［7］平東將軍：官名，與平北、平南、平西將軍合稱四平將軍，權任很重，多持節都督或監某一地區的軍事，有時亦作爲刺史等地方官員兼理軍務的加官。三品，加持節都督者二品。

［8］監青徐州軍事：青、徐二州軍事行政長官，位低於都督。

元康初，轉征西將軍，[1]代秦王柬都督關中軍事，[2]領護西戎校尉。[3]加侍中，進督梁州。[4]尋徵爲衛將軍、録尚書事，[5]行太子太保，[6]給千兵百騎。久之，復爲征西大將軍，代趙王倫鎮關中，都督凉雍諸軍事，[7]置左右長史、司馬。[8]又領西戎校尉，屯好畤，[9]督建威將軍周處、振威將軍盧播等伐氐賊齊萬年於六陌。[10]肜與處有隙，促令進軍而絶其後，播又不救之，故處見害。朝廷尤之。[11]尋徵拜大將軍、尚書令、領軍將軍、録尚書事。[12]

［1］征西將軍：官名，東漢永元年間置，地位與雜號將軍、偏將軍、裨將軍等同。建安年間與征東、征南、征北將軍合稱四征將軍，地位提高。三品，加持節都督者二品。

［2］秦王柬：司馬柬，字弘度，本書卷六四有傳。　都督關中軍事：關中地區最高軍事行政長官。

［3］護西戎校尉：官名，亦稱西戎校尉，西晋初治長治，掌雍州少數民族事務，領兵，多以征西、鎮西將軍兼任。四品。

［4］梁州：三國曹魏治所在沔陽縣（今陝西省勉縣東），西晋移治南鄭縣（今陝西省漢中市東）。

［5］録尚書事：官名，初爲職銜名，重臣加此名義始得總知國

事，綜理政務，成爲真宰相。魏晋多以公卿權重者居之，總領尚書省政務，凡重號將軍、刺史皆得命曹授用，位在三公之上。

[6]行：兼攝官職。 太子太保：官名，東宫三師之一，位居太子太師、太子太傅下，品秩同太子太師。三品。

[7]都督凉雍諸軍事：上述二州最高軍事行政長官。

[8]左右長史：官名，掌顧問參謀，爲所在官署掾屬之長。魏晋南北朝時王府、公府、軍府、邊郡均置長史，有時分左、右，左高於右。此爲征西大將軍府長史，六品。 司馬：官名，府署高級幕僚。掌參讚軍務、管理府内武職，位僅次於長史。魏晋南北朝時王府、公府、軍府、邊郡均置。此爲征西大將軍府司馬，六品。

[9]好畤：縣名，治所在今陝西省乾縣好畤村。

[10]建威將軍：官名，領兵征戰，曹魏、孫吴、西晋皆置。四品。 周處：字子隱，本書卷五八有傳。 振威將軍：官名，雜號將軍，統兵出征。四品。 氐：古代生活在西北地區的少數民族。黄烈《中國古代民族研究》（人民出版社 1987 年版）對氐人的源流有詳細考證。 齊萬年：西晋時關中人，氐族。元康六年（296）稱帝，元康九年被晋左積弩將軍孟觀擊敗俘獲。 六陌：地名，在今陝西省乾縣西北。

[11]尤之：怪罪他。

[12]徵拜大將軍、尚書令、領軍將軍、録尚書事：中華本校勘記："姚鼐《惜抱軒筆記》：'既爲大將軍，即不爲領軍，既爲尚書令，亦不爲録矣。'按：《通鑑》八三作'徵梁王肜爲大將軍、録尚書事'，此'尚書令領軍將軍'七字疑衍。"尚書令，官名，秦漢時爲尚書署長官。秩位雖低，權力甚重。魏晋時沿置，爲尚書省長官，綜理全國政務，參議大政，爲高級政務長官。三品。

肜嘗大會，謂參軍王銓曰："我從兄爲尚書令，不能啖大臠。[1]大臠故難。"銓曰："公在此獨嚼，尚難矣。”肜曰：“長史大臠爲誰？”曰：“盧播是也。”肜曰：“是家吏，隱之耳。”銓曰：“天下咸是家吏，便恐王法不可復行。”肜又曰：“我在長安，作何等不善！”因指單衣補幰以爲清。[2]銓答曰：“朝野望公舉薦賢才，使不仁者遠。而位居公輔，以衣補幰，以此爲清，無足稱也。”肜有慚色。

[1]大臠：大塊肉，喻權力。

[2]單衣補幰：身着單衣，車帳打着補丁，喻生活樸素。

永康初，共趙王倫廢賈后，詔以肜爲太宰、守尚書令，[1]增封二萬户。趙王倫輔政，有星變，占曰“不利上相”。孫秀懼倫受灾，乃省司徒爲丞相，[2]以授肜，猥加崇進，欲以應之。或曰：“肜無權，不益也。”肜固讓不受。及倫篡位，以肜爲阿衡，[3]給武賁百人，軒懸之樂十人。倫滅，詔肜以太宰，[4]領司徒，又代高密王泰爲宗師。[5]

[1]太宰：官名，即太師，因避司馬師名諱而改名太宰。八公之一，居上公之首，爲宰相之任。一品。　守：暫時署理職務。多指官階低而署理較高的官職。

[2]司徒：官名，西漢哀帝元壽二年（前1）改丞相爲大司徒，東漢光武帝時改名爲司徒，東漢末又改爲丞相。三國魏恢復三公制，改丞相爲司徒，管理民政。兩晋沿制，爲八公之一，在太尉之下、司空之上。與丞相通職，一般不並置，爲名譽宰相。一品。丞相：官名，原爲最高國務長官，魏晋時省置無常，或分置左、右，或稱大丞相，多用來安置權臣。

[3]阿衡：商代官名，師保之官。一説周公名阿衡。後引申爲任國家輔弼之任，宰相之職。

[4]詔肜以太宰：殿本作“詔以肜爲太宰”。

[5]宗師：官名，總領皇家宗室事務，訓導觀察宗親，有不遵禮法者，小者自行處理，大者隨事奏聞。

永康二年薨，[1]喪葬依汝南文成王亮故事。博士陳留蔡克議謚曰：[2]“肜位爲宰相，責深任重，屬尊親近，且爲宗師，朝所仰望，下所具瞻。[3]而臨大節，無不可奪之志；當危事，不能舍生取義；愍懷之廢，[4]不聞一言之諫；淮南之難，不能因勢輔義；趙王倫篡迎，不能引身去朝。宋有蕩氏之亂，[5]華元自以不能居官，[6]曰：‘君臣之訓，我所司也。公室卑而不正，吾罪大矣！’[7]夫以區區之宋，猶有不素餐之臣，[8]而况帝王之朝，而有苟容之相，[9]此而不貶，法將何施！謹案謚法‘不勤成名曰靈’，肜見義不爲，不可謂勤，宜謚曰靈。”梁國常侍孫霖及肜親黨稱枉，[10]臺乃下符曰：“賈氏專權，趙王倫篡逆，皆力制朝野，肜勢不得去，而責其不能引身去朝，義何所據？”克重議曰：[11]“肜爲宗臣，而國亂不能匡，主顛不能扶，非所以爲相。故《春秋》譏華元樂舉，[12]謂之不臣。且賈氏之酷烈，不甚於吕后，[13]而王陵猶得杜門；[14]趙王倫之無道，不甚於殷紂，而微子猶得去之。[15]近者太尉陳準，[16]異姓之人，加弟徽有射鈎之隙，[17]亦得託疾辭位，不涉僞朝。何至於肜親倫之兄，而獨不得去乎？[18]趙盾入諫不從，出亡不遠，[19]猶不免於責，况肜不能去位，北面事僞主乎？宜如前議，加其貶責，以廣爲臣之節，明事君之道。”於是朝廷從克議。[20]彤故吏復追訴不已，故改焉。

［1］永康二年薨：中華本校勘記：“《諸史考異》：‘《惠紀》，太安元年五月彤薨，是年十二月改元，五月尚是永寧二年。’《斠注》：‘永康無二年，當是永寧之訛。’”

［2］博士：官名，此爲太常博士，秦漢時博士名義上屬太常，備諮詢顧問。魏晋時由於國子博士、太學博士專掌經學傳授，參議禮儀制度，遂别置太常博士，掌引導乘輿，擬議王公以下謚號，參議朝廷禮儀典章。六品。　陳留：郡國名，治所在小黄縣（今河南省開封市東）。　蔡克：本書卷七七有傳。

［3］具瞻：《詩・小雅・節南山》：“赫赫師尹，民具爾瞻。”毛亨傳：“師，太師，周之三公也。尹，尹氏，爲太師。”

［4］愍懷：愍懷太子司馬遹，字熙祖，本書卷五三有傳。

［5］宋有蕩氏之亂：春秋時，宋共公死後，司馬蕩澤削弱公室，殺了公子肥，右師華元出走。事見《左傳・成公十五年》。

［6］華元：春秋時宋國人，宋文公時爲右師。曾在宋國被楚國圍困危亡之際，夜入楚軍，劫楚帥子反，與之結盟，使楚軍退兵。蕩澤之亂後，與魚石、華喜等人率軍殺死蕩澤，穩定了政局。

［7］“君臣之訓，我所司也”句：語見《左傳・成公十五年》：“我爲右師，君臣之訓，師所司也。今公室卑而不能正，吾罪大矣。不能治官，敢賴寵乎！”

［8］素餐：無功受禄，不勞而食。語出《詩・魏風・伐檀》：“彼君子兮，不素餐兮。”

［9］而：殿本無此字。　苟容：屈從附和，取悦於人。

［10］梁國：郡國名，治所在睢陽縣（今河南省商丘市）。　常侍：官名，散騎常侍、散騎中常侍、通直散騎常侍、員外散騎常侍等官的簡稱。三品。

［11］克重議曰：克，殿本作“充”。

［12］華元：元，宋本作“西”。

［13］吕后：名吕雉，秦漢單父（今山東省單縣）人，字娥姁，漢高祖劉邦皇后。助劉邦除韓信、彭越等異姓王。劉邦死後獨攬大權，毒死趙王如意，殘害戚夫人，分封諸吕，臨朝稱制。在位九年後死，諸吕亦被周勃等誅滅。

［14］王陵：秦末泗水沛（今江蘇省沛縣）人，隨劉邦起兵反秦。劉邦稱帝後封安國侯。惠帝時爲右丞相。吕后稱制，欲立諸吕爲王，王陵以爲不可，因此爲吕后所惡，奪其相權。王陵乃告病歸家，杜門不朝，七年而卒。

［15］微子：即微子啓，商王帝乙之長子，紂王同母庶兄。見商紂荒淫，危及國家，屢次諫言不被采納，乃出走。武王滅商後復其位。後封於宋，爲宋國第一代國君。

［16］太尉：官名，曹操爲丞相後，太尉府屬官歸相府，晋時太尉雖爲八公之一、三公之首，實爲名譽宰相，多爲大臣加官。一品。　陳準：西晋人，歷任太尉、光禄大夫、中書令、録尚書事等職，封廣陵公。

［17］射鉤之隙：春秋時齊襄公昏亂，其弟糾奔魯，以管仲、召忽爲師；小白奔莒，以鮑叔爲師。襄公死，糾與小白争歸齊國爲君。管仲將兵遮莒道阻小白，射中其衣帶鉤。小白佯死，得先入爲君，是爲桓公。桓公即位後不記舊仇，任管仲爲相，終成霸業。

［18］獨不得去：殿本無“獨”字。

［19］趙盾入諫不從，出亡不遠：趙盾，亦稱趙宣子、宣子、趙孟、宣孟。春秋時晋國人，趙衰之子。晋襄公時任中軍帥，執掌國政。襄公卒，繼位的靈公荒淫暴虐，趙盾多次勸諫，靈公不但不聽，反而對其屢加迫害。趙盾避禍出走，還未逃出國境，靈公便爲趙盾弟弟趙穿所殺。趙盾乃回朝迎立晋成公。太史記此事説：“趙盾弑其君。”趙盾認爲記得不對，太史説：“子爲正卿，亡不越竟，反不討賊，非子而誰？”所謂“入諫不從，出亡不遠”即指此。語

見《左傳·宣公二年》。

［20］從克議：克，殿本作“充”。

無子，以武陵王澹子禧爲後，是爲懷王。拜征虜將軍，與澹俱没於石勒。元帝時，以西陽王羕子悝爲彤嗣，早薨，是爲殤王。至是懷王子翹自石氏歸國得立，是爲聲王，官至散騎常侍。薨，無子，詔以武陵威王子逢爲翹嗣，歷永安太僕，與父晞俱廢徙新安。[1]薨，太元中復國，[2]子龢立。薨，子珍之立。桓玄篡位，[3]國臣孔璞奉珍之奔于壽陽，[4]義熙初乃歸，[5]累遷左衛將軍、太常卿。[6]劉裕伐姚泓，[7]請爲諮議參軍，[8]爲裕所害，國除。

［1］新安：縣名，治所在今河南省澠池縣東。

［2］太元中：元，宋本作“子”。

［3］桓玄：字敬道，本書卷九九有傳。

［4］壽陽：縣名，治所在今安徽省壽縣東南。

［5］義熙：原本、宋本、殿本作“義旗”，據中華本改。

［6］太常卿：官名，對太常的尊稱。太常，漢代稱奉常，本掌禮樂宗廟、社稷祭祀，魏晋時此職掌歸尚書裁定，太常成爲閑職。三品。

［7］劉裕：字德輿，小名寄奴，彭城（今江蘇省徐州市）人，南朝宋開國皇帝。世居京口，初爲東晋冠軍司馬，後被劉牢之任爲參軍。歷任鎮軍將軍、都督十六州諸軍事等職，官至相國，受封宋王。元熙二年（420）代晋稱帝。卒謚武皇帝，廟號高祖。　姚泓：字元子，本書卷一一九有載記。

［8］諮議參軍：官名，兩晋時大將軍府、丞相府、公府、位從

公府、州軍府均有置者，掌顧問謀議。

文六王

文帝九男，文明王皇后生武帝、齊獻王攸、城陽哀王兆、遼東悼惠王定國、廣漢殤王廣德，其樂安平王鑒、燕王機、皇子永祚、樂平王延祚不知母氏。燕王機繼清惠亭侯，別有傳。永祚早亡，無傳。

齊王攸

齊獻王攸，字大猷。少而岐嶷。[1]及長，清和平允，親賢好施，愛經籍，能屬文，善尺牘，[2]爲世所楷。才望出武帝之右，宣帝每器之。景帝無子，命攸爲嗣。從征王淩，[3]封長樂亭侯。及景帝崩，攸年十歲，哀動左右，大見稱嘆。襲封舞陽侯。[4]奉景獻羊后於别第，[5]事后以孝聞。復歷散騎常侍、步兵校尉，時年十八，綏撫營部，甚有威惠。五等建，改封安昌侯，遷衛將軍。

[1]岐嶷：幼年聰慧。《詩・大雅・生民》："誕實匍匐，克岐克嶷。"朱熹集傳："岐嶷，峻茂之狀。"

[2]尺牘：信札。

[3]王淩：三國時太原祁縣（今山西省祁縣東南）人，字彦雲。歷任曹魏建武將軍、揚州刺史、豫州刺史、征東將軍、都督揚州諸軍事等職。密謀擁立楚王曹彪，廢黜齊王曹芳，謀泄被殺。

[4]舞陽：原本、宋本、殿本作"武陽"，據中華本校勘記改。

[5]景獻羊后：司馬師夫人，名徽，本書卷三一有傳。

居文帝喪，哀毁過禮，杖而後起。左右以稻米乾飯雜理中丸進之，攸泣而不受。太后自往勉喻曰：[1]“若萬一加以他疾，將復如何！宜遠慮深計，不可專守一志。”常遣人逼進飲食，司馬嵇喜又諫曰：[2]“毁不滅性，聖人之教。且大王地即密親，任惟元輔。匹夫猶惜其命，以爲祖宗，況荷天下之大業，輔帝室之重任，而可盡無極之哀，與顔閔争孝！[3]不可令賢人笑，愚人幸也。”喜躬自進食，攸不得已，爲之强飯。喜退，攸謂左右曰：“嵇司馬將令我不忘居喪之節，得存區區之身耳。”

[1]勉喻：喻，殿本作“諭”。

[2]嵇喜：《世説新語·簡傲》注引《百官名》：“嵇喜字公穆，歷揚州刺史，康兄也。阮籍遭喪，往吊之。籍能爲青白眼，見凡俗之士，以白眼對之。及喜往，籍不哭，見其白眼，喜不懌而退。康聞之，乃賫酒挾琴而造之，遂相與善。”

[3]顔：孔子弟子，名回，字子淵，亦稱顔淵。早卒。　閔：閔損，孔子弟子，以德行著稱。

武帝踐阼，封齊王。時朝廷草創，而攸總統軍事，撫寧内外，莫不景附焉。詔議藩王令自選國内長吏，攸奏議曰：“昔聖王封建萬國，以親諸侯，軌迹相承，莫之能改。誠以君不世居，則人心偷幸；人無常主，則風俗僞薄。是以先帝深覽經遠之統，思復先哲之軌，分土畫疆，建爵五等，或以進德，或以酬功。伏惟陛下應期創業，[1]樹建親戚，聽使藩國自除長吏。而今草創，制度初立，雖庸蜀順軌，吴猶未賓，宜俟清泰，乃議復古之制。”書比三上，輒報不許。其後國相上長吏缺，典書令請求差選。攸下令曰："忝受恩禮，不稱惟憂。至於官人叙才，皆朝廷之事，非國所宜裁也。其令自上請之。"時王家人衣食皆出御府，攸表租秩足以自供，求絶之。前後十餘上，帝又不許。攸雖未之國，文武官屬，下至士卒，分租賦以給之，疾病死喪賜與之。而時有水旱，國内百姓則加振貸，須豐年乃責，十減其二，國内賴之。

[1]應期創業：順應天命，創立基業。

遷驃騎將軍，開府辟召，禮同三司。降身虚己，待物以信。常嘆公府不案吏，然以董御戎政，[1]復有威克之宜，乃下教曰："夫先王馭世，明罰飭法，鞭扑作教，以正逋慢。[2]且唐虞之朝，猶須督責。前欲撰次其事，使粗有常。懼煩簡之宜，未審其要，故令劉、程二君詳定。然思惟之，鄭鑄刑書，叔向不韙；[3]范宣議制，仲尼譏之。[4]令皆如舊，無所增損。其常節度所不及者，隨事處决。諸吏各竭乃心，思同在公古人之節。如有所闕，以賴股肱匡佐之規，庶以免負。"於是内外祗肅。[5]時驃騎當罷營兵，兵士數千人戀攸恩德，不肯去，遮京兆主言之，帝乃還攸兵。

[1]董御戎政：都統軍政。

[2]逋慢：怠慢不敬，不遵法令。

[3]"鄭鑄刑書"句：事見《左傳·昭公六年》：鄭國人把刑書鑄在鼎上，叔向給子産寫信説："民知争端矣，將棄禮而徵於書。

錐刀之末，將盡争之。亂獄滋豐，賄賂並行，終子之世，鄭其敗乎！肸聞之，國將亡，必多制，其此之謂乎！”子産回信説：“若吾子之言，僑不才，不能及子孫，吾以救世也。既不承命，敢忘大惠？”

［4］“范宣議制”句：事見《左傳·昭公二十九年》：晉國人把刑書鑄在鼎上，孔子説：“晋其亡乎！失其度矣。”“今棄是度也，而爲刑鼎，民在鼎矣，何以尊貴？貴何業之守？貴賤無序，何以爲國？”

［5］祗肅：恭謹而嚴肅。《尚書·太甲上》：“社稷宗廟，罔不祗肅。”

攸每朝政大議，悉心陳之。詔以比年饑饉，議所節省。攸奏議曰：“臣聞先王之教，莫不先正其本。務農重本，國之大綱。當今方隅清穆，武夫釋甲，廣分休假，以就農業。然守相不能勤心恤公，以盡地利。昔漢宣嘆曰：[1]‘與朕理天下者，惟良二千石乎！’勤加賞罰，黜陟幽明，[2]于時翕然，用多名守。計今地有餘羡，[3]而不農者衆，加附業之人復有虚假，通天下謀之，[4]則饑者必不少矣。今宜嚴敕州郡，檢諸虚詐害農之事，督實南畝，上下同奉所務。則天下之穀可復古政，豈患於暫一水旱，便憂饑餒哉！考績黜陟，畢使嚴明，畏威懷惠，莫不自厲。又都邑之内，游食滋多，巧伎末業，服飾奢麗，富人兼美，猶有魏之遺弊，染化日淺，靡財害穀，動復萬計。宜申明舊法，必禁絶之。使去奢即儉，[5]不奪農時，畢力稼穡，以實倉廪。則榮辱禮節，由之而生，興化反本，於兹爲盛。”

[1]漢宣：漢宣帝，名劉詢，字次卿，戾太子之孫。公元前 74 至前 49 年在位。在位期間治國“以霸王道雜之”，號稱中興。

[2]黜陟幽明：罷黜愚昧的人，提拔賢明的人。語出《尚書·舜典》：“三載考績，三考黜陟幽明。”

[3]餘羨：盈餘。

[4]謀之：原本、宋本作“之謀”，殿本作“謀之”，據殿本、中華本校勘記乙正。

[5]即儉：即，殿本作“節”。

轉鎮軍大將軍，[1]加侍中，羽葆、鼓吹，行太子少傅。[2]數年，授太子太傅，獻箴於太子曰：“伊昔上皇，建國立君，仰觀天文，俯察地理，創業恢道，以安人承祀，祚延統重，故援立太子。尊以弘道，固以貳己，儲德既立，邦有所恃。夫親仁者功成，邇佞者國傾，故保相之材，必擇賢明。昔在周成，旦奭作傅，[3]外以明德自輔，内以親親立固，德以義濟，親則自然。嬴廢公族，其崩如山；劉建子弟，漢祚永傳。楚以無極作亂，[4]宋以伊戾興難。[5]張禹佞給，[6]卒危强漢。輔弼不忠，禍及乃躬；匪徒乃躬，乃喪乃邦。無曰父子不間，昔有江充；[7]無曰至親匪貳，或容潘崇。[8]諛言亂真，譖潤離親，驪姬之讒，晋侯疑申。[9]固親以道，勿固以恩；修身以敬，勿託以尊。自損者有餘，自益者彌昏。庶事不可以不恤，大本不可以不敦。[10]見亡戒危，睹安思存。冢子司義，敢告在閤。”[11]世以爲工。

[1]鎮軍大將軍：官名，高級軍事長官，權任甚重。兩晋二品，

開府位從公者一品。

［2］太子少傅：官名，與太子太傅並稱二傅，三國時並攝東宫事務，與尚書、東曹並掌太子、諸侯官署選舉。西晋時下設丞、功曹、主簿等屬官。三品。

［3］旦：周公旦，亦稱文公、叔旦，周武王之弟，以魯公封於曲阜，長子伯禽就封，周公則留朝執政，輔佐武王、成王治國。奭：召公奭，周武王之弟，以燕公封於薊，長子就封，召公則留朝輔佐武王、成王。成王之時，與周公分陜而治，甚得民和。召公巡行鄉邑，决獄政事棠樹之下，自侯伯至庶人各得其所，無失職者。召公卒，民人思召公之政，作《甘棠》之詩。

［4］楚以無極作亂：無極即春秋時楚國大夫費無忌。楚平王二年（前527），派費無忌到秦國爲太子建取婦。秦婦生得漂亮，費無忌便勸平王自己娶之，給太子另擇婦人。當時費無忌任太子少傅，不受太子寵信，便常常在楚王面前説太子壞話，最終逼走太子。又誣蔑太子師伍奢謀叛，使平王殺死伍奢父子。最終爲令尹子常所殺。

［5］宋以伊戾興難：春秋時，伊戾爲宋太子内師，不受寵信。伊戾利用太子與楚使相會之機，誣告太子欲篡位，致使太子上吊自殺。後來宋平公知道真相，便將伊戾烹殺。

［6］張禹：西漢河内軹（今河南省濟源市南）人，字子文。元帝時任光禄大夫，成帝時任給事中、領尚書事、丞相等職。當時外戚王氏權勢甚大，吏民多借灾異抨擊王氏，張禹爲討好王氏，竟説吏民之言亂道誤人，致使王氏地位更加鞏固。

［7］江充：西漢趙國邯鄲（今河北省邯鄲市西南）人，字次倩。本名奇，後改名充。因告發趙太子淫亂和交通郡國豪猾，受漢武帝寵信，任之爲綉衣使者、水衡都尉。武帝晚年病重，江充害怕太子即位於己不利，製造巫蠱事件，致使太子自殺。後武帝知道真相，將江充滅族。

［8］潘崇：春秋時楚國人，楚成王太子商臣之師。成王欲廢商

臣，令立公子職。潘崇乃爲商臣進計，讓其弑父自立。商臣逼死父王後即位，是爲楚穆王，潘崇被任爲太師。

［9］驪姬之讒，晋侯疑申：驪姬爲春秋時晋獻公夫人，深受寵愛。晋獻公有子八人，以太子申生、公子重耳、公子夷吾有賢名。驪姬欲使己生之子奚齊爲太子，進讒言逼申生自殺，重耳、夷吾出走。事見《史記》卷三九《晋世家》。

［10］大本不可以不敦：根本不可以不使之厚重。

［11］闈：泛指帝王之門，此指太子。

咸寧二年，代賈充爲司空，[1]侍中、太傅如故。初，攸特爲文帝所寵愛，每見攸，輒撫床呼其小字曰“此桃符座也”，幾爲太子者數矣。及帝寢疾，慮攸不安，爲武帝叙漢淮南王、魏陳思故事而泣。[2]臨崩，執攸手以授帝。先是太后有疾，既瘳，帝與攸奉觴上壽，攸以太后前疾危篤，因歔欷流涕，帝有愧焉。攸嘗侍帝疾，恒有憂戚之容，時人以此稱嘆之。及太后臨崩，亦流涕謂帝曰：“桃符性急，而汝爲兄不慈，我若遂不起，恐必不能相容。以是屬汝，勿忘我言。”

［1］賈充：字公閭，本書卷四〇有傳。　司空：官名，魏晋南北朝爲名譽宰相，多爲大臣加官。晋八公之一，位在三公之末。一品。

［2］漢淮南王：即西漢淮南王劉長，漢高祖劉邦少子。文帝即位後，劉長自以爲最親，遂驕奢僭越，自作法令，甚至稱制。後計議謀反，事泄被廢，絶食而死。　魏陳思：即曹魏陳思王曹植，字子建，曹操第三子。植聰慧善文辭，深得曹操寵愛，甚至欲廢太子曹丕立曹植。曹操死後，植備受曹丕猜忌，三遷其國，名爲王侯，

實同囚徒。

及帝晚年，諸子並弱，而太子不令，[1]朝臣内外，皆屬意於攸。中書監荀勖、侍中馮紞皆諂諛自進，[2]攸素疾之。勖等以朝望在攸，恐其爲嗣，禍必及己，乃從容言於帝曰："陛下萬歲之後，太子不得立也。"帝曰："何故？"勖曰："百僚内外皆歸心於齊王，太子焉得立乎！陛下試詔齊王之國，必舉朝以爲不可，則臣言有徵矣。"紞又言曰："陛下遣諸侯之國，成五等之制者，宜先從親始。親莫若齊王。"

[1]不令：不美，不好。

[2]中書監：官名，中書省長官之一。三國魏文帝初年分秘書置中書省，長官爲中書監、中書令。掌收納奏章、草擬詔令。平常不分高下，入朝時監略高於令。三品。　荀勖：字公曾，本書卷三九有傳。　馮紞：字少冑，本書卷三九有傳。

帝既信勖言，又納紞説，太康三年乃下詔曰："古者九命作伯，[1]或入毗朝政，或出御方岳。周之吕望，[2]五侯九伯，實得征之。侍中、司空、齊王攸，明德清暢，忠允篤誠。以母弟之親，受臺輔之任，佐命立勛，劬勞王室，宜登顯位，以稱具瞻。其以爲大司馬、都督青州諸軍事，侍中如故，假節，將本營千人，親騎帳下司馬大車皆如舊，增鼓吹一部，官騎滿二十人，置騎司馬五人。餘主者詳案舊制施行。"攸不悦，主簿丁頤曰：[3]"昔太公封齊，猶表東海；桓公九合，以長五伯。

况殿下誕德欽明，恢弼大藩，穆然東軫，[4]莫不得所。何必絳闕，[5]乃弘帝載！”攸曰：“吾無匡時之用，卿言何多。”

[1]九命作伯：《周禮·春官·大宗伯》：“壹命受職，再命受服，三命受位，四命受器，五命賜則，六命賜官，七命賜國，八命作牧，九命作伯。”鄭玄注“九命作伯”說：“上公有功德者，加命爲二伯，得征五侯九伯者。”

[2]吕望：又稱太公望、吕尚、尚父。西周開國大臣，姜姓，吕氏，字子牙。助文王興國，佐武王滅商。

[3]主簿：官名，開府屬官，典領文書籍簿、省録衆事，職權甚重。

[4]東軫：移車東去，即讓司馬攸到齊國就職。

[5]絳闕：宫殿寺觀前的朱色門闕。此借指朝廷。

明年，策攸曰：“於戲！惟命不于常，天既遷有魏之祚。我有晋既受順天明命，光建群后，越造王國于東土，錫兹青社，用藩翼我邦家。茂哉無怠，以永保宗廟。”又詔下太常，議崇錫之物，以濟南郡益齊國。又以攸子寔爲北海王。於是備物典策，設軒懸之樂、六佾之舞，[1]黄鉞朝車乘輿之副從焉。

[1]軒懸之樂：諸侯所用樂器。《周禮·春官·小胥》：“正樂縣之位，王宫縣，諸侯軒縣，卿大夫判縣，士特縣，辨其聲。”鄭玄注：“鄭司農云：‘宫縣，四面縣。軒縣，去其一面。判縣，又去其一面。特縣，又去其一面。四而象宫室四面有墻，故謂之宫縣。軒縣三面，其形曲，故《春秋傳》曰“請曲縣繁纓以朝”，諸侯禮

也。故曰惟器與名不可以假人。’玄謂軒縣去南面辟王也。”　六佾：周諸侯所用樂舞之格局。六列，每列六人，共三十六人。

攸知勖、紞構已，憤怨發病，[1]乞守先后陵，不許。帝遣御醫診視，諸醫希旨，[2]皆言無疾。疾轉篤，猶催上道。攸自强入辭，素持容儀，疾雖困，尚自整厲，舉止如常，帝益疑無疾。辭出信宿，歐血而薨，時年三十六。帝哭之慟，馮紞侍側曰：“齊王名過其實，而天下歸之。今自薨隕，社稷之福也，陛下何哀之過！”帝收淚而止。詔喪禮依安平王孚故事，廟設軒懸之樂，配饗太廟。子冏立，别有傳。

[1]發病：病，殿本作“疾”。

[2]希旨：迎合在上者旨意。

攸以禮自拘，鮮有過事。就人借書，必手刊其謬，然後反之。加以至性過人，有觸其諱者，輒泫然流涕。雖武帝亦敬憚之，每引之同處，必擇言而後發。三子：蕤、贊、寔。[1]

[1]三子：蕤、贊、寔：中華本校勘記：“據下《廣德傳》謂贊爲第五子，寔爲第二子。”

蕤，字景回，出繼遼東王定國。太康初，徙封東萊王。元康中，歷步兵、屯騎校尉。蕤性强暴，使酒，數陵侮弟冏，冏以兄故容之。冏起義兵，趙王倫收蕤及弟北海王寔繫廷尉,[1]當誅。倫太子中庶子祖納上疏諫曰:[2]“罪不相及,惡止其身,此先哲之弘謨,[3]百王之達制也。是故鯀既殛死,禹乃嗣興;二叔誅放,[4]而邢衛無責。逮乎戰國,及至秦漢,明恕之道寢,猜嫌之情用,乃立質任以御衆,設從罪以發奸。其所由來,蓋三代之弊法耳。蕤、寔,獻王之子,明德之胤,宜蒙特宥,以全穆親之典。”會孫秀死,蕤等悉得免。冏擁衆入洛,蕤於路迎之。冏不即見,須符付前頓。[5]蕤恚曰:“吾坐爾殆死,曾無友于之情!”[6]

[1]廷尉:官名,中央最高司法審判機構長官,負責會審朝中有罪文武大臣,覆核審決郡國疑獄等。三品。

[2]太子中庶子:官名,太子侍從,掌侍從、奏事、諫議等。五品。　祖納:字士言,本書卷六二有傳。

[3]弘謨:謨,殿本作“謀”。

[4]二叔:管叔和蔡叔。管叔又稱叔鮮,姬姓,名鮮,西周初三監之一。周武王之弟,被封於管,以監視武庚及殷商遺民。後與蔡叔、武庚起兵反對周公,失敗身亡。蔡叔又稱叔度,姬姓,名度,西周初三監之一。周武王之弟,被封於蔡,以監視殷遺民。後聯合管叔、武庚起兵反對周公,失敗,被流放而死。

[5]符付前頓:出示憑證前來頓首伏拜,即按照正式禮節拜見。

[6]友于之情:兄弟友愛之情。

及冏輔政,詔以蕤爲散騎常侍,加大將軍,[1]領後軍、侍中、特進,[2]增邑滿二萬户。又從冏求開府,冏曰:“武帝子吴、豫章尚未開府,宜且須後。”蕤以是益怨,密表冏專擅,[3]與左衛將軍王輿謀共廢冏。事覺,免爲庶人。尋詔曰："大司馬以經識明斷，高謀遠略，猥率同盟，安復社稷。自書契所載，周召之美未足比勛，故授公上宰。東萊王蕤潛懷忌妒，[4]包藏禍心，[5]與王輿密謀，圖欲譖害。收輿之日，蕤與青衣共載，微服奔走，經宿乃還。奸凶赫然，妖惑外内。又前表冏所言深重，雖管蔡失道，牙慶亂宗，[6]不復過也。《春秋》之典，大義滅親，其徙蕤上庸。"[7]後封微陽侯。永寧初，上庸内史陳鍾承冏旨害蕤。冏死，詔誅鍾，復蕤封，[8]改葬以王禮。

[1]加大將軍：中華本校勘記云："大將軍例應開府，而下文云求開府不得，疑'大將軍'上脱軍號。"

[2]後軍：官名，即後軍將軍。西晋武帝泰始八年（272）置，與前軍、左軍、右軍將軍合稱四軍將軍。各領兵千人，是護衛皇帝宫禁的主要禁軍將領之一。四品。　特進：官名，三國兩晋時表示有特殊地位，或用作安置閑退大臣。二品。

[3]專擅：擅，殿本作"權"。

[4]忌妒：忌，殿本作"怨"。

[5]包藏：包，原本、宋本作"苞"，殿本作"包"，據殿本改。

[6]牙慶亂宗：牙即春秋時魯國公子牙，慶即魯國公子慶父。據《公羊傳·莊公二十七年》載：公子慶父、公子牙、公子友均爲莊公之母弟。公子慶父、公子牙通乎夫人以脅莊公。牙慶亂宗即指此。

[7]上庸：郡名，東漢建安二十二年（217）置，治所在上庸縣（今湖北省竹山縣西南四十里堵水北岸）。

[8]復蕤封：殿本無"封"字。

贊，字景期，繼廣漢殤王廣德後。年六歲，太康元年薨，[1]謚冲王。

[1]太康：康，宋本作“庸”。

寔，字景深，初爲長樂亭侯。攸以贊薨，又以寔繼廣漢殤王後，改封北海王。永寧初爲平東將軍、假節，加散騎常侍，代齊王冏鎮許昌。尋進安南將軍、都督豫州軍事，[1]增邑滿二萬户。未發，留爲侍中、上軍將軍，[2]給千兵百騎。

[1]安南將軍：官名，東漢建安年間置，與安東、安北、安西將軍合稱四安將軍，爲出鎮某一地區的軍事長官，或作爲刺史等兼理軍務的加官，權任頗重。三品，加持節都督者二品。　都督豫州軍事：豫州地區最高軍事行政長官。

[2]上軍將軍：官名，西晋王國置。大國置上中下三軍共五千人，由上中下三將軍統領；中國置上下二軍共三千人，由上下將軍統領。

城陽王兆

城陽哀王兆，字千秋，年十歲而夭。武帝踐阼，[1]詔曰：“亡弟千秋少聰慧，有夙成之質。不幸早亡，先帝先后特所哀愍。先后欲紹立其後，而竟未遂，每追遺意，情懷感傷。其以皇子景度爲千秋後，雖非典禮，亦近世之所行，且以述先后本旨也。”於是追加兆封謚。景度以泰始六年薨，復以第五子憲繼哀王後。薨，復以第六子祇爲東海王，繼哀王後。薨，咸寧初又封第十三子遐爲清河王，以繼兆後。

[1]踐阼：阼，殿本作“祚”，本卷下文“武帝踐阼”同。

遼東王定國

遼東悼惠王定國，年三歲薨。咸寧初追加封諡，齊王攸以長子蕤爲嗣。蕤薨，子遵嗣。

廣漢王廣德

廣漢殤王廣德，年二歲薨。咸寧初追加封諡，齊王攸以第五子贊紹封。薨，攸更以第二子寔嗣廣德。

樂安王鑒

樂安平王鑒，字大明，初封臨泗亭侯。武帝踐阼，封樂安王。帝爲鑒及燕王機高選師友，下詔曰：“樂安王鑒、燕王機並以長大，宜得輔導師友，取明經儒學，有行義節儉，使足嚴憚。昔韓起與田蘇游而好善，[1]宜必得其人。”

[1]韓起與田蘇游而好善：事見《左傳·襄公七年》：晋國的韓獻子告老退休。他的長子穆子有殘疾，晋悼公準備立他爲卿。穆子推辭説自己没有才幹，讓給别人，遂請求國君立韓起爲卿。韓起與田蘇交游，田蘇説他好行仁義。

泰始中，拜越騎校尉。[1]咸寧初，以齊之梁鄒益封，[2]因之國，服侍中之服。元康初，徵爲散騎常侍、上軍大將軍，[3]領射聲校尉。尋遷使持節、都督豫州軍事、安南將軍，代清河王遐鎮許昌，以疾不行。七年薨，子殤王籍立。薨，無子，齊王冏以子冰紹鑒後。以濟陰萬一千二百一十九户改爲廣陽國，立冰爲廣陽王。冏敗，廢。

[1]越騎校尉：官名，西漢北軍八校尉之一，東漢五校尉之一，隸屬北軍中候。魏晋以後隸屬中領軍（領軍將軍）。四品。

[2]梁鄒：縣名，治所在今山東省鄒平市東北。

[3]上軍大將軍：官名，三國魏文帝黄初三年（222）置，屬將軍名號。二品。不常設，晋沿置，官品同，開府位從公者一品。

樂平王延祚

樂平王延祚，字大思，少有篤疾，不任封爵。太康初，詔曰："弟祚早孤無識，情所哀愍。幼得篤疾，日冀其差，今遂廢痼，無復後望，意甚傷之。其封爲樂平王，使有名號，以慰吾心。"尋薨，無子。

史臣曰：平原性理不恒，世莫之測。及其處亂離之際，屬交争之秋，而能遠害全身，享兹介福，其愚不可及已！琅邪武功既暢，飾之以温恭，扶風文教克宣，加之以孝行，抑宗室之可稱者也。齊王以兩獻之親，[1]弘二南之化，[2]道光雅俗，[3]望重臺衡，百辟具瞻，[4]萬方屬意。既而地疑致逼，文雅見疵，紞、勖陳蔓草之邪謀，武皇深翼子之滯愛。遂乃褫龍章於衮職，[5]徙侯服於下藩，未及戒塗，終於憤恚，惜哉！若使天假之年而除其害，奉綴衣之命，[6]膺負圖之託，[7]光輔嗣君，允釐邦政，[8]求諸冥兆，或廢興之有期，徵之人事，庶勝殘之可及，何八王之敢力争，五胡之能競逐哉！《詩》云“人之云亡，邦國殄瘁”，[9]攸實有之；“讒人罔極，交亂四國”，[10]其荀、馮之謂也。

[1]兩獻之親：指西漢河間獻王劉德和東漢沛獻王劉輔。

[2]二南：指周公和召公。

[3]道光雅俗：宋本“雅俗”下有小字夾文“一作宇宙”四字。

[4]百辟具瞻：爲百官所瞻仰。

[5]褫龍章於衮職：剥奪了（齊王司馬攸）繼承皇位的權力。

[6]奉綴衣之命：接受帝王臨終遺命。

[7]膺負圖之託：接受先帝遺命輔佐幼主。典出《漢書》卷六八《霍光傳》：“武帝年老，欲立少子弗陵爲嗣，命大臣輔之。察群臣唯光任大重，可屬社稷。乃使黄門畫者畫周公負成王朝諸侯以賜光，曰：‘立少子，君行周公之事。’”

[8]允釐邦政：妥善得當地治理國家政治。

[9]人之云亡，邦國殄瘁：語出《詩·大雅·瞻卬》。

[10]讒人罔極，交亂四國：語出《詩·小雅·青蠅》。

贊曰：文宣孫子，或賢或鄙。扶風遺愛，琅邪克己。澹諂凶魁，肜參釁始。幹雖静退，性乖恒理。彼美齊獻，卓爾不群。自家刑國，[1]緯武經文。木摧於秀，蘭燒以薰。[2]

[1]自家刑國：治國先從治家開始。語見《詩·大雅·思齊》："刑于寡妻，至于兄弟，以御于家邦。"

[2]蘭燒以薰：蘭草因爲其芳香而被焚燒。

晋書　卷三九

列傳第九

王沉 子浚　荀顗　荀勖 子藩 藩子邃 闓 藩弟組 組子奕[1]
馮紞

王沉

王沉，字處道，太原晋陽人也。[2]祖柔，漢匈奴中郎將。[3]父機，魏東郡太守。[4]沉少孤，養於從叔司空昶，[5]事昶如父，奉繼母寡嫂以孝義稱。好書，善屬文。大將軍曹爽辟爲掾，[6]累遷中書、黄門侍郎。[7]及爽誅，以故吏免。後起爲治書侍御史，[8]轉秘書監。[9]正元中，遷散騎常侍、侍中，[10]典著作。[11]與荀顗、阮籍共撰《魏書》，[12]多爲時諱，未若陳壽之實録也。[13]

[1]組子奕：奕，原本、宋本卷首目録作“弈”，殿本作“奕”，據殿本改。本卷下文此人名同。

[2]太原：郡名，治所在晋陽縣（今山西省太原市西南）。

[3]匈奴中郎將：官名，亦作使匈奴中郎將、護匈奴中郎將，

掌監護南匈奴事務，多以并州刺史兼任，使持節或假節。四品。

[4]東郡：治所在濮陽縣（今河南省濮陽市西南）。

[5]司空：官名，魏晋南北朝爲名譽宰相，多爲大臣加官。晋八公之一，位在三公之末。一品。　昶：王昶，三國時太原晋陽（今山西省太原市西南）人，字文舒。歷任三國魏太子文學、洛陽典農、兖州刺史、揚烈將軍等職。參與平定毌丘儉、諸葛誕反叛有功，官至司空。

[6]大將軍：官名，高級軍事統帥。曹魏時多以之屯駐長安，對付蜀漢，蜀漢以其爲最高軍事長官，孫吴則别置上大將軍居其上。西晋時爲八公之一，位居上公、大司馬下，三公之上。東晋時常專擅軍政事務。一品。　曹爽：三國時沛國譙縣（今安徽省亳州市）人，字昭伯，曹真子。明帝死，受遺詔與司馬懿共同輔政。後與司馬懿争權，爲司馬懿所殺。　掾：此指大將軍掾，將軍府屬官。

[7]中書：官名，此指中書侍郎。三國魏文帝黄初初年設中書省，在長官中書監、中書令以下有通事郎，後增設中書郎，亦稱中書侍郎。掌草擬詔書，外出執行重要使命等。五品。　黄門侍郎：官名，魏晋時爲侍中省或門下省次官。侍從皇帝，顧問應對，多以重臣或外戚子弟擔任，位頗重要。五品。

[8]治書侍御史：官名，簡稱治書御史、御史治書、侍書。屬諸侍御史之一種，亦簡稱侍御史、侍御、御史。西漢時掌圖籍文書，東漢時屬御史臺，職掌也變爲審理疑獄，平廷尉奏事。魏晋南北朝時爲御史中丞佐貳，掌監察、彈劾高級官員，也奉命出使，緝拿犯官。六品。

[9]秘書監：官名，秘書省長官，掌管藝文圖籍、課試署吏，統著作局，掌國史修撰並管理中外三閣圖書。三品。

[10]散騎常侍：官名，三國魏文帝黄初年間置，侍從皇帝左右，諫諍得失，顧問應對，與侍中等共平尚書奏事。也用作宰相、諸公等加官，入宫議政。三品。　侍中：官名，東漢建安中與給事

黄門侍郎出入禁中，省尚書事。曹魏時爲門下之侍中省長官。常侍衛皇帝左右、掌顧問應對、諫諍糾察、平議奏事、駁奏異議等，權力甚重。三品。

[11]著作：官名，即著作郎。三國時爲著作局長官，隸屬中書省。西晋時著作局改隸屬秘書省，長官仍爲著作郎。西晋後亦稱大著作郎、大著作、著作，掌國史及起居注的修撰。兩晋南北朝時爲清要之官，多由有名望的文學之士擔任，也用司空、侍中、尚書等官典領。職閑位重，南朝時多爲貴族起家官。六品。

[12]阮籍：字嗣宗，本書卷四九有傳。

[13]陳壽：字承祚，本書卷八二有傳。

時魏高貴鄉公好學有文才，[1]引沉及裴秀數於東堂講讌屬文，[2]號沉爲文籍先生，秀爲儒林丈人。及高貴鄉公將攻文帝，召沉及王業告之，沉、業馳白帝，以功封安平侯，邑二千户。沉既不忠於主，甚爲衆論所非。

[1]高貴鄉公：曹髦，字彦士，曹丕孫。曹芳被廢後立爲帝。後爲司馬昭部下成濟所殺。

[2]裴秀：字季彦，本書卷三五有傳。　東堂：太極殿的東堂。

尋遷尚書，[1]出監豫州諸軍事、奮武將軍、豫州刺史。[2]至鎮，乃下教曰："自古賢聖，樂聞誹謗之言，聽輿人之論，芻蕘有可録之事，負薪有廊廟之語故也。自至鎮日，[3]未聞逆耳之言，豈未明虚心，故令言者有疑。其宣下屬城及士庶，若能舉遺逸於林藪，黜奸佞於州國，陳長吏之可否，説百姓之所患，興利害，損益昭然者，給穀五百斛。若達一至之言，説刺史得失，朝政寬猛，令剛柔得適者，給穀千斛。謂余不信，明如皎日。”

[1]尚書：官名，東漢尚書臺六曹各置尚書，秩六百石。魏晋出爲朝官，分掌尚書省諸曹，品秩提高。三品。

[2]監豫州諸軍事：豫州地區軍事行政長官，位次於都督。奮武將軍：官名，雜號將軍，地位較高。四品。　豫州：曹魏時治所在安城縣（今河南省正陽縣東北），西晋時移治陳縣（今河南省周口市淮陽區）。

[3]自至鎮日：鎮，宋本作“有”。

主簿陳廞、褚䂮曰：[1]“奉省教旨，伏用感嘆。勞謙日昃，[2]思聞苦言。愚謂上之所好，下無不應。而近未有極諫之辭，遠無傳言之箴者，誠得失之事將未有也。今使教命班下，示以賞勸，將恐拘介之士，或憚賞而不言；貪賕之人，將慕利而妄舉。苟不合宜，賞不虚行，則遠聽者未知當否之所在，徒見言之不用，謂設有而不行。愚以告下之事，可小須後。”[3]

[1]主簿：官名，開府屬官，典領文書籍簿，省録衆事，職權甚重。　褚䂮：褚裒的祖父，歷任尚書、都督揚州諸軍事、安東將軍等職。

[2]勞謙日昃：終日勤勞謙恭。昃，原本、宋本作“昊”，殿本作“昃”，據殿本改。

[3]小須後：稍稍靠後。

沉又教曰：“夫德薄而位厚，功輕而禄重，貪夫之所徇，[1]高士之所不處也。若陳至言於刺史，興益於本州，達幽隱之賢，去祝鮀之佞，[2]立德於上，受分於下，斯乃君子之操，何不言之有！直言至理也。[3]惠加一州，仁也；功成辭賞，廉也。兼斯而行，仁智之事，何故懷其道而迷其國哉！”褚䂮復白曰：“堯、舜、周公所以能致忠諫者，以其款誠之心著也。冰炭不言，而冷熱之質自明者，以其有實也。若好忠直，如冰炭之自然，則諤諤之臣，將濟濟而盈庭；逆耳之言，不求而自至。若德不足以配唐虞，明不足以並周公，實不可以同冰炭，雖懸重賞，忠諫之言未可致也。昔魏絳由和戎之功，[4]蒙女樂之賜，管仲有興齊之勛，[5]而加上卿之禮，功勛明著，然後賞勸隨之。未聞張重賞以待諫臣，懸穀帛以求盡言也。”沉無以奪之，遂從䂮議。

[1]徇：謀求，營求。

[2]祝鮀：春秋時衛國人，字子魚，任太祝，善於辭令，諳熟歷史典章制度。孔子說：“不有祝鮀之佞，而有宋朝之美，難乎免於今之世矣。”語見《論語·雍也》。

[3]直言至理也：殿本“理”下有“忠”字。

[4]魏絳：即魏莊子，春秋時晋國人，魏犨之子，任中軍司馬。晋悼公四年（前569），説悼公以和戎有五利，遂與諸戎結盟。事見《左傳·襄公四年》。

[5]管仲：春秋初潁上（今安徽省潁水之濱）人，名夷吾。齊桓公時任卿相，進行一系列改革，使齊國國力大增，齊桓公成爲春秋五霸之首。

沉探尋善政，案賈逵已來法制禁令，[1]諸所施行，擇善者而從之。又教曰：“後生不聞先王之教，而望政道日興，不可得也。文武並用，長久之道也。俗化陵遲，不可不革。革俗之要，實在敦學。昔原伯魯不悦學，閔馬父知其必亡。[2]將吏子弟，優閑家門，若不教之，必致游戲，傷毀風俗矣。”於是九郡之士，咸悦道教，移風易俗。

[1]賈逵：三國時河東襄陵（今山西省臨汾市東南）人，字梁道。歷任澠池令、弘農太守、丞相主簿、諫議大夫、豫州刺史等職。在豫州興修水利惠民，死後吏民追思之，爲刻石立祠。　已來：已，殿本作“以”。

[2]“原伯魯不悦學”句：《左傳·昭公十八年》：“往者見周原伯魯焉，與之語，不説學，歸以語閔子馬。閔子馬曰：‘周其亂乎！夫必多有是説，而後及其大人。大人患失而惑，又曰可以無學。無學不害，不害而不學，則苟而可。於是乎下陵上替，能無亂乎？夫學，殖也。不學將落，原氏其亡乎？’”

還征虜將軍、持節、都督江北諸軍事。[1]五等初建，封博陵侯，班在次國。平蜀之役，吴人大出，聲爲救蜀，振蕩邊境。沉鎮御有方，寇聞而退。轉鎮南將軍。[2]武帝即王位，拜御史大夫，[3]守尚書令，[4]加給事中。[5]沉以才望，顯名當世，是以創業之事，羊祜、荀勖、裴秀、賈充等，[6]皆與沉諮謀焉。

[1]征虜將軍：既是武官名，也作爲高級文職官員的加官。三品。　持節：官員外出持有皇帝授予的節杖，代表高等權威，常用於軍事長官出征。　都督江北諸軍事：江北地區最高軍事行政長官。

[2]鎮南將軍：官名，與鎮東、鎮西、鎮北將軍合稱四鎮將軍。多爲持節都督，出鎮方面。曹魏二品。晋改三品，加持節都督者二品。

[3]御史大夫：官名，協助丞相處理天下政務，以監察執法爲主要職掌。東漢稱司空。建安年間曹操罷三公，復置此官。三品。

[4]守：暫時署理職務。多指官階低而署理較高的官職。　尚書令：官名，秦漢時爲尚書署長官。秩位雖低，權力甚重。魏晋時沿置，爲尚書省長官，綜理全國政務，參議大政，爲高級政務長官。三品。

[5]給事中：官名，爲加官，所加爲三公、將軍、中書監令、博士、郎等。常侍從皇帝左右，諫諍糾彈，爲中朝要職。五品。

[6]羊祜：字叔子，本書卷三四有傳。　賈充：字公閭，本書卷四〇有傳。

及帝受禪，以佐命之勛，轉驃騎將軍、録尚書事，[1]加散騎常侍，統城外諸軍事。封博陵郡公，固讓不受，乃進爵爲縣公，邑千八百户。帝方欲委以萬機，[2]泰始二年，薨。帝素服舉哀，賜秘器、朝服一具、衣一襲、錢三十萬、布百匹、葬田一頃，[3]謚曰元。明年，帝追思沉勛，詔曰："夫表揚往行，所以崇賢垂訓，慎終紀遠，厚德興教也。故散騎常侍、驃騎將軍、博陵元公沉蹈禮居正，執心清粹，經綸墳典，才識通洽。入歷常伯納言之位，[4]出幹監牧方岳之任，内著謀猷，外宣威略。建國設官，首登公輔，兼統中朝，出納大命，實有翼亮佐世之勛。其贈沉司空公，以寵靈既往，使没而不朽。又前以翼贊之勛，當受郡公之封，而固辭懇至，嘉其讓德，不奪其志。可以郡公官屬送葬。沉素清儉，不營産業。其使所領兵作屋五十間。”子湌嗣。後沉夫人荀氏卒，將合葬，沉棺櫬已毁，更賜東園秘器。咸寧中，復追封沉爲郡公。

［1］驃騎將軍：官名，西漢時爲重號將軍，東漢以後，居諸名號將軍之首，僅作爲軍府名號加授大臣或重要州郡長官。二品，開府位從公者一品。　録尚書事：官名，初爲職銜名，重臣加此名義始得總知國事，綜理政務，成爲真宰相。魏晋多以公卿權重者居之，總領尚書省政務，凡重號將軍、刺史皆得命曹授用，位在三公之上。

［2］萬機：機，殿本作“幾”。

［3］秘器：棺材。

［4］常伯：皇帝近臣泛稱。《尚書·立政》：“王左右常伯、常任。”孔穎達疏：“王之親近左右，常所長事，謂三公也。”　納言：侍中的别稱。職掌傳宣上命，受納奏言。三品。

湌，字彭祖。母趙氏婦，良家女也，貧賤，出入沉家，遂生湌，沉初不齒之。年十五，沉薨，無子，親戚共立湌爲嗣，拜駙馬都尉。[1]太康初，與諸王侯俱就國。三年來朝，除員外散騎侍郎。[2]元康初，轉員外常侍，[3]遷越騎校尉、右軍將軍。[4]出補河内太守，[5]以郡公不得爲二千石，轉東中郎將，[6]鎮許昌。[7]

［1］駙馬都尉：官名，與奉車都尉、騎都尉並稱三都尉，多用於宗室、外戚、功臣子、貴族、近臣的加官，亦用於尚公主者。六品。

［2］員外散騎侍郎：官名，西晋武帝始置。初爲正員之外添差

之散騎侍郎，無員數，後成定員官。五品。

[3]員外常侍：官名，員外散騎常侍省稱，初爲正員之外添差之散騎常侍，無定員，三國魏後爲固定官員。職閑位顯。三品。

[4]越騎校尉：官名，西漢北軍八校尉之一，東漢五校尉之一，隸屬北軍中候。魏晋以後隸屬中領軍（領軍將軍）。四品。　右軍將軍：官名，與前軍、後軍、左軍將軍合稱四軍將軍，領營兵千人，掌宿衛。初屬中軍將軍，後屬領軍將軍。四品。

[5]河内：郡名，治所在野王縣（今河南省沁陽市）。

[6]東中郎將：官名，東、西、南、北四中郎將之一，統兵征伐，多有固定的轄區和治所。四品。

[7]許昌：縣名，治所在今河南省許昌市東。

及愍懷太子幽于許昌，[1]浚承賈后旨，[2]與黄門孫慮共害太子。[3]遷寧北將軍、青州刺史。[4]尋徙寧朔將軍、持節、都督幽州諸軍事。[5]于時朝廷昏亂，盜賊蜂起，浚爲自安之計，結好夷狄，以女妻鮮卑務勿塵，[6]又以一女妻蘇恕延。

[1]愍懷太子：即司馬遹，字熙祖，本書卷五三有傳。

[2]賈后：惠帝皇后賈南風，本書卷三一有傳。

[3]黄門：官名，宫中小黄門、中黄門、黄門令統稱，均爲宦官。

[4]寧北將軍：官名，西晋置，多兼并州、青州等州刺史，或都督并州、冀州諸軍事，位在東中郎將之上。四品。　青州：治所在臨淄縣（今山東省淄博市東北）。

[5]寧朔將軍：官名，西晋時多駐幽州，爲幽州地區軍政長官，兼管烏丸事務。四品。　都督幽州諸軍事：幽州地區最高軍事行政長官。

[6]鮮卑：我國古代北方少數民族，有拓拔、宇文、慕容、秃髮、乞伏、段諸部。此指慕容部。　務勿塵：亦稱段務勿塵、段務塵、段勿塵。鮮卑段部酋帥，娶西晋都督幽州諸軍事王浚女，八王之亂中助成都王司馬穎。後與王浚將破石勒軍於飛龍山，被西晋朝廷任爲大單于，封遼西郡公。

及趙王倫篡位，[1]三王起義，浚擁衆挾兩端，遏絶檄書，使其境内士庶不得赴義，成都王穎欲討之而未暇也。[2]倫誅，進號安北將軍。[3]及河間王顒、成都王穎興兵内向，[4]害長沙王乂，[5]而浚有不平之心。穎表請幽州刺史石堪爲右司馬，[6]以右司馬和演代堪，[7]密使演殺浚，并其衆。演與烏丸單于審登謀之，於是與浚期游薊城南清泉水上。[8]薊城内西行有二道，演、浚各從一道。演與浚欲合鹵簿，[9]因而圖之。值天暴雨，兵器霑濕，不果而還。單于由是與其種人謀曰："演圖殺浚，事垂克而天卒雨，使不得果，是天助浚也。違天不祥，我不可久與演同。"乃以謀告浚。浚密嚴兵，與單于圍演。演持白幡詣浚降，遂斬之，自領幽州。大營器械，召務勿塵，率胡晋合二萬人，進軍討穎。以主簿祁弘爲前鋒，遇穎將石超於平棘，[10]擊敗之。浚乘勝遂克鄴城，[11]士衆暴掠，死者甚多。鮮卑大略婦女，浚命敢有挾藏者斬，於是沉於易水者八千人。[12]黔庶荼毒，自此始。

[1]趙王倫：司馬倫，字子彝，本書卷五九有傳。

[2]成都王穎：司馬穎，字章度，本書卷五九有傳。

[3]安北將軍：官名，東漢建安年間置，與安東、安南、安西將軍合稱四安將軍，爲出鎮某一地區的軍事長官，或作爲刺史等兼理軍務的加官，權任頗重。三品，加持節都督者二品。

[4]河間王顒：司馬顒，字文載，本書卷五九有傳。

[5]長沙王乂：司馬乂，字士度，本書卷五九有傳。

[6]幽州：治所在薊縣（今北京市西南）。　石堪：據本書卷五《懷帝紀》、卷一〇四《石勒載記》及出土《石尠墓志》，“堪”字爲“尠”字之誤。（參見趙超《漢魏南北朝墓志彙編》，天津古籍出版社 1992 年版）　右司馬：官名，司馬爲將軍府的高級幕僚。掌參讚軍務、管理府内武職，位僅次於長史。魏晋南北朝時王府、公府、軍府、邊郡均置。兩晋時有時分左、右，如趙王倫爲相國，以東平王堪、沛國劉謨爲左、右司馬。此爲司馬穎右司馬，六品。

[7]和演：西晋人，任陽平太守，八王之亂中被司馬穎任爲右司馬、幽州刺史。謀殺王浚未果，反被王浚斬殺。

[8]薊城：薊縣城，位於今北京市西南。　清泉水上：宋本無“上”字。

[9]鹵簿：帝王或高級將帥的儀仗隊。

[10]平棘：縣名，治所在今河北省趙縣東南。

[11]鄴城：位於今河北省臨漳縣西南，曾是曹魏五都之一。

[12]易水：即今中易水。源出今河北省易縣西南，東流經定興縣南、雄安新區等地。

浚還薊，聲實益盛。東海王越將迎大駕，[1]浚遣祁弘率烏丸突騎爲先驅。[2]惠帝旋洛陽，轉浚驃騎大將軍，[3]都督東夷、河北諸軍事，[4]領幽州刺史，以燕國增博陵之封。懷帝即位，以浚爲司空，領烏丸校尉，[5]務勿塵爲大單于。浚又表封務勿塵遼西郡公，其别部大飄滑及其弟渴末别部大屠甕等皆爲親晋王。

[1]東海王越：司馬越，字元超，本書卷五九有傳。

[2]烏丸：一作烏桓，古族名，東胡的一支。　突騎：用來突破敵人陣營的騎兵。

[3]驃騎大將軍：官名，魏晋制度，驃騎將軍爲重號將軍，僅次於大將軍，高於諸名號將軍，本不需加“大”字，然兩晋時將軍名號越授越濫，遂又增置此號，居諸名號將軍之首。二品，開府位從公者一品。

[4]都督東夷、河北諸軍事：遼西、河北地區最高軍事行政長官。

[5]領：以職位較高的官員兼理較低的職務。　烏丸校尉：官名，亦稱護烏丸校尉，掌管内附烏丸事務，魏晋及十六國多置此職。四品。

永嘉中，石勒寇冀州，[1]浚遣鮮卑文鴦討勒，[2]勒走南陽。[3]明年，勒復寇冀州，刺史王斌爲勒所害，浚又領冀州。詔進浚爲大司馬，[4]加侍中、大都督、督幽冀諸軍事。[5]使者未及發，會洛京傾覆，浚大樹威令，專征伐，遣督護王昌、中山太守阮豹等，[6]率諸軍及務勿塵世子疾陸眷并弟文鴦、從弟末柸，[7]攻石勒於襄國。[8]勒率衆來距，昌逆擊敗之。末柸逐北入其壘門，爲勒所獲。勒質末柸，遣間使求和，疾陸眷遂以鎧馬二百四十匹、金銀各一簏贖末柸，[9]結盟而退。

[1]石勒：字世龍，本書卷一〇四有載記。　冀州：三國魏時治所在信都縣（今河北省衡水市冀州區），西晋時移治房子縣（今河北省高邑縣西南）。

[2]文鴦：段部鮮卑，段務勿塵子，段匹磾弟，武勇有力。

[3]南陽：郡名，治所在宛縣（今河南省南陽市）。

[4]大司馬：官名，八公之一，位在上公之下、大將軍及三公之上，高級將帥，多爲大臣加官。一品。

[5]大都督：官名，高級軍事長官。三國初作爲加官於戰時臨時設置，後逐漸成爲常設加官官職，地位極高。　督幽冀諸軍事：上述二州軍事行政長官，位低於都督、監。

[6]督護：官名，州郡及出鎮方面將軍府皆設，掌兵事。兩晋時常統軍征伐，祇督一軍。　中山：郡名，治所在盧奴縣（今河北省定州市）。

[7]疾陸眷：亦作段就六眷、段疾六眷，鮮卑段部酋帥，段務勿塵之子。　末柸：又名段末波，東部鮮卑。世爲渠帥。隨從兄疾陸眷攻打石勒，被俘。後被石勒釋放。會疾陸眷死，段匹磾奔喪，末波乘機襲擊段匹磾，自立爲單于，稱幽州刺史。

[8]襄國：縣名，治所在今河北省邢臺市。

[9]二百四十：四，殿本作“五”。　篚：竹編的箱子。

其後浚布告天下，稱受中詔承制，[1]乃以司空荀藩爲太尉，[2]光禄大夫荀組爲司隸，[3]大司農華薈爲太常，[4]中書令李絙爲河南尹。[5]又遣祁弘討勒，及於廣宗。[6]時大霧，弘引軍就道，卒與勒遇，爲勒所殺。由是劉琨與浚争冀州。[7]琨使宗人劉希還中山合衆，代郡、上谷、廣寧三郡人皆歸于琨。[8]浚患之，遂輟討勒之師，而與琨相距。浚遣燕相胡矩督護諸軍，與疾陸眷并力攻破希。驅略三郡士女出塞，琨不復能争。

[1]稱受中詔承制：聲稱接受皇帝親筆詔令，秉承皇帝旨意便宜行事。稱受，殿本乙作“受稱”。

［2］太尉：官名，曹操爲丞相後，太尉府屬官歸相府，晋時太尉雖爲八公之一、三公之首，實爲名譽宰相，多爲大臣加官。一品。

［3］光禄大夫：官名，三公等大臣告老回家即拜此職，或作爲在朝顯職的加官。三品，開府位從公者一品。　司隸：官名，即司隸校尉，三國魏時先治弘農，後治河南，轄司州所屬河南、河東、河内、弘農、平陽五郡。掌監察京師，糾察京都百官。西晋沿置。三品。

［4］大司農：官名，掌管全國財政和各地的屯田。三品。　華薈：字敬叔，本書卷四四有傳。　太常：官名，漢代稱奉常，本掌禮樂宗廟、社稷祭祀，魏晋時此職掌歸尚書裁定，太常成爲閑職。三品。

［5］中書令：官名，掌收納尚書奏事、傳達皇帝詔旨。三國魏文帝初年分秘書置中書省，設中書監和中書令，職權甚重。三品。　中書令李絙：中華本校勘記："《斠注》：《閻鼎傳》作'李晅'。按：《愍紀》作'中書郎李昕'。"　河南尹：官名，京都洛陽所在河南郡長官，主管京都事務。三品。

［6］廣宗：縣名，治所在今河北省威縣東。

［7］劉琨：字越石，本書卷六二有傳。

［8］代郡：治所在代縣（今河北省蔚縣東北）。　上谷：郡名，三國魏治所在居庸縣（今北京市延慶區），西晋治所在沮陽縣（今河北省懷來縣東南）。　廣寧：縣名，治所在今河北省張家口市。

浚還，欲討勒，使棗嵩督諸軍屯易水，召疾陸眷，將與之俱攻襄國。浚爲政苛暴，將吏又貪殘，[1]並廣占山澤，引水灌田，漬陷冢墓，調發殷煩，下不堪命，多叛入鮮卑。從事韓咸切諫，[2]浚怒，殺之。疾陸眷自以前後違命，恐浚誅之。勒亦遣使厚賂，疾陸眷等由是不應召。浚怒，以重幣誘單于猗盧子右賢王日律孫，[3]令攻疾陸眷，反爲所破。

[1]將吏：吏，殿本作“士”。

[2]從事：官名，州部屬吏。東漢稱從事史，由州部長官自己選拔任命。

[3]猗盧：拓跋猗盧，鮮卑拓拔部首領。西晋元康五年(295)，拓跋禄官分拓跋爲東、西、中三部，拓跋猗盧主西部，居盛樂。拓跋禄官死後，拓跋猗盧重新統攝三部。被西晋封爲代公、大單于。北魏建立後追謚穆帝。　右賢王：匈奴官名，地位僅次於左賢王。西晋十六國時北方其他少數民族亦有此號。

時劉琨大爲劉聰所迫，[1]諸避亂游士多歸于浚。浚以强盛，[2]乃設壇告類，[3]建立皇太子，備置衆官。浚自領尚書令，以棗嵩、裴憲並爲尚書，[4]使其子居王宫，持節，領護匈奴中郎將，以妻舅崔毖爲東夷校尉。[5]又使嵩監司冀并兗諸軍事、行安北將軍，[6]以田徽爲兗州，[7]李惲爲青州。[8]惲爲石勒所殺，以薄盛代之。

[1]劉聰：字玄明，一名載，本書卷一〇二有載記。

[2]浚以强盛：殿本“浚”下有“日”字。

[3]告類：祭天禮儀。《尚書·舜典》：“肆類於上帝。”孔安國傳：“類，謂攝位事類。遂以攝告天及五帝。”

[4]棗嵩：字臺産，本書卷九二有傳。　裴憲：字景思，本書卷三五有傳。

[5]東夷校尉：官名，亦稱護東夷校尉，掌東北地區少數民族事務。駐平州（今遼寧省遼陽市）。四品。

［6］監司冀并兖諸軍事：上述四州軍事行政長官，位次於都督。行：兼攝官職。

［7］田徽：范陽王司馬虓部將，任督護、兖州刺史，後爲石勒部將孔萇所殺。　兖州：三國魏治所在廩丘縣（今山東省鄆城縣西北），晋惠帝末，兖州闔境淪没於石勒。東晋元帝僑置兖州，治京口（今江蘇省鎮江市）。

［8］李惲：原爲并州將，司馬騰部下，後任龍驤將軍、青州刺史等職，後爲石勒所殺。

浚以父字處道，爲"當塗高"應王者之讖，謀將僭號。胡矩諫浚，盛陳其不可。浚忿之，出矩爲魏郡守。[1]前渤海太守劉亮、從子北海太守搏、司空掾高柔並切諫，[2]浚怒，誅之。浚素不平長史燕國王悌，[3]遂因他事殺之。時童謡曰："十囊五囊入棗郎。"棗嵩，浚之子婿也。浚聞，責嵩而不能罪之也。又謡曰："幽州城門似藏户，中有伏尸王彭祖。"有狐踞府門，翟雉入聽事。[4]時燕國霍原，[5]北州名賢，浚以僭位事示之，[6]原不答，浚遂害之。由是士人憤怨，内外無親。而矜豪日甚，[7]不親爲政，所任多苛刻；加亢旱灾蝗，士卒衰弱。

［1］魏郡：治所在鄴縣（今河北省臨漳縣西南）。

［2］渤海：郡名，治所在南皮縣（今河北省南皮縣東北）。北海太守搏：中華本校勘記："《通鑑》八八'搏'作'摶'。"

［3］長史：官名，掌顧問參謀，爲所在官署掾屬之長。魏晋南北朝時王府、公府、軍府、邊郡均置。八至六品。

［4］翟雉：一種鳥。

［5］霍原：字休明，本書卷九四有傳。

[6]以僭位事示之：殿本無“事”字。

[7]而矜豪日甚：而，殿本作“以”。

浚之承制也，參佐皆内叙，唯司馬游統外出。統怨，密與石勒通謀。勒乃詐降於浚，許奉浚爲主。時百姓内叛，疾陸眷等侵逼。浚喜勒之附己，勒遂爲卑辭以事之，獻遺珍寶，使驛相繼。浚以勒爲誠，不復設備。勒乃遣使克日上尊號於浚，浚許之。

勒屯兵於易水，督護孫緯疑其詐，馳白浚，而引軍逆勒。浚不聽，使勒直前。衆議皆曰：“胡貪而無信，必有詐，請距之。”浚怒，欲斬諸言者，衆遂不敢復諫。盛張設以待勒。勒至城，便縱兵大掠。浚左右復請討之，不許。及勒登聽事，浚乃走出堂皇，勒衆執以見勒。勒遂與浚妻並坐，立浚于前。浚罵曰：“胡奴調汝公，何凶逆如此！”勒數浚不忠於晋，并責以百姓餒乏，積粟五十萬斛而不振給。遂遣五百騎先送浚于襄國，收浚麾下精兵萬人，盡殺之。停二日而還，孫緯遮擊之，勒僅而得免。勒至襄國，斬浚，而浚竟不爲之屈，[1]大罵而死。無子。

[1]而浚竟不爲之屈：殿本無“而”字。

太元二年，詔興滅繼絶，封沉從孫道素爲博陵公。卒，子崇之嗣。義熙十一年，改封東莞郡公。宋受禪，國除。

荀顗

荀顗，字景倩，潁川人，[1]魏太尉彧之第六子也。[2]幼爲姊婿陳群所賞。[3]性至孝，總角知名，[4]博學洽聞，[5]理思周密。魏時以父勛除中郎。[6]宣帝輔政，見顗奇之，曰“荀令君之子也”。擢拜散騎侍郎，[7]累遷侍中。爲魏少帝執經，[8]拜騎都尉，[9]賜爵關内侯。難鍾會《易》無互體，[10]又與扶風王駿論仁孝孰先，[11]見稱於世。

[1]潁川：郡名，治所在許昌縣（今河南省許昌市東）。

[2]彧：荀彧，東漢末潁川潁陰（今河南省許昌市）人，字文若。曹操重要謀士，歷任奮武司馬、鎮東司馬、侍中、光禄大夫、參丞相軍事等職。因反對曹操進爵國公，爲曹操忌恨，被迫自殺。

[3]陳群：三國時潁川（今河南省許昌市東）人，歷任曹魏要職，官至司空。九品官人法的倡建者。

[4]總角：童年。

[5]博學洽聞：學問大，見識廣。

[6]中郎：官名，屬郎官。原來分屬五官、左、右中郎將，魏晋有時不置三署，但仍置中郎，無固定職掌，作爲儲備人才。八品。

[7]散騎侍郎：官名，三國魏置。隸屬散騎省，侍從皇帝左右，顧問應對，諫諍拾遺，與散騎常侍、侍中等共平尚書奏事。五品。

[8]魏少帝：曹芳，魏明帝養子，後爲司馬師所廢，黜爲齊王。

[9]騎都尉：官名，最高位領騎兵之武職，不領兵時爲侍衛武官。因親近皇帝，多以侍中兼任。與駙馬都尉、奉車都尉並爲三都尉。六品。

[10]鍾會：三國時潁川長社（今河南省長葛市東）人，字士

季。鍾繇之子。歷任秘書郎、尚書郎、中書侍郎、黄門侍郎、司隸校尉等職。破蜀後因與姜維謀叛，失敗被殺。　《易》無互體：《三國志》卷二八《魏書·鍾會傳》："會嘗論《易》無互體、才性同異。"《易》即《周易》，儒家經典；無即道家理論。所謂《易》無互體即講儒家和道家的關係。

[11]扶風王駿：司馬駿，字子臧，本書卷三八有傳。

時曹爽專權，何晏等欲害太常傅嘏，[1]顗營救得免。及高貴鄉公立，顗言於景帝曰："今上踐阼，權道非常，宜速遣使宣德四方，且察外志。"毌丘儉、文欽果不服，[2]舉兵反。顗預討儉等有功，進爵萬歲亭侯，邑四百户。文帝輔政，遷尚書。帝征諸葛誕，[3]留顗鎮守。顗甥陳泰卒，[4]顗代泰爲僕射，[5]領吏部，[6]四辭而後就職。顗承泰後，加之淑慎，綜核名實，風俗澄正。咸熙中，遷司空，進爵鄉侯。

[1]何晏：三國魏南陽宛（今河南省南陽市）人，字平叔，玄學家。曹爽親信，官至尚書，典選舉，司馬懿政變後被殺。　傅嘏：三國時北地泥陽（今甘肅省寧縣東南）人，字蘭石。歷任曹魏尚書郎、黄門侍郎、河南尹、尚書等職。從征毌丘儉有功，進封陽鄉侯。

[2]毌丘儉：三國時河東聞喜（今山西省聞喜縣東北）人，字仲恭。歷任曹魏尚書郎、羽林監、洛陽典農、荆州刺史、幽州刺史等職。後舉兵反司馬師，兵敗被殺。　文欽：三國時譙郡（今安徽省亳州市）人，字仲若。歷任曹魏牙門將、廬江太守、揚州刺史等職。後與毌丘儉起兵反對司馬師，兵敗投降孫吴，任孫吴鎮北大將軍。

[3]諸葛誕：三國時琅邪陽都（今山東省沂南縣南）人，字公休。歷任曹魏滎陽令、御史中丞、尚書、揚州刺史、鎮東將軍、鎮南將軍、征東大將軍等職。後起兵反司馬昭，兵敗被殺。

[4]陳泰：三國時潁川許昌（今河南省許昌市東）人，字玄伯，陳群之子。歷任散騎侍郎、護匈奴中郎將、雍州刺史、征西將軍、尚書僕射等職。

[5]僕射：官名，即尚書僕射。秦漢爲尚書令副貳，東漢建安四年（199）分置左、右，爲尚書省次官。三品。

[6]吏部：官名，指吏部尚書，三國魏時爲尚書省吏部曹長官，位居列曹尚書之上。三品。

顗年逾耳順，[1]孝養蒸蒸，[2]以母憂去職，毁幾滅性，海内稱之。文帝奏，宜依漢太傅胡廣喪母故事，[3]給司空吉凶導從。及蜀平，興復五等，命顗定禮儀。顗上請羊祜、任愷、庾峻、應貞、孔顥共删改舊文，[4]撰定晋禮。

[1]耳順：指六十歲。

[2]蒸蒸：形容孝順。

[3]太傅：官名，晋爲八公之一。位上公，太宰之下、太保之上。一品。此指東漢太傅。　胡廣：東漢南郡華容（今湖北省潜江市西南）人，字伯始。安帝時舉孝廉，奏章爲天下第一。歷任安順冲質桓靈六帝，一任司空，二拜司徒，三登太尉，五遷尚書僕射。

[4]任愷：字元褒，本書卷四五有傳。　庾峻：字山甫，本書卷五〇有傳。　應貞：字吉甫，本書卷九二有傳。

咸熙初，封臨淮侯。武帝踐阼，進爵爲公，食邑一千八百户。又詔曰："昔禹命九官，[1]契敷五教，[2]所以弘崇王化，示人軌儀也。朕承洪業，昧於大道，思訓五品，以康四海。侍中、司空顗，明允篤誠，思心通遠，翼亮先皇，遂輔朕躬，實有佐命弼導之勛。宜掌教典，以隆時雍。其以顗爲司徒。”尋加侍中，遷太尉、都督城外牙門諸軍事，[3]置司馬親兵百人。頃之，又詔曰：“侍中、太尉顗，温恭忠允，至行純備，博古洽聞，耆艾不殆。[4]其以公行太子太傅，[5]侍中、太尉如故。”

[1]禹命九官：史無禹命九官之載，有舜命九官。《漢書》卷三六《楚元王傳》：“臣聞舜命九官”，顔師古注：“《尚書》禹作司空，棄后稷，契司徒，咎繇作士，垂共工，益朕虞，伯夷秩宗，夔典樂，龍納言，凡九官也。”

[2]契敷五教：契廣泛施行五教。五教，五常之教，指父義、母慈、兄友、弟恭、子孝五種倫理道德的教育。

[3]都督城外牙門諸軍事：總統各牙門將的高級將領。

[4]耆艾：老人。

[5]太子太傅：官名，與太子少傅並稱二傅，三國時並攝東宫事務，與尚書、東曹並掌太子、諸侯官署選舉。西晋時下設丞、功曹、主簿等屬官。三品。

時以《正德》《大豫》雅頌未合，[1]命顗定樂。事未終，以泰始十年薨。帝爲舉哀，[2]皇太子臨喪，二宫賻贈，[3]禮秩有加。詔曰：“侍中、太尉、行太子太傅、臨淮公顗，清純體道，忠允立朝，歷司外内，[4]茂績既崇，訓傅東宫，徽猷弘著，[5]可謂行歸于周，有始有卒者矣。不幸薨殂，朕甚痛之。其賜温明、秘器、朝服一具、衣一襲。謚曰康。”又詔曰：“太尉不恤私門，居無館宇，素絲之志，[6]没而彌顯。其賜家錢二百萬，使立宅舍。”咸寧初，詔論次功臣，將配饗宗廟。所司奏顗等十二人銘功太常，配饗清廟。[7]

[1]時以《正德》《大豫》雅頌未合：大豫，原本、宋本、殿本作“大序”，據中華本校勘記改。《正德》《大豫》，張華所作《宗親朝會歌》，見本書卷二二《樂志上》。

[2]帝爲舉哀：舉，宋本作“與”。

[3]賻贈：贈與辦喪事用的財物。

[4]外内：殿本乙作“内外”。

[5]徽猷弘著：使善美之道弘揚光大。

[6]素絲：清正廉潔。典出《詩・召南・羔羊》：“羔羊之皮，素絲五紽。”毛亨傳：“素，白也；紽，數也。古者素絲以英裘，不失其制。”

[7]清廟：帝王的宗廟。

顗明《三禮》，知朝廷大儀，而無質直之操，唯阿意苟合於荀勖、賈充之間。初，皇太子將納妃，顗上言賈充女姿德淑茂，可以參選，以此獲譏於世。

顗無子，以從孫徽嗣。中興初，以顗兄玄孫序爲顗後，封臨淮公。序卒，又絶，孝武帝又封序子恒繼顗後。恒卒，子龍符嗣。宋受禪，國除。

荀勖

荀勖，字公曾，潁川潁陰人，[1]漢司空爽曾孫也。[2]祖棐，射聲校尉。[3]父肸，早亡。勖依于舅氏。岐嶷夙成，[4]年十餘歲能屬文。從外祖魏太傅鍾繇曰：[5]“此兒當及其曾祖。”既長，遂博學，達於從政。仕魏，辟大將軍曹爽掾，遷中書通事郎。[6]爽誅，門生故吏無敢往者，[7]勖獨臨赴，衆乃從之。至安陽令，[8]轉驃騎從事中郎。[9]勖有遺愛，安陽生爲立祠。遷廷尉正，[10]參文帝大將軍軍事，[11]賜爵關内侯，轉從事中郎，領記室。[12]

[1]潁陰：縣名，治所在今河南省許昌市。

[2]爽：荀爽，東漢潁川潁陰（今河南省許昌市）人，又名諝，字慈明。好學明經，古文經學家。延熹九年（166）以至孝拜郎中。後遭黨錮，隱居著述。獻帝時出任平原相、司空。

[3]射聲校尉：官名，統宿衛兵，魏晋時隸屬中領軍。四品。

[4]岐嶷夙成：幼年聰慧。

[5]鍾繇：三國時潁川長社（今河南省長葛市東）人，字元常。東漢建安二年（197）被曹操表爲侍中，守司隸校尉，持節都督關中諸軍事。二十四年，受魏諷謀反牽連，被免官。曹魏文帝時復爲廷尉，官至太傅。古代著名書法家。

[6]中書通事郎：官名，中書省屬官，掌呈奏。黄門郎簽署檔後由通事郎書名，呈皇帝省讀、批准。亦省稱中書郎，西晋改爲中書侍郎，東晋初曾改回此稱，不久仍改爲中書侍郎。五品。

[7]門生故吏：學生和舊時部下。

[8]安陽：縣名，治所在今河南省安陽市西南。

[9]從事中郎：官名，東漢時爲大將軍屬官，地位較高。三國時爲將軍府或公府屬官。六品。此爲驃騎將軍府從事中郎。

[10]廷尉正：官名，廷尉副貳，高級審判官員，地位相當於列卿丞。可代表廷尉參加詔獄會審，或獨立決斷疑獄、平反冤案、參議案例律條。六品。

[11]參文帝大將軍軍事：大將軍府的屬官，參謀將軍府軍事。

[12]記室：官名，記室令史、記室督、記室參軍、中記室參軍

等官職的省稱。此處應爲大將軍府記室參軍。

高貴鄉公欲爲變時，大將軍掾孫佑等守閶闔門。[1]帝弟安陽侯幹聞難欲入，佑謂幹曰：“未有入者，可從東掖門。”及幹至，帝遲之，幹以狀白，帝欲族誅佑。勖諫曰：“孫佑不納安陽，誠宜深責。然事有逆順，用刑不可以喜怒爲輕重。今成倅刑止其身，佑乃族誅，恐義士私議。”乃免佑爲庶人。

[1]孫佑等：宋本無“等”字。　閶闔門：洛陽城正南門。《水經注·穀水》：“（穀水）又南流，東轉，逕閶闔門南。”戴震云：“按此乃宫城正南門，下云改雉門爲閶闔門，是也。與前後所言閶闔門，同名異地。”郭守敬按：“《洛陽故宫名》，洛陽有閶闔門。《魏書·前廢帝紀》，群臣拜賀禮畢，登閶闔門，即此。”

時官騎路遺求爲刺客入蜀，勖言於帝曰：“明公以至公宰天下，宜杖正義以伐違貳。[1]而名以刺客除賊，非所謂刑于四海，[2]以德服遠也。”帝稱善。

[1]宜杖正義：杖，殿本作“仗”。

[2]刑于四海：爲天下之表率。

及鍾會謀反，審問未至，[1]而外人先告之。帝待會素厚，未之信也。勖曰：“會雖受恩，然其性未可許以見得思義，不可不速爲之備。”帝即出鎮長安，主簿郭奕、參軍王深以勖是會從甥，[2]少長舅氏，勸帝斥出之。帝不納，而使勖陪乘，待之如初。先是，勖啓“伐蜀，宜以衛瓘爲監軍”。[3]及蜀中亂，賴瓘以濟。會平，還洛，與裴秀、羊祜共管機密。

[1]審問：確切消息。

[2]郭奕：字大業，本書卷四五有傳。　參軍：官名，亦作參軍事，謂參謀軍事。兩晋公府、軍府皆置。

[3]衛瓘：字伯玉，本書卷三六有傳。　監軍：官名，軍隊出征所置官員，掌監視將帥，權勢頗重。四品。

時將發使聘吴，並遣當時文士作書與孫皓，帝用勖所作。皓既報命和親，帝謂勖曰：“君前作書，使吴思順，勝十萬之衆也。”帝即晋王位，以勖爲侍中，封安陽子，邑千户。武帝受禪，改封濟北郡公。勖以羊祜讓，乃固辭爲侯。拜中書監，[1]加侍中，領著作，與賈充共定律令。

[1]中書監：官名，中書省長官之一。三國魏文帝初年分秘書置中書省，長官爲中書監、中書令。掌收納奏章、草擬詔令。平常不分高下，入朝時監略高於令。三品。

充將鎮關右也，[1]勖謂馮紞曰：“賈公遠放，吾等失勢。太子婚尚未定，若使充女得爲妃，則不留而自停矣。”勖與紞伺帝間並稱“充女才色絶世，若納東宫，必能輔佐君子，有關雎后妃之德”。[2]遂成婚。當時甚爲正直者所疾，而獲佞媚之譏焉。久之，進位光禄大夫。

[1]關右：即關西，泛指故函谷關或今潼關以西地區。

［2］關雎：《詩·國風·周南》篇名。此指賢淑的后妃。

既掌樂事，又修律吕，[1]並行於世。初，勖於路逢趙賈人牛鐸，[2]識其聲。及掌樂，音韵未調，乃曰："得趙之牛鐸則諧矣。"遂下郡國，悉送牛鐸，果得諧者。又嘗在帝坐進飯，謂在坐人曰："此是勞薪所炊。"[3]咸未之信。帝遣問膳夫，乃云："實用故車脚。"舉世伏其明識。

［1］律吕：樂律。古人按音階高低分爲六律和六吕，合稱十二律。六律，即黄钟、大蔟、姑洗、蕤賓、夷則、無射。六吕，即大吕、夾鐘、中吕、林鐘、南吕、應鐘。

［2］牛鐸：牛鈴。

［3］勞薪：舊時木輪車的車脚吃力最大，使用數年後，析以爲燒柴，故云"勞薪"。

勖領秘書監，與中書令張華依劉向《别録》，[1]整理記籍。又立書博士，置弟子教習，以鍾胡爲法。[2]

［1］張華：字茂先，本書卷三六有傳。　劉向：字子政，西漢沛郡豐（今江蘇省豐縣）人，楚元王四世孫。曾任諫大夫、散騎、宗正給事、光禄大夫等職。撰有《五經通義》《洪範五行傳》等，均已佚。另撰有《列女傳》《説苑》《新序》等存世。　《别録》：西漢劉向著。劉向負責整理國家圖書，每校訂一書，劉向即寫一序録，相當於後世的書録題解。後經匯抄，單獨成書，稱《别録》。

［2］鍾胡：三國書法家鍾繇與胡昭。時有"胡肥鍾瘦"之語。

咸寧初，與石苞等並爲佐命功臣，[1]列於銘饗。[2]及王濬表請伐吴，[3]勖與賈充固諫不可，帝不從，而吴果滅。以專典詔命，論功封子一人爲亭侯，邑一千户，賜絹千匹。又封孫顯爲潁陽亭侯。

[1]石苞：字仲容，本書卷三三有傳。

[2]銘饗：列名享受祭祀。

[3]王濬：字士治，本書卷四二有傳。

及得汲郡冢中古文竹書，[1]詔勖撰次之，以爲《中經》，[2]列在秘書。[3]

[1]汲郡：西晋始置，治所在汲縣（今河南省衛輝市西南）。

[2]《中經》：即《晋中經簿》，總括群書，按甲乙丙丁四部分類。

[3]秘書：即秘書省，與尚書、中書、門下、集書並稱五省。掌管國史修撰及管理中外三閣圖書。

時議遣王公之國，帝以問勖，勖對曰："諸王公已爲都督，而使之國，則廢方任。又分割郡縣，人心戀本，必用嗷嗷。[1]國皆置軍，官兵還當給國，而闕邊守。"帝重使勖思之，勖又陳曰："如詔準古方伯選才，使君國各隨方面爲都督，[2]誠如明旨。至於割正封疆，使親疏不同，誠爲佳矣。然分裂舊土，猶懼多所摇動，必使人心恖擾，[3]思惟竊宜如前。若於事不得不時有所轉封，而不至分割土域，有所損奪者，可隨宜節度。其五等體國經遠，實不成制度。然但虛名，其於實事，略與舊郡縣鄉亭無異。若造次改奪，[4]恐不能不以爲恨。今方了其大者，以爲五等可須後裁度。凡事雖有久而益善者，若臨時或有不解，亦不可忽。”帝以勖言爲允，多從其意。

[1]嗷嗷：衆人不安愁怨。
[2]君國：君，殿本作“軍”。
[3]悤擾：倉促不安。
[4]造次改奪：輕率地改變。

時又議省州郡縣半吏以赴農功，勖議以爲：“省吏不如省官，省官不如省事，省事不如清心。昔蕭曹相漢，[1]載其清静，致畫一之歌，此清心之本也。漢文垂拱，幾致刑措，此省事也。光武并合吏員，縣官國邑裁置十一，此省官也。魏太和中，遣王人四出，減天下吏員，正始中亦并合郡縣，此省吏也。今必欲求之於本，則宜以省事爲先。凡居位者，使務思蕭曹之心，以翼佐大化。篤義行，崇敦睦，使昧寵忘本者不得容，而僞行自息，浮華者懼矣。重敬讓，尚止足，令賤不妨貴，少不陵長，遠不間親，新不間舊，小不加大，淫不破義，則上下相安，遠近相信矣。位不可以進趣得，譽不可以朋黨求，則是非不妄而明，官人不惑於聽矣。去奇技，抑異説，好變舊以徼非常之利者必加其誅，則官業有常，人心不遷矣。事留則政稽，[2]政稽則功廢。處位者而孜孜不怠，奉職司者而夙夜不懈，則雖在挈瓶而守不假器矣。[3]使信若金石，小失不害大政，忍忿悁以容之。[4]簡文案，略細苛，令之所施，必使人易視聽。願之如陽春，畏之如雷震。勿使微文煩撓，爲百吏所黷，二三之命，爲百姓所饜，則吏竭其誠，下悦上命矣。設官分職，委事責成。君子心競而不力争，量能受任，思不出位，則官無異業，政典不奸矣。凡此皆愚心謂省事之本也。苟無此愆，[5]雖不省吏，天下必謂之省矣。若欲省官，私謂九寺可并於尚書，[6]蘭臺宜省付三府。[7]然施行歷代，世之所習，是以久抱愚懷而不敢言。至於省事，實以爲善。若直作大例，皆減其半，恐文武衆官郡國職業，及事之興廢，不得皆同。凡發號施令，典而當則安，儻有駁者，或致壅否。凡職所臨履，先精其得失。使忠信之官，明察之長，各裁其中，先條上言之。然後混齊大體，詳宜所省，則令下必行，不可摇動。如其不爾，恐適惑人聽。比前行所省，皆須臾輒復，或激而滋繁，亦不可不重。”勖論議損益多此類。

［1］蕭：蕭何，秦末泗水沛縣豐邑（今江蘇省豐縣）人。隨劉邦起兵反秦。楚漢戰争中，留守關中，爲前綫籌集糧草。劉邦稱帝後，因功高封酇侯。助吕后誅除韓信，封相國。劉邦死後復事惠帝，死前推薦曹參繼任。　曹：曹參，秦末泗水沛（今江蘇省沛縣）人。隨劉邦起兵反秦。楚漢戰争時，屢建戰功，劉邦稱帝後任齊相國。劉邦死後，曹參采用黄老之術，清静無爲，與民休息。惠帝二年（前193），繼蕭何爲相國，舉事無所變更，一遵蕭何舊法。

［2］政稽：政事延誤。

［3］挈瓶：汲水用的小瓶。比喻才智淺小。

[4]忿悁（yuān）：怨怒、憤恨。悁，原本、宋本、殿本作“捐”，據中華本改。

[5]苟無此愆：如果没有這種過失。無此，原本、宋本作“此無”，殿本作“無此”，據殿本改。

[6]九寺：指九卿官署。

[7]蘭臺：指御史臺。　三府：三公之府。《後漢書》卷二七《承宫傳》：“三府更辟，皆不應。”李賢注：“三府，謂太尉、司徒、司空府。”

太康中詔曰：“勖明哲聰達，經識天序，有佐命之功，兼博洽之才。久典内任，著勛弘茂，詢事考言，謀猷允誠。宜登大位，毗贊朝政。今以勖爲光禄大夫、儀同三司、開府辟召，[1]守中書監、侍中、侯如故。”時太尉賈充、司徒李胤並薨，[2]太子太傅又缺。勖表陳：“三公保傅，宜得其人。若使楊珧參輔東宫，[3]必當仰稱聖意。尚書令衛瓘、吏部尚書山濤皆可爲司徒。[4]若以瓘新爲令未出者，[5]濤即其人。”帝並從之。

[1]儀同三司：官名，即開府儀同三司，三國魏始置。爲大臣加號，意謂與太尉、司徒、司空三司待遇相同，許開設府署，任命僚屬。

[2]司徒：官名，西漢哀帝元壽二年（前1）改丞相爲大司徒，東漢光武帝時改名爲司徒，東漢末又改爲丞相。三國魏恢復三公制，改丞相爲司徒，管理民政。兩晋沿制，爲八公之一，在太尉之下、司空之上。與丞相通職，一般不並置，爲名譽宰相。一品。　李胤：字宣伯，本書卷四四有傳。

[3]楊珧：字文琚，本書卷四〇有傳。

[4]山濤：字巨源，本書卷四三有傳。

[5]若以：若，宋本、殿本作“如”。

明年秋，諸州郡大水，兗土尤甚。勖陳宜立都水使者。[1]其後門下啓通事令史伊羡、趙咸爲舍人，[2]對掌文法。詔以問勖，勖曰：“今天下幸賴陛下聖德，六合爲一，望道化隆洽，垂之將來。而門下上稱程咸、張惲，下稱此等，欲以文法爲政，皆愚臣所未達者。[3]昔張釋之諫漢文，[4]謂獸圈嗇夫不宜見用；邴吉住車，[5]明調和陰陽之本。此二人豈不知小吏之惠，誠重惜大化也。昔魏武帝使中軍司荀攸典刑獄，[6]明帝時猶以付内常侍。[7]以臣所聞，明帝時唯有通事劉泰等官，不過與殿中同號耳。[8]又頃言論者皆云省官減事，而求益吏者相尋矣。多云尚書郎、太令史不親文書，[9]乃委付書令史及幹，[10]誠吏多則相倚也。增置文法之職，適恐更耗擾臺閣，臣竊謂不可。”

[1]都水使者：官名，都水臺長官，掌管水利工程及設施。四品。

[2]門下：即門下省。門下意爲黄門之下，官署設於宫禁之中，長官得出入宫禁，爲皇帝的親近侍從。　通事令史：官名，門下省、中書省皆置爲屬吏，掌奏文案、宣詔令。八品。　舍人：官名，此爲門下通事舍人。七品。

[3]所未達者：宋本無“者”字。

[4]張釋之：西漢南陽堵陽（今河南省方城縣東）人，字季。文帝時以貲爲騎郎。後補謁者，任謁者僕射，遷公車令。因以事劾奏太子，受文帝重視，拜爲太中大夫，又任廷尉。以用法持平著

稱。曾陪漢文帝去虎圈，文帝問上林尉有關禽獸之事，上林尉答不出來。而虎圈嗇夫從旁代上林尉回答，滔滔不絕。文帝認爲嗇夫有口辯，要提拔他作上林尉。張釋之説："陛下以嗇夫口辯而超遷之，臣恐天下隨風靡，争口辯，亡其實。且下之化上，疾於景嚮，舉錯不可不審也。"文帝乃止。語見《史記》卷一〇二《張釋之列傳》。

[5]邴吉住車：邴吉，即丙吉，西漢魯國（今山東省曲阜市）人，字少卿。熟習律令，歷任廷尉右監、大將軍長史、御史大夫、丞相等職。丙吉嘗出，逢群鬥死傷横道，過而不問。逢人逐牛，牛喘吐舌，乃止車詢問。人問其故，丙吉説："民鬥相殺傷，長安令、京兆尹職所當禁備逐捕。歲竟丞相課其殿最，奏行賞罰而已。宰相不親小事，非所當於道路問也。方春少陽用事，未可大熱，恐牛近行用暑故喘，此時氣失節，恐有所傷害也。三公典調和陰陽，職當憂，是以問之。"語見《漢書》卷七四《丙吉傳》。

[6]中軍司：官名，即中軍師，晋人修史避司馬師名諱而改。爲丞相府重要僚屬，位在前、左、右軍師之上。參議軍國大事，並典刑獄。　荀攸：東漢末潁川潁陰（今河南省許昌市）人，字公達，荀彧侄子。歷任曹操尚書、軍師。從征張綉、吕布、袁紹、袁尚、袁譚等，屢獻奇計，爲曹操重要謀士。

[7]内常侍：宦官職名。

[8]殿中：官名，此爲殿中尚書簡稱。西晋武帝太康年間（280—289）始置，尚書省六曹尚書之一。三品。

[9]尚書郎：官名。東漢之制，取孝廉中之有才能者入尚書臺，在皇帝左右處理政務，初入臺稱守尚書郎中，滿一年稱尚書郎，滿三年稱侍郎。魏晋以後尚書各曹有侍郎、郎中等官，綜理職務，通稱爲尚書郎。六品。　太令史：官名，此指尚書省正令史，尚書省諸曹均置，頗有實權。八品。

[10]書令史：官名，佐理文書案牘的官吏，魏晋南北朝省、臺、府、寺多置。位次於正令史。此指尚書省書令史。九品。書，殿本作"舊"。　幹：官名，魏晋南北朝時一種低級的吏。

時帝素知太子暗弱，恐後亂國，遣勖及和嶠往觀之。[1]勖還盛稱太子之德，而嶠云太子如初。於是天下貴嶠而賤勖。帝將廢賈妃，勖與馮紞等諫請，故得不廢。時議以勖傾國害時，孫資、劉放之匹。[2]然性慎密，每有詔令大事，雖已宣布，然終不言，不欲使人知己豫聞也。族弟良曾勸勖曰："公大失物情，有所進益者自可語之，則懷恩多矣。"其婿武統亦説勖"宜有所營置，令有歸戴者"。勖並默然不應，退而語諸子曰："人臣不密則失身，樹私則背公，是大戒也。汝等亦當宦達人間，宜識吾此意。"久之，以勖守尚書令。

[1]和嶠：字長輿，本書卷四五有傳。

[2]孫資：三國時太原中都（今山西省平遥縣西南）人，字彦龍。東漢建安初任曹操丞相軍事，後遷秘書郎。文帝時爲中書令，加給事中，掌機密。明帝病重時與劉放共謀使司馬懿、曹爽輔政。後加右光禄大夫，轉衛將軍，官至侍中，領中書令。　劉放：三國時涿郡（今河北省涿州市）人，字子棄。曹操時任司空軍事、秘書郎。文帝時任中書監，加給事中，掌機密。明帝時加散騎常侍。明帝病重，乃與孫資謀使明帝昭司馬懿、曹爽輔政。官至左光禄大夫，驃騎將軍。

勖久在中書，專管機事。及失之，甚罔罔悵悵。或有賀之者，勖曰："奪我鳳皇池，諸君賀我邪！"及在尚書，課試令史以下，[1]覈其才能，有暗於文法，不能决疑處事者，即時遣出。帝嘗謂曰："魏武帝言'荀文若之進善，不進不止；荀公達之退惡，不退不休'。二令君之美，亦望於君也。”居職月餘，以母憂上還印綬，帝不許。遣常侍周恢喻旨，勖乃奉詔視職。

[1]令史：官名，尚書臺、蘭臺以及諸公、開府、位從公府屬諸曹皆置的屬官，掌管文書圖籍。九品。

勖久管機密，有才思，探得人主微旨，不犯顔迕争，[1]故得始終全其寵禄。太康十年卒，詔贈司徒，賜東園秘器、朝服一具、錢五十萬、布百匹。遣兼御史持節護喪，謚曰成。勖有十子，其達者輯、藩、組。

[1]迕争：迕，殿本作“忤”。

輯嗣，官至衛尉。[1]卒，謚曰簡。子畯嗣。卒，謚曰烈。無適子，以弟息識爲嗣。輯子綽，字彦舒，[2]博學有才能，撰《晋後書》十五篇，[3]傳於世。永嘉末，爲司空從事中郎，没於石勒，爲勒參軍。

[1]衛尉：官名，掌宫廷禁衛，兼管武庫、冶鑄，領江北冶令三十九員、南北東西諸督冶掾。三品。

[2]字彦舒：殿本“字”上有“綽”字。

[3]《晋後書》十五篇：中華本校勘記云：“《斠注》：《隋志》《舊唐志》並作《晋後略記》，《新唐志》作《晋後略》，均五卷。《宋志》作《晋略》九卷。”

藩，字大堅。元康中，爲黄門侍郎，[1]受詔成父所治鐘磬。以從駕討齊王冏勛，[2]封西華縣公。累遷尚書令。永嘉末，轉司空，未拜而洛陽陷没，藩出奔密。王浚承制，奉藩爲留臺太尉。[3]及愍帝爲太子，委藩督攝遠近。建興元年薨於開封，[4]年六十九，因葬亡所。謚曰成，追贈太保。藩二子：邃、闓。

[1]黄門侍郎：官名，魏晋時爲侍中省或門下省次官。侍從皇帝，顧問應對，多以重臣或外戚子弟擔任，位頗重要。五品。

[2]齊王冏：司馬冏，字景治，本書卷五九有傳。冏，原本、宋本作“囧”，殿本作“冏”，據殿本改。本卷下同。

[3]留臺：指古代帝王因故离京，奉命留守京師之官及其機構。

[4]開封：縣名，治所在今河南省開封市南。

邃，字道玄，解音樂，善談論。弱冠辟趙王倫相國掾，[1]遷太子洗馬。[2]長沙王乂以爲參軍。乂敗，成都王爲皇太弟，精選僚屬，以邃爲中舍人。鄴城不守，隨藩在密。[3]元帝召爲丞相從事中郎，以道險不就。愍帝就加左將軍、陳留相。[4]父憂去職，服闋，襲封。愍帝欲納邃女，先徵爲散騎常侍。邃懼西都危逼，故不應命，而東渡江，元帝以爲軍諮祭酒。[5]太興初，拜侍中。邃與刁協婚親，[6]時協執權，欲以邃爲吏部尚書，邃深距之。尋而王敦討協，[7]協黨與並及於難，唯邃以疏協獲免。敦表爲廷尉，[8]以疾不拜。遷太常，轉尚書。蘇峻作亂，[9]邃與王導、荀崧並侍天子於石頭。[10]峻平後卒，贈金紫光禄大夫，[11]謚曰靖。子汪嗣。

[1]弱冠：指男子二十歲時。《禮記·曲禮上》：“二十曰弱，

冠。”年少爲弱，待至二十，即爲成年，舉行冠禮。

［2］太子洗馬：官名，東宫屬官。掌太子圖籍、經書，太子出行則前導威儀。七品。

［3］密：縣名，治所在今河南省新密市東南。

［4］左將軍：官名，漢代爲重號將軍，與前、後、右將軍並爲上卿。魏晋時爲常設官職，權位較兩漢漸低，僅爲武官名號，略高於一般雜號將軍，不典禁兵。三品。　陳留：郡國名，治所在小黄縣（今河南省開封市東）。　相：官名，郡國相，也稱内史。五品。

［5］軍諮祭酒：官名，即軍師祭酒，晋朝避司馬師名諱而改。亦稱軍咨祭酒、軍謀祭酒、軍祭酒。諸軍府屬官，參謀軍事，位在軍府諸僚佐之上。

［6］刁協：字玄亮，本書卷六九有傳。

［7］王敦：字處仲，本書卷九八有傳。

［8］廷尉：官名，中央最高司法審判機構長官，負責會審朝中有罪文武大臣，覆核審决郡國疑獄等。三品。

［9］蘇峻：字子高，本書卷一〇〇有傳。

［10］王導：字茂弘，本書卷六五有傳。　荀崧：字景猷，本書卷七五有傳。　石頭：石頭城，故址在今江蘇省南京市清凉山。

［11］金紫光禄大夫：官名，對光禄大夫加金章紫綬，禄賜、班位、車服、佩玉等皆與特進同。二品。

闓，字道明，亦有名稱，京都爲之語曰：“洛中英英荀道明。”大司馬、齊王冏辟爲掾。冏敗，暴尸已三日，[1]莫敢收葬。闓與冏故吏李述、嵇含等露板請葬，[2]朝議聽之，論者稱焉。爲太傅主簿、中書郎。[3]與邃俱渡江，拜丞相軍諮祭酒。中興建，遷右軍將軍，轉少府。[4]明帝嘗從容問王廙曰：[5]“二荀兄弟孰賢？”廙答以闓才明過邃。帝以語庾亮，[6]亮曰：“邃真粹之地，亦闓所不及。”由是議者莫能定其兄弟優劣。歷御史中丞、侍中、尚書，[7]封射陽公。太寧二年卒，追贈衛尉，謚曰定。子達嗣。

[1]三日：宋本作“二日”。

[2]嵇含：字君道，本書卷八九有傳。　露板：奏章。

[3]中書郎：官名，隸屬中書令。掌草擬詔書、外出執行重要使命等。亦作爲中書通事郎、中書侍郎的省稱。五品。

[4]少府：官名，掌管宫廷手工業。三品。

[5]從容：容，原本、宋本作“客”，殿本作“容”，據殿本改。　王廙：字世將，本書卷七六有傳。

[6]庾亮：字元規，本書卷七三有傳。

[7]御史中丞：官名，御史大夫副手，掌監察、執法，爲京師顯官，職權甚重。四品。

組，字大章。弱冠，太尉王衍見而稱之曰：[1]“夷雅有才識。”[2]初爲司徒左西屬，[3]補太子舍人。[4]司徒王渾請爲從事中郎，[5]轉左長史，[6]歷太子中庶子、滎陽太守。[7]

[1]王衍：字夷甫，本書卷四三有傳。

[2]夷雅：平和閑雅。

[3]司徒左西屬：官名，司徒府左西曹僚屬，參掌左西曹，如掾闕則爲左西曹長官。

[4]太子舍人：官名，掌行書令、表啓等。初隸太子太傅、太子少傅，後隸太子詹事。七品。

[5]王渾：字玄冲，本書卷四二有傳。

[6]左長史：官名，司徒長史爲司徒府掾屬之長，佐司徒總管府内諸曹，分左右，左高於右。六品。

[7]太子中庶子：官名，太子侍從，掌侍從、奏事、諫議等。五品。　滎陽：郡名，治所在滎陽縣（今河南省滎陽市東北）。

趙王倫爲相國，欲收大名，選海内德望之士，以江夏李重及組爲左右長史，[1]東平王堪、沛國劉謨爲左右司馬。[2]倫篡，以組爲侍中。及長沙王乂敗，惠帝遣組及散騎常侍閭丘冲詣成都王穎，慰勞其軍。帝西幸長安，以組爲河南尹。遷尚書，轉衛尉，賜爵成陽縣男，加散騎常侍、中書監。轉司隸校尉，加特進、光禄大夫，[3]常侍如故。于時天下已亂，組兄弟貴盛，懼不容於世，雖居大官，並諷議而已。

[1]江夏：郡名，三國魏時治所在上昶城（今湖北省雲夢縣），西晋時移治安陸縣（今湖北省安陸市西南）。　李重：字茂曾，本書卷四六有傳。　左右長史：官名，相國府置長史，分左、右，領府中各曹。六品。

[2]東平：郡國名，治所在須昌縣（今山東省東平縣西北）。王堪：西晋東平（今山東省東平縣西北）人，歷任司隸校尉、尚書令、車騎將軍等職，爲石勒所殺。　沛國：三國魏時治所在沛縣（今江蘇省沛縣），西晋時治所在相縣（今安徽省濉溪縣西北）。

[3]特進：官名，三國兩晋時表示有特殊地位，或用作安置閑退大臣。二品。

永嘉末，復以組爲侍中，領太子太保。[1]未拜，會劉曜、王彌逼洛陽，[2]組與藩俱出奔。懷帝蒙塵，[3]司空王浚以組爲司隸校尉。組與藩移檄天下，以琅邪王爲盟主。

[1]太子太保：官名，東宫三師之一，位居太子太師、太子太傅下，品秩同太子太師。三品。

[2]劉曜：字永明，劉淵族子，本書卷一〇三有載記。　王彌：本書卷一〇〇有傳。

[3]蒙塵：帝王失位逃亡在外，蒙受風塵。

愍帝稱皇太子，組即太子之舅，又領司隸校尉，[1]行豫州刺史事，與藩共保滎陽之開封。建興初，詔藩行留臺事。俄而藩薨，帝更以組爲司空，領尚書左僕射，[2]又兼司隸，復行留臺事，州征郡守皆承制行焉。進封臨潁縣公，加太夫人、世子印綬。明年，進位太尉，領豫州牧、假節。

[1]又領：又，殿本作“及”。

[2]尚書左僕射：官名，尚書省次官，輔助尚書令執行政務，參議大政，諫諍得失，監察糾彈百官。有時尚書省不置令，衹設左、右僕射，此時左僕射居右僕射之上。三品。

元帝承制，以組都督司州諸軍，[1]加散騎常侍，餘如故。頃之，又除尚書令，表讓不拜。及西都不守，組乃遣使移檄天下共勸進。帝欲以組爲司徒，以問太常賀循。[2]循曰：“組舊望清重，忠勤顯著，遷訓五品，實允衆望。”於是拜組爲司徒。

［1］都督司州諸軍：都督司州諸軍事，司州地區最高軍事行政長官。

［2］賀循：字彦先，本書卷六八有傳。

組逼於石勒，不能自立。太興初，自許昌率其屬數百人渡江，給千兵百騎，組先所領仍皆統攝。頃之，詔組與太保、西陽王羕並録尚書事，[1]各加班劍六十人。永昌初，遷太尉，領太子太保。未拜，薨，年六十五。謚曰元。子奕嗣。

［1］太保：官名，史上屢次廢置，三國魏末年復置。晋爲八公之一，位上公，在太宰、太傅之下。安置元老重臣，無職掌。一品。　西陽王羕：司馬羕，字延年，本書卷五九有傳。

奕，字玄欣。少拜太子舍人、駙馬都尉，侍講東宫。出爲鎮東參軍，[1]行揚武將軍、新汲令。[2]愍帝爲皇太子，召爲中舍人，[3]尋拜散騎侍郎，皆不就。隨父渡江。元帝踐阼，[4]拜中庶子，遷給事黄門郎。[5]父憂去職，服闋，補散騎常侍、侍中。

［1］鎮東參軍：官名，鎮東將軍府僚屬。參軍，亦作參軍事，謂參謀軍事。兩晋公府、軍府皆置。

［2］揚武將軍：官名，統兵出征。四品。　新汲：縣名，治所在今河南省扶溝縣西南。

［3］中舍人：官名，太子中舍人，簡稱太子中舍、中舍人、中舍。東宫屬官，其中有才學者與中庶子共掌東宫文翰及奏事文書，侍從規諫太子。位在太子中庶子下、太子洗馬上。六品。

［4］元帝踐阼：阼，殿本作“祚”。

［5］給事黄門郎：官名，亦作給事黄門侍郎，魏晋時爲侍中省或門下省次官。與侍中俱掌門下衆事，職掌略同，地位隨皇帝旨意或侍中地位而定。五品。

時將繕宫城，尚書符下陳留王，使出城夫。奕駁曰：“昔虞賓在位，《書》稱其美；[1]《詩》咏《有客》，載在《雅》《頌》。今陳留王位在三公之上，坐在太子之右，故答表曰書，賜物曰與。此古今之所崇，體國之高義也。謂宜除夫役。”時尚書張闓、僕射孔愉難奕，[2]以爲：“昔宋不城周，《陽秋》所譏。[3]特蠲非體，宜應減夫。”奕重駁，以爲：“《陽秋》之末，文武之道將墜于地，新有子朝之亂，[4]于時諸侯逋替，莫肯率職。宋之於周，實有列國之權。且同已勤王而主之者晋，客而辭役，責之可也。今之陳留，無列國之勢，此之作否，何益有無！臣以爲宜除，於國職爲全。”詔從之。

［1］虞賓在位，《書》稱其美：虞賓指堯子丹朱。因虞以賓禮待之，故稱。《尚書·益稷》：“虞賓在位，群后德讓。”

［2］張闓：字敬緒，本書卷七六有傳。　孔愉：字敬康，本書卷七八有傳。

［3］昔宋不城周，《陽秋》所譏：事見《左傳·定公元年》：晋國的魏舒與諸侯的大夫在狄泉會合，準備增築成周城墻，宋國的仲幾不接受工程任務。《陽秋》，即《春秋》。東晋時因避簡文帝母鄭太后阿春諱，改“春”爲“陽”。殿本作“春”。

［4］子朝之亂：春秋時政治事件。王子朝是周景王之子，景王因太子早死，欲立朝。然而景王死後，劉子等人却擁王子猛繼位，

是爲悼王。王子朝便發動叛亂，把悼王趕走。後晋國出兵護送悼王回京城。悼王死後，其弟丐繼位，是爲敬王。此時王子朝又得尹文公幫助，把敬王趕出王城，自己進入王城，形成二王並存的局面。

時又通議元會日，[1]帝應敬司徒王導不。博士郭熙、杜援等以爲禮無拜臣之文，謂宜除敬。侍中馮懷議曰：[2]“天子修禮，莫盛於辟雍。[3]當爾之日，猶拜三老，[4]况今先帝師傅。[5]謂宜盡敬。”事下門下，奕議曰：“三朝之首，宜明君臣之體，則不應敬。若他日小會，自可盡禮。又至尊與公書手詔則曰‘頓首言’，中書爲詔則云‘敬問’，散騎優册則曰‘制命’。今詔文尚異，况大會之與小會，理豈得同！”詔從之。

[1]元會：朝廷禮儀，每年元月初一朝會群臣。

[2]侍中：侍，原本、宋本無此字，殿本有，據殿本補。

[3]辟雍：西周天子所設大學。東漢以後，爲行鄉飲酒、大射或祭祀之禮的地方。漢班固《白虎通·辟雍》：“天子立辟雍何？辟雍，所以行禮樂、宣德化也。辟者，璧也，象璧圓，以法天也。雍者，壅之以水，象教化流行也。辟之言積也，積天下之道德；雍之爲言壅也，天下之儀則。故謂之辟雍也。”

[4]三老：古代掌教化之官。鄉、縣、郡均曾先後設置。

[5]况今先帝師傅：宋本“今”下有“光”字。

咸和七年卒，追贈太僕，[1]謚曰定。

[1]太僕：官名，掌皇帝車馬、田獵、兵器及全國牧業。三品。

馮紞

馮紞，字少胄，安平人也。[1]祖浮，魏司隸校尉。父員，汲郡太守。紞少博涉經史，識悟機辯。歷仕爲魏郡太守，轉步兵校尉，[2]徙越騎。[3]得幸於武帝，稍遷左衛將軍。[4]承顔悦色，寵愛日隆，賈充、荀勖並與之親善。充女之爲皇太子妃也，紞有力焉。及妃之將廢，紞、勖乾没救請，故得不廢。伐吴之役，紞領汝南太守，[5]以郡兵隨王濬入秣陵。[6]遷御史中丞，轉侍中。

[1]安平：郡國名，治所在信都縣（今河北省衡水市冀州區）。

[2]步兵校尉：官名，東漢時隸屬北軍中候，爲北軍五校尉之一，魏晋時隸屬中領軍，領宿衛營兵。四品。

[3]越騎：官名，越騎校尉省稱。四品。

[4]左衛將軍：官名，三國魏咸熙二年（265），司馬炎即晋王位，分中衛將軍爲左、右衛將軍。掌佽飛虎賁及前驅、由基、强弩三部司馬，屬下還有虎賁、羽林、上騎、異力、命中共五部督，負責宫禁侍衛。西晋屬中軍將軍，後屬領軍將軍。爲禁衛軍主要統帥之一，權任很重。四品。

[5]汝南：郡名，西晋治所在新息縣（今河南省息縣西南），東晋移治懸瓠城（今河南省汝南縣）。

[6]秣陵：縣名，東漢建安十七年（212）孫權改名建鄴縣，治所在今江蘇省南京市。

帝病篤得愈，紞與勖見朝野之望，屬在齊王攸。[1]攸素薄勖。勖以太子愚劣，恐攸得立，有害於己，乃使紞言於帝曰："陛下前者疾若不差，太子其廢矣。齊王爲百姓所歸，公卿所仰，雖欲高讓，其得免乎！宜遣還藩，以安社稷。”帝納之。及攸薨，朝野悲恨。初，帝友于之情甚篤，[2]既納紞、勖邪説，遂爲身後之慮，以固儲位。既聞攸殞，哀慟特深。紞侍立，因言曰：“齊王名過於實，今得自終，此乃大晋之福。陛下何乃過哀！”帝收淚而止。

[1]屬在齊王攸：衆望落在齊王司馬攸身上。司馬攸，字大猷，本書卷三八有傳。

[2]友于：借指兄弟。

初謀伐吴，紞與賈充、荀勖同共苦諫不可。吴平，紞内懷慚懼，疾張華如仇。及華外鎮，威德大著，朝論當徵爲尚書令。紞從容侍帝，論晋魏故事，因諷帝，言華不可授以重任，帝默然而止。事具《華傳》。

太康七年，紞疾，詔以紞爲散騎常侍，賜錢二十萬、床帳一具。尋卒。二子：播、熊。播，大長秋。[1]熊，字文羆，中書郎。紞兄恢，自有傳。[2]

[1]大長秋：官名，宣達皇后旨意，領受皇帝詔命。魏晋南北朝時領諸宦者，管理宫闈。三品。大，殿本作“字”。

[2]紞兄恢，自有傳：中華本校勘記：“勞校：今本《晋書》無《恢傳》。”

史臣曰：夫立身之道，曰仁與義。動静既形，悔吝斯及。有莘之媵，[1]殊北門之情；[2]渭濱之叟，[3]匪西山之節。[4]湯武有以濟其功，夏殷不能譏其志。[5]王沉才經文武，早尸人爵，在魏參席上之珍，居晉爲幄中之士，桐宫之謀遽泄，[6]武闈之禍遂臻。[7]是知田光之口，[8]豈燕丹之可絶；[9]豫讓之形，[10]非智氏之能變。[11]動静之際，有據蒺藜，[12]仁義之方，求之彌遠矣。彭祖諷由捧雉，[13]孕本貿絲，因家乏主，遂登顯秩。擁北州之士馬，偶東京之糜沸，自可感召諸侯，宣力王室。而乘間伺隙，潛圖不軌，放肆獯虜，[14]遷播乘輿。遂使漳滏蕭然，[15]黎元塗地。縱貪夫於藏户，戮高士於燕垂，阻越石之内難，[16]邀世龍之外府。[17]惡稔毒痡，[18]坐致焚燎，假手仇敵，方申凶獷，慶封之戮，[19]慢罵何補哉！公曾，慈明之孫；景倩，文若之子，踐隆堂而高視，齊逸軌而長騖。[20]孝敬足以承親，周慎足以事主，刊姬公之舊典，[21]采蕭相之遺法。然而援朱均以貳極，[22]煽褒閻而偶震。[23]雖廢興有在，隆替靡常，稽之人事，乃二荀之力也。至於斗粟興謡，[24]逾里成咏，勖之階禍，又已甚焉。馮紞外騁戚施，内窮狙詐，揜佽安賈，交勖仇張，心滔楚費，[25]過逾晋伍。[26]爰絲獻壽，[27]空取慰於仁心，紞之陳説，幸收哀於迷慮，投畀之罰無聞，《青蠅》之詩不作矣。[28]

[1]有莘之媵：指伊尹，《史記》卷三《殷本紀》："伊尹名阿衡。阿衡欲干湯而無由，乃爲有莘氏媵臣，負鼎俎，以滋味説湯，致於王道。"媵臣，古代隨嫁的臣仆。

[2]北門之情：不得志的心情。《世説新語·言語》："李弘度常嘆不被遇。殷揚州知其家貧，問：'君能屈志百里不？'李答曰：'北門之嘆，久已上聞。窮猿奔林，豈暇擇木！'"劉孝標注："《衛

詩·北門》，刺仕不得志也。”

［3］渭濱之叟：指太公吕尚。《史記》卷三二《齊太公世家》：吕尚年老且貧，在渭水畔釣魚以等待明主發現。周文王將出獵，占卜，得知將得人才，乃出獵，果遇太公於渭之陽，與語大説，曰："自吾先君太公曰'當有聖人適周，周以興'。子真是邪？吾太公望子久矣。"故號之曰"太公望"，載與俱歸，立爲師。

［4］西山之節：指伯夷、叔齊餓死不食周粟之事。揚雄《法言·淵騫》："無仲尼，則西山餓夫、東國之絀臣惡乎聞。"

［5］譏：非議。

［6］桐宫之謀：桐宫，伊尹流放太甲的地方，借指被貶的帝王或幽禁帝王的地方。此處桐宫之謀指曹髦與王沉等密謀策劃反對司馬昭。

［7］武闈之禍遂臻：指曹髦在宫内被殺。

［8］田光：戰國時燕國人，處士，爲人深謀遠慮。通過鞠武推薦得識燕太子丹，並向太子丹推薦荆軻爲殺秦王嬴政的刺客。爲嚴守秘密，激勵荆軻，謀定後自刎而死。

［9］燕丹：戰國燕王喜太子，名丹，少時曾爲質於趙國，後質於秦，又從秦逃回燕國。時秦已並韓、趙，燕國危在旦夕。丹乃策劃刺殺秦王嬴政，失敗後被燕王喜斬首獻秦。

［10］豫讓：戰國初晋國人，初事范氏、中行氏，不得志。後轉投智氏，受智伯禮遇。後智伯爲趙襄子所殺，豫讓乃變姓名，行刺趙襄子，未果被捕，趙襄子義而釋之。爲報智伯知遇之恩，豫讓自毁形體，吞碳啞聲，再一次刺殺趙襄子，未果後自殺。

［11］智氏：春秋末期晋國内興起的勢力强大的六卿之一。曾與韓氏、趙氏、魏氏滅范氏和中行氏，瓜分其土地。後又爲韓、趙、魏所滅。

［12］蒺藜：一年生草本植物。果皮有尖刺。

［13］彭祖謁由捧雉：王浚是怎麽由賤而貴的。捧雉，古代士人相見的禮節。此意爲王浚由王沉的私生子變爲嗣子。

[14]獯虜：北方匈奴。

[15]漳：漳水，源出今山西省長子縣西，東流穿過太行山至河北省臨漳縣北。　滏：滏水，即今河北省磁縣境内的滏陽河。源出磁縣西北鼓山，東南流至臨漳縣西入漳河。

[16]越石：指劉琨。

[17]世龍：指石勒。

[18]惡稔毒痡：惡貫滿盈，荼毒殘害。

[19]慶封：一稱慶季。春秋時齊國大夫，字子家。齊莊公六年（前548）與崔杼謀殺齊莊公，立景公，任左相。後殺崔杼，專齊政。因與國内鮑、陳諸族發生矛盾，懼景公誅，出奔魯國，又投吴國。後被楚國滅族。

[20]齊逸軌而長騖：在實現高潔志向途中馳騁。

[21]刊姬公之舊典：修正先人之舊法。

[22]援朱均以貳極：指荀顗阿意苟合於荀勖、賈充。朱，丹朱，堯之子，不肖。均，商均，舜之子，不肖。

[23]煽褒閻而偶震：指荀顗勸武帝爲太子納賈充女之事。《漢書》卷九七下《外戚傳下·孝成班倢伃》："悲晨婦之作戒兮，哀褒閻之爲郵。"顔師古注："《小雅》刺幽王之詩曰：'赫赫宗周，褒姒滅之'，'閻妻煽方處'，故云爲郵。郵，過也。"《詩·小雅·十月之交》作"豔妻煽方處"。

[24]斗粟：喻兄弟不和或不相容。典出《史記》卷一一八《淮南衡山列傳》：漢文帝劉恒之弟淮南厲王劉長謀反失敗，被押解去蜀郡嚴道縣，在路上絶食而死，民間編了首歌謡："一尺布，尚可縫；一斗粟，尚可舂；兄弟二人不能相容。"

[25]心滔楚費：毒心過於楚國的費無忌。費，費無忌。春秋時楚國人，楚平王時爲太子建少師。進讒言使楚平王驅逐太子，殺死伍奢。

[26]過逾晋伍：行爲超過摧折伍氏家族。晋，摧殘。

[27]爰絲獻壽：用微不足道的東西作賀壽的禮物。比喻虚僞。

[28]《青蠅》之詩：即《詩·小雅·青蠅》，刺讒人亂國。

贊曰：處道文林，胡貳爾心？彭祖凶孽，自貽伊戚。[1]臨淮翼翼，[2]孝形于色。安陽英英，[3]匪懈其職。傾齊附魯，是爲蟊賊。[4]紞之不臧，[5]交亂罔極。

[1]自貽伊戚：語出《詩·小雅·小明》："心之憂矣，自詒伊戚。"指自尋煩惱、憂患。戚，宋本作"滅"。

[2]翼翼：恭敬謹慎。

[3]英英：英俊有才。

[4]蟊賊：食禾稼的兩種害蟲。多比喻危害人民和國家的壞人。

[5]不臧：不善，不良。

晋書　卷四〇

列傳第十

賈充 孫謐 充弟混 族子模 郭彰　楊駿 弟珧 濟

賈充

賈充，字公閭，平陽襄陵人也。[1]父逵，[2]魏豫州刺史、陽里亭侯。[3]逵晚始生充，言後當有充閭之慶，故以爲名字焉。

[1]平陽：郡名，治所在平陽縣（今山西省臨汾市西南）。襄陵：縣名，治所在今山西省臨汾市東南。

[2]逵：賈逵，三國時河東襄陵（今山西省臨汾市東南）人，字梁道。歷任澠池令、弘農太守、丞相主簿、諫議大夫、豫州刺史等職。在豫州興修水利惠民，死後吏民追思之，爲其刻石立祠。

[3]豫州：古九州之一。西漢武帝十三部刺史之一。三國魏治所在安城縣（今河南省正陽縣東北南汝河西南岸），西晋時移治陳縣（今河南省周口市淮陽區）。東晋咸和中僑置兗州，治所先後在蕪湖、牛渚、姑孰、壽春等地。下僑置襄城、淮南、晋熙等郡。

充少孤，居喪以孝聞。襲父爵爲侯。拜尚書郎，[1]典定科令，兼度支考課。[2]辯章節度，事皆施用。累遷黄門侍郎、汲郡典農中郎將。[3]參大將軍軍事，[4]從景帝討毌丘儉、文欽於樂嘉。[5]帝疾篤，還許昌，[6]留充監諸軍事，[7]以勞增邑三百五十户。

[1]尚書郎：官名。東漢之制，取孝廉中之有才能者入尚書臺，在皇帝左右處理政務，初入臺稱守尚書郎中，滿一年稱尚書郎，滿三年稱侍郎。魏晋以後尚書各曹有侍郎、郎中等官，綜理職務，通稱爲尚書郎。六品。

[2]度支：規劃計算朝廷開支。　考課：依據一定標準對官員政績進行考核。

[3]黄門侍郎：官名，魏晋時爲侍中省或門下省次官。侍從皇帝，顧問應對，多以重臣或外戚子弟擔任，位頗重要。五品。　汲郡：西晋始置，治所在汲縣（今河南省衛輝市西南）。　典農中郎將：官名，簡稱典農，掌管屯田事務、管理所部吏民，相當於郡守。六品。

[4]參大將軍軍事：參謀大將軍府軍事。

[5]毌丘儉：三國時河東聞喜（今山西省聞喜縣東北）人，字仲恭。歷任曹魏尚書郎、羽林監、洛陽典農、荆州刺史、幽州刺史等職。後舉兵反司馬師，兵敗被殺。　文欽：三國時譙郡（今安徽省亳州市）人，字仲若。歷任曹魏牙門將、廬江太守、揚州刺史等職。後與毌丘儉起兵反對司馬師，兵敗投降孫吴，任孫吴鎮北大將軍。　樂嘉：縣名，治所在今河南省項城市南頓鎮。

[6]許昌：縣名，治所在許昌城（今河南省許昌市東）。

[7]監諸軍事：征討毌丘儉大軍的軍政長官。

後爲文帝大將軍司馬，[1]轉右長史。[2]帝新執朝權，恐方鎮有異議，使充詣諸葛誕，[3]圖欲伐吴，陰察其變。充既論説時事，因謂誕曰："天下皆願禪代，君以爲如何？"[4]誕厲聲曰："卿非賈豫州子乎，世受魏恩，豈可欲以社稷輸人乎！若洛中有難，吾當死之。"充默然。及還，白帝曰："誕再在揚州，[5]威名夙著，能得人死力。觀其規略，爲反必也。今徵之，反速而事小；不徵，事遲而禍大。"帝乃徵誕爲司空，[6]而誕果叛。復從征誕，充進計曰："楚兵輕而鋭，若深溝高壘以逼賊城，可不戰而克也。"帝從之。城陷，帝登壘以勞充。帝先歸洛陽，使充統後事。進爵宣陽鄉侯，增邑千户。[7]遷廷尉，[8]充雅長法理，有平反之稱。

[1]大將軍司馬：官名，大將軍府的高級幕僚。參讚軍務、管理府内武職，位次於長史。六品。

[2]右長史：官名，大將軍府置長史，分左、右，領府中各曹。六品。

[3]諸葛誕：三國時琅邪陽都（今山東省沂南縣南）人，字公休。歷任曹魏滎陽令、御史中丞、尚書、揚州刺史、鎮東將軍、鎮南將軍、征東大將軍等職。後起兵反司馬昭，兵敗被殺。

[4]如何：殿本乙作"何如"。

[5]誕再在揚州：殿本無"再"字。

[6]司空：官名，魏晋南北朝爲名譽宰相，多爲大臣加官。晋八公之一，位在三公之末。一品。

[7]千户：宋本作"三千户"。

[8]廷尉：官名，中央最高司法審判機構長官，負責會審朝中有罪文武大臣，覆核審决郡國疑獄等。三品。

轉中護軍,[1]魏高貴鄉公之攻相府也,[2]充率衆距戰於南闕。軍將敗，騎督成倅弟太子舍人濟謂充曰:[3]“今日之事如何?”充曰:“公等養汝,[4]正擬今日，復何疑!”濟於是抽戈犯蹕。[5]及常道鄉公即位,[6]進封安陽鄉侯，增邑千二百户，統城外諸軍,[7]加散騎常侍。[8]

[1]中護軍：官名，掌武官選舉，與中領軍同掌禁軍。曹魏時四品，西晋時三品。

[2]魏高貴鄉公：曹髦，字彦士，曹丕孫。曹芳被廢後立爲帝。後爲司馬昭部下成濟所殺。殿本無“魏”字。

[3]太子舍人：官名，掌行書令、表啓等。初隸太子太傅、太子少傅，後隸太子詹事。七品。

[4]公等養汝：中華本校勘記:“當作‘公養汝等’。《魏志·高貴鄉公紀》注引《漢晋春秋》作‘畜養汝等’，干寶《晋紀》作‘公畜養汝等’，並可證。”

[5]犯蹕：冲犯皇帝車駕。

[6]常道鄉公：即曹奂，原名璜。三國魏皇帝，260年即位，264年被廢爲陳留王。

[7]統城外諸軍：原本無“外”字，宋本作“統外諸軍”，殿本作“統城外諸軍”，據殿本改。

[8]散騎常侍：官名，三國魏文帝黄初年間置，侍從皇帝左右，諫諍得失，顧問應對，與侍中等共平尚書奏事。也用作宰相、諸公等加官，入宫議政。三品。

鍾會謀反於蜀,[1]帝假充節,[2]以本官都督關中隴右諸軍事,[3]西據漢中,[4]未至而會死。時軍國多事，朝廷機密，皆與籌之。帝甚信重充，與裴秀、王沉、羊祜、荀勖同受腹心之任。[5]帝又命充定法律。假金章，[6]賜甲第一區。五等初建，封臨沂侯，爲晋元勛，深見寵異，禄賜常優於群官。

[1]鍾會：三國時潁川長社（今河南省長葛市東）人，字士季。鍾繇之子。歷任秘書郎、尚書郎、中書侍郎、黄門侍郎、司隸校尉等職。破蜀後因與姜維謀叛，失敗被殺。

[2]假充節：假賈充以節杖。賈充臨時持節出巡，爲掌軍、秉政的地位象徵和政治待遇。

[3]都督關中隴右諸軍事：關中、隴右地區最高軍事行政長官。

[4]漢中：郡名，治所在南鄭縣（今陝西省漢中市）。

[5]裴秀：字季彦，本書卷三五有傳。　王沉：字處道，本書卷三九有傳。　羊祜：字叔子，本書卷三四有傳。　荀勖：字公曾，本書卷三九有傳。

[6]假金章：授予金質官印。

充有刀筆才，能觀察上旨。初，文帝以景帝恢贊王業，方傳位於舞陽侯攸。[1]充稱武帝寬仁，且又居長，有人君之德，宜奉社稷。及文帝寢疾，武帝請問後事。文帝曰："知汝者賈公閭也。"帝襲王位，拜充晋國衛將軍、儀同三司、給事中，[2]改封臨潁侯。及受禪，充以建明大命，轉車騎將軍、散騎常侍、尚書僕射，[3]更封魯郡公，母柳氏爲魯國太夫人。

[1]舞陽侯攸：司馬攸，字大猷，本書卷三八有傳。

[2]衛將軍：官名，魏晋時位在名號將軍之上，多爲軍府名號，加給大臣、重要州郡長官。二品，開府位從公者一品。　儀同三

司：官名，三國魏始置。爲大臣加號，意謂與太尉、司徒、司空三司待遇相同。　給事中：官名，爲加官，所加爲三公、將軍、中書監令、博士、郎等。常侍從皇帝左右，諫諍糾彈，爲中朝要職。以上衛將軍、儀同三司、給事中名爲晋國之官，實爲朝廷之官。五品。

[3]車騎將軍：官名，魏晋南北朝時位次於驃騎將軍，在諸名號將軍之上，多作爲軍府名號，以加授大臣及重要州郡長官。二品，開府位從公者一品。　尚書僕射：官名，秦漢爲尚書令副貳，東漢建安四年（199）分置左、右，爲尚書省次官。三品。

充所定新律既班於天下，百姓便之。詔曰："漢氏以來，法令嚴峻。故自元成之世，[1]及建安、嘉平之間，[2]咸欲辯章舊典，删革刑書。述作體大，歷年無成。先帝愍元元之命陷於密網，親發德音，釐正名實。車騎將軍賈充，獎明聖意，諮詢善道。太傅鄭冲，[3]又與司空荀顗、中書監荀勖、中軍將軍羊祜、中護軍王業，[4]及廷尉杜友、守河南尹杜預、散騎侍郎裴楷、潁川太守周雄、齊相郭頎、騎都尉成公綏、荀煇、尚書郎柳軌等，[5]典正其事。朕每鑒其用心，常慨然嘉之。今法律既成，始班天下，刑寬禁簡，足以克當先旨。昔蕭何以定律受封，[6]叔孫通以制儀爲奉常，[7]賜金五百斤，弟子皆爲郎。夫立功立事，古之所重。自太傅、車騎以下，皆加禄賞，其詳依故典。"於是賜充子弟一人關内侯，絹五佰匹。[8]固讓，不許。

[1]元成之世：西漢元帝、成帝時。

[2]建安：漢獻帝年號。　嘉平：三國魏齊王曹芳的年號。

［3］太傅：官名，晋爲八公之一。位上公，太宰之下、太保之上。一品。　鄭冲：字文和，本書卷三三有傳。

［4］荀顗：字景倩，本書卷三九有傳。　中書監：官名，中書省長官之一。三國魏文帝初年分秘書置中書省，長官爲中書監、中書令。掌收納奏章、草擬詔令。平常不分高下，入朝時監略高於令。三品。　中軍將軍：官名，西晋時統左右衛、前後左右驍騎等宿衛七營禁軍，主管京師及朝廷警衛。泰始四年（268）罷，置北軍中候代其職。後爲將軍名號，與鎮軍將軍、撫軍將軍並爲三名號將軍，不統禁兵。三品。　王業：武陵（今湖南省常德市）人，後爲晋中護軍。

［5］杜友：西晋人，歷任尚書、廷尉、冀州刺史等職。　守：暫時署理職務。多指官階低而署理較高的官職。　河南尹：官名，京都洛陽所在河南郡長官，主管京都事務。三品。　杜預：字元凱，本書卷三四有傳。　散騎侍郎：官名，三國魏置。隸屬散騎省，侍從皇帝左右，顧問應對，諫諍拾遺，與散騎常侍、侍中等共平尚書奏事。五品。　裴楷：字叔則，本書卷三五有傳。　潁川：郡名，治所在許昌縣（今河南省許昌市東）。　齊：封國名，治所在臨淄縣（今山東省淄博市臨淄區）。　相：官名，郡國相，也稱内史。五品。　騎都尉：官名，最高位領騎兵之武職，不領兵時爲侍衛武官。因親近皇帝，多以侍中兼任。與奉車都尉、駙馬都尉並爲三都尉。六品。　成公綏：字子安，本書卷九二有傳。　荀煇：中華本校勘記："《刑法志》載定新律者十四人，無荀煇；《御覽》六三七引、《册府》六一〇亦無此人。《魏志·荀彧傳》注引《荀氏家傳》煇曾與充定音律。"

［6］蕭何：秦末泗水沛縣豐邑（今江蘇省沛縣）人。隨劉邦起兵反秦。楚漢戰争中，留守關中，爲前綫籌集糧草。劉邦稱帝後，因功高封鄺侯。助吕后誅除韓信，封相國。劉邦死後復事惠帝，死前推薦曹參繼任。

［7］叔孫通：秦末薛（今山東省滕州市南）人，初爲秦博士。

從項梁項羽反秦，後投劉邦。西漢建立後，與弟子采古禮與秦儀共建朝禮。後陸續制定一系列禮儀制度。　奉常：官名，即太常。漢代稱奉常，本掌禮樂宗廟、社稷祭祀，魏晋時此職掌歸尚書裁定，太常成爲閑職。三品。

[8]佰：通“伯”，即“百”。

後代裴秀爲尚書令，[1]常侍、車騎將軍如故。尋改常侍爲侍中，[2]賜絹七百匹。以母憂去職，詔遣黄門侍郎慰問。又以東南有事，遣典軍將軍楊囂宣諭，[3]使六旬還内。

[1]尚書令：官名，秦漢時爲尚書署長官。秩位雖低，權力甚重。魏晋時沿置，爲尚書省長官，綜理全國政務，參議大政，爲高級政務長官。三品。

[2]侍中：官名，東漢建安中與給事黄門侍郎出入禁中，省尚書事。曹魏時爲門下之侍中省長官。常侍衛皇帝左右，掌顧問應對、諫諍糾察、平議奏事、駁奏異議等，權力甚重。三品。

[3]典軍將軍：官名，西晋置，掌宿衛禁軍，有時亦奉遣宣傳詔命。

充爲政，務農節用，并官省職，帝善之。又以文武異容，求罷所領兵。及羊祜等出鎮，充復上表欲立勛邊境，帝並不許。從容任職，褒貶在己，頗好進士，每有薦達，必終始經緯之，[1]是以士多歸焉。帝舅王恂嘗毁充，[2]而充更進恂。或有背充以要權貴者，充皆陽以素意待之。[3]而充無公方之操，不能正身率下，專以諂媚取容。

[1]終始：殿本乙作“始終”。

[2]王恂：字良夫，本書卷九三有傳。

[3]陽以素意待之：表面上以舊時之意待之。

侍中任愷、中書令庾純等剛直守正，[1]咸共疾之。又以充女爲齊王妃，懼後益盛。及氐羌反叛，[2]時帝深以爲慮，愷因進説，請充鎮關中。乃下詔曰：“秦涼二境，[3]比年屢敗，胡虜縱暴，百姓荼毒。遂使異類扇動，害及中州。雖復吴蜀之寇，未嘗至此。誠由所任不足以内撫夷夏，外鎮醜逆，輕用其衆而不能盡其力。非得腹心之重，推轂委成，[4]大匡其弊，恐爲患未已。每慮斯難，忘寢與食。侍中、守尚書令、車騎將軍賈充，雅量弘高，達見明遠，武有折衝之威，[5]文懷經國之慮，信結人心，名震域外。使權統方任，綏静西夏，則吾無西顧之念，而遠近獲安矣。其以充爲使持節、都督秦涼二州諸軍事，[6]侍中、車騎將軍如故，假羽葆、鼓吹，[7]給第一駙馬。”朝之賢良欲進忠規獻替者，皆幸充此舉，望隆惟新之化。

[1]任愷：字元褒，本書卷四五有傳。　中書令：官名，掌收納尚書奏事、傳達皇帝詔旨。三國魏文帝初年分秘書置中書省，設中書監和中書令。職權甚重。三品。　庾純：字謀甫，本書卷五〇有傳。

[2]氐羌：氐族和羌族，古代生活在西北地區的少數民族。

[3]秦：秦州，治所在冀縣（今甘肅省甘谷縣東）。　涼：涼州，東漢時治所在隴縣（今甘肅省張家川回族自治縣），三國魏時移治姑臧縣（今甘肅省武威市）。

［4］推轂：古代帝王任命將帥時的隆重禮儀。

［5］折衝：摧折敵人戰車。即制敵取勝。

［6］使持節：漢朝官吏奉使外出時，或由皇帝授予節杖，以提高其權力。魏晋以後，凡重要軍事長官出征或出鎮，加使持節，可誅殺二千石以下官員。　都督秦凉二州諸軍事：上述二州最高軍事行政長官。

［7］羽葆：帝王儀仗中以鳥羽聯綴爲飾的華蓋。　鼓吹：帝王及高級官員儀仗中的樂隊，由管樂和打擊樂器組成，常用來賜予有軍功的高級武官。

充既外出，自以爲失職，深銜任愷，計無所從。將之鎮，百僚餞于夕陽亭，荀勖私焉。充以憂告，勖曰："公，國之宰輔，而爲一夫所制，不亦鄙乎！[1]然是行也，辭之實難。獨有結婚太子，不頓駕而自留矣。"充曰："然。孰可寄懷？"對曰："勖請言之。"俄而侍宴，論太子婚姻事，勖因言充女才質令淑，宜配儲宫。而楊皇后及荀顗亦並稱之。[2]帝納其言。會京師大雪，平地二尺，軍不得發。既而皇儲當婚，遂不西行。詔充居本職。先是羊祜密啓留充，及是，帝以語充。充謝祜曰："始知君長者。"

［1］不亦鄙乎：難道不引以爲恥辱嗎？

［2］楊皇后：楊芷，字季蘭，本書卷三一有傳。

時吴將孫秀降，[1]拜爲驃騎大將軍。[2]帝以充舊臣，欲改班，[3]使車騎居驃騎之右。充固讓，見聽。尋遷司空，侍中、尚書令、領兵如故。

[1]孫秀：西晋吴郡富春（今浙江省杭州市富陽區）人，字彦才，孫權弟。歷任前將軍、夏口督等職。受孫皓猜疑，率全家投奔西晋，任驃騎大將軍，封會稽公。

[2]驃騎大將軍：官名，魏晋制度，驃騎將軍爲重號將軍，僅次於大將軍，高於諸名號將軍，本不需加“大”字，然兩晋時將軍名號越授越濫，遂又增置此號，居諸名號將軍之首。二品，開府位從公者一品。

[3]班：官位等級。

會帝寢疾，充及齊王攸、荀勖參醫藥。及疾愈，賜絹各五百匹。初，帝疾篤，朝廷屬意於攸。河南尹夏侯和謂充曰：[1]“卿二女婿，親疏等耳，立人當立德。”充不答。及是，帝聞之，徙和光禄勛，[2]乃奪充兵權，而位遇無替。尋轉太尉、行太子太保、録尚書事。[3]咸寧三年，日蝕於三朝，[4]充請遜位，不許。更以沛國之公丘益其封，[5]寵倖愈甚，朝臣咸側目焉。

[1]夏侯和：西晋人，歷任河南尹、光禄勛。

[2]光禄勛：官名，侍從皇帝左右，掌宫廷宿衛。西晋時兼掌原屬少府的一部分宫廷供御事務。三品。

[3]太尉：官名，曹操爲丞相後，太尉府屬官歸相府，晋時太尉雖爲八公之一、三公之首，實爲名譽宰相，多爲大臣加官。一品。　行：兼攝官職。　太子太保：官名，東宫三師之一，位居太子太師、太子太傅下，品秩同太子太師。三品。　録尚書事：官名，初爲職銜名，重臣加此名義始得總知國事，綜理政務，成爲真宰相。魏晋多以公卿權重者居之，總領尚書省政務，凡重號將軍、刺史皆得命曹授用，位在三公之上。

[4]日蝕：殿本作“日食”。

[5]沛國：三國魏時治所在沛縣（今江蘇省沛縣），西晋時治所在相縣（今安徽省濉溪縣西北）。　公丘：縣名，治所在今山東省滕州市故滕城。

河南尹王恂上言："弘訓太后入廟，合食於景皇帝，齊王攸不得行其子禮。"充議以爲："禮，諸侯不得祖天子，[1]公子不得禰先君，[2]皆謂奉統承祀，非謂不得復其父祖也。攸身宜服三年喪事，自如臣制。"有司奏："若如充議，服子服，行臣制，未有前比。宜如恂表，攸喪服從諸侯之例。"帝從充議。

[1]諸侯不得祖天子：分封的諸侯不得以天子爲始祖。

[2]公子不得禰先君：諸侯之庶子不得爲諸侯立廟。禰先君，爲死去的父親立廟。公子，諸侯庶子。

伐吴之役，詔充爲使持節、假黄鉞、大都督，[1]總統六師，[2]給羽葆、鼓吹、緹幢、兵萬人、騎二千，[3]置左右長史、司馬、從事中郎，[4]增參軍、騎司馬各十人，[5]帳下司馬二十人，大車、官騎各三十人。充慮大功不捷，表陳"西有昆夷之患，[6]北有幽并之戍，天下勞擾，年穀不登，興軍致討，懼非其時。又臣老邁，非所克堪"。詔曰："君不行，吾便自出。"充不得已，乃受節鉞，將中軍，爲諸軍節度，以冠軍將軍楊濟爲副，[7]南屯襄陽。[8]吴江陵諸守皆降，[9]充乃徙屯項。[10]

[1]假黄鉞：假以黄鉞。黄鉞即飾以黄金的斧鉞，爲皇帝儀仗。

賜予出征重臣，以示威重，令其專主征伐。　大都督：官名，高級軍事長官。三國初作爲加官於戰時臨時設置，後逐漸成爲常設加官官職，地位極高。

［2］六師：天子所統軍隊。

［3］緹幢：儀仗中赤黄色帛制的旗幟。

［4］左右長史：官名，大都督府置長史，分左、右，領府中各曹。六品。　司馬：官名，大都督府的高級幕僚。參讚軍務、管理府内武職，位次於長史。六品。　從事中郎：官名，東漢時爲大將軍屬官，地位較高。三國時爲將軍府或公府屬官。六品。此爲大都督府從事中郎。

［5］參軍：官名，亦作參軍事，謂參謀軍事。兩晋公府、軍府皆置。　騎司馬：官名，大都督府的幕僚，參讚軍務。

［6］昆夷：泛指西北地區的少數民族。

［7］冠軍將軍：官名，曹魏、孫吴、西晋皆置。西晋時領營兵。三品。

［8］襄陽：郡名，東漢建安十三年（208）置，治所在襄陽縣（今湖北省襄陽市），西晋時移治宜城縣（今湖北省宜城市南）。

［9］江陵：縣名，治所在今湖北省江陵縣。

［10］項：縣名，治所在今河南省沈丘縣。

王濬之克武昌也，[1]充遣使表曰：“吴未可悉定，方夏，[2]江淮下濕，疾疫必起，宜召諸軍，以爲後圖。雖腰斬張華，[3]不足以謝天下。”華豫平吴之策，故充以爲言。中書監荀勖奏，宜如充表。帝不從。杜預聞充有奏，馳表固争，言平在旦夕。使及至轘轅，[4]而孫皓已降。吴平，軍罷。帝遣侍中程咸犒勞，賜充帛八千匹，增邑八千户；分封從孫暢新城亭侯，蓋安陽亭侯；弟陽里亭侯混、從孫關内侯衆增户邑。

[1]王濬：字士治，本書卷四二有傳。　武昌：郡名，治所在武昌縣（今湖北省鄂州市鄂城區）。

[2]方夏：正值夏天。

[3]張華：字茂先，本書卷三六有傳。

[4]轘轅：轘轅關，位於今河南省偃師市東南轘轅山上，歷代爲控扼要地。

充本無南伐之謀，固諫不見用。及師出而吴平，大慚懼，議欲請罪。帝聞充當詣闕，豫幸東堂以待之。[1]罷節鉞、僚佐，仍假鼓吹、麾幢。充與群臣上告成之禮，[2]請有司具其事。帝謙讓不許。

[1]東堂：太極殿的東堂。

[2]告成：祭告宗廟完成功業的禮儀。

及疾篤，上印綬遜位。帝遣侍臣諭旨問疾，殿中太醫致湯藥，賜床帳錢帛，自皇太子宗室躬省起居。太康三年四月薨，時年六十六。帝爲之慟，使使持節、太常奉策追贈太宰，加衮冕之服、緑綟綬、御劍，[1]賜東園秘器、朝服一具、衣一襲，[2]大鴻臚護喪事，[3]假節鉞、前後部羽葆、鼓吹、緹麾，大路、鑾路、輼輬車、帳下司馬大車，[4]椎斧文衣武賁、輕車介士。[5]葬禮依霍光及安平獻王故事，[6]給塋田一頃。與石苞等爲王功配饗廟庭，[7]謚曰武。追贈充子黎民爲魯殤公。

[1]衮冕之服：古代帝王及上公穿的繪有捲龍的禮服。《周禮·春官·司服》："享先王則衮冕。"鄭玄注引鄭司農曰："衮，卷

龍衣也。”　緑綟綬：一种黑黄而近绿色的絲帶。古代丞相以上官吏用作印綬。《東觀漢記·百官表》：“印綬：漢制，公侯紫綬，九卿青綬。建武元年，復設諸侯王金璽綟綬。”

[2]東園秘器：東園所造棺材。《漢書》卷九三《佞幸·董賢傳》：“及至東園秘器，珠襦玉柙，豫以賜賢，無不備具。”顔師古注引《漢舊儀》：“東園秘器作棺梓，素木長二丈，崇廣四尺。”東園，官署名。秦漢置。掌管陵墓内器物、葬具的製造與供應，屬少府。

[3]大鴻臚：官名，九卿之一，掌賓客迎送接待、贊襄引導朝會百官等。三品。

[4]輼輬車：古代卧車。《史記》卷八七《李斯列傳》裴駰集解引孟康曰：“如衣車，有窗牖，閉之則温，開之則涼，故名之‘輼輬車’也。”漢以後多用作喪車。《漢書》卷六八《霍光傳》顔師古注：“輼輬本安車也，可以卧息。後因載喪，飾以柳翣，故遂爲喪車耳。輼者密閉，輬者旁開窗牖，各别一乘，隨事爲名。後人既專以載喪，又去其一，總爲藩飾，而合二名呼之耳。”

[5]椎斧文衣武賁：持錘和斧、身着有紋飾衣服的隨從侍衛。武，應爲“虎”，唐人避諱改。

[6]霍光：西漢河東平陽（今山西省臨汾市西南）人，字子孟，霍去病異母弟。爲武帝所親信，武帝臨終，任其爲大司馬大將軍，封博陸侯，與金日磾等人輔佐少主。昭帝繼位後，誅除上官桀，先立後廢昌邑王劉賀，專擅朝政前後長達二十年。期間輕徭薄賦，與民休息，社會較安定。

[7]石苞：字仲容，本書卷三三有傳。

充婦廣城君郭槐，性妒忌。初，黎民年三歲，乳母抱之當閤。黎民見充入，喜笑，充就而拊之。槐望見，謂充私乳母，即鞭殺之。黎民戀念，發病而死。後又有生男，過期，復爲乳母所抱，充以手摩其頭。郭疑乳母，又殺之，兒亦思慕而死。充遂無胤嗣。

及薨，槐輒以外孫韓謐爲黎民子，奉充後。郎中令韓咸、中尉曹軫諫槐曰：[1]"禮，大宗無後，以小宗支子後之，無異姓爲後之文。無令先公懷腆后土，[2]良史書過，豈不痛心。"槐不從。咸等上書求改立嗣，事寢不報。槐遂表陳是充遺意。帝乃詔曰："太宰、魯公充，崇德立勛，勤勞佐命，背世殂隕，每用悼心。又胤子早終，世嗣未立。古者列國無嗣，取始封支庶，以紹其統，而近代更除其國。至於周之公旦，漢之蕭何，或豫建元子，或封爵元妃，蓋尊顯勛庸，[3]不同常例。太宰素取外孫韓謐爲世子黎民後。吾退而斷之，外孫骨肉至近，推恩計情，合於人心。其以謐爲魯公世孫，以嗣其國。自非功如太宰，始封無後如太宰，所取必以己自出不如太宰，[4]皆不得以爲比。"

[1]郎中令：官名，王國公侯屬官，魏晋爲王國中的三卿之一。六品。　中尉：官名，王國軍事長官，與郎中令、大農並號三卿，以典兵爲職，品秩隨王國地位而定。六品。

[2]懷腆：羞對。

[3]勛庸：功勛。

[4]所取必以己自出不如太宰：中華本校勘記："'不'字疑衍。'所取必以己自出'者，謂立謐出自充意，即上文'太宰素取外孫韓謐爲世子黎民後'也。《秦秀傳》正無'不'字可證。"

及下禮官議充謚，博士秦秀議謚曰荒，[1]帝不納。

博士段暢希旨，[2]建議謚曰武，帝乃從之。自充薨至葬，賻賜二千萬。[3]惠帝即位，賈后擅權，加充廟備六佾之樂，[4]母郭爲宜城君。及郭氏亡，謚曰宣，特加殊禮。時人譏之，而莫敢言者。

[1]博士：官名，此爲太常博士。秦漢時博士名義上屬太常，備諮詢顧問。魏晋時由於國子博士、太學博士專掌經學傳授，參議禮儀制度，遂别置太常博士，掌引導乘輿，擬議王公以下謚號，參議朝廷禮儀典章。六品。　秦秀：字玄良，本書卷五〇有傳。　議謚曰荒：《逸周書·謚法解》："外内從亂曰荒，好樂怠政曰荒。"

[2]希旨：迎合在上者旨意。

[3]賻：辦喪事用的財物。

[4]六佾：周諸侯所用樂舞之格局。六列，每列六人，共三十六人。

初，充前妻李氏淑美有才行，生二女褒、裕，褒一名荃，裕一名濬。父豐誅，[1]李氏坐流徙。後娶城陽太守郭配女，[2]即廣城君也。武帝踐阼，[3]李以大赦得還，帝特詔充置左右夫人，充母亦敕充迎李氏。郭槐怒，攘袂數充曰："刊定律令，爲佐命之功，我有其分。李那得與我並！"充乃答詔，託以謙冲，不敢當兩夫人盛禮，實畏槐也。而荃爲齊王攸妃，欲令充遣郭而還其母。時沛國劉含母，及帝舅羽林監王虔前妻，[4]皆毌丘儉孫女。此例既多，質之禮官，俱不能决。雖不遣後妻，多異居私通。充自以宰相爲海内準則，乃爲李築室於永年里而不往來。荃、濬每號泣請充，充竟不往。會充當鎮關右，公卿供帳祖道，[5]荃、濬懼充遂去，乃排幔出於坐中，叩頭流血，白充及群僚陳母應還之意。[6]衆以荃王妃，皆驚起而散。充甚愧愕，遣黄門將宫人扶去。[7]既而郭槐女爲皇太子妃，帝乃下詔斷如李比皆不得還，後荃憤恚而薨。[8]

[1]豐：李豐，三國魏馮翊（今陝西省大荔縣）人，字安國。歷任曹魏騎都尉、給事中、侍中、尚書僕射、中書令等職。因謀誅司馬師未遂被殺。

[2]城陽：郡國名，治所在莒縣（今山東省莒縣）。

[3]踐阼：阼，殿本作"祚"。

[4]羽林監：官名，東漢置羽林左右監，三國魏不分左右，衹置一監，領營兵，掌宿衛。五品。　王虔：字恭祖，本書卷九三有傳。

[5]祖道：爲出行者祭祀路神，並飲宴送行。

[6]白：殿本作"向"。

[7]黄門：官名，宫中小黄門、中黄門、黄門令統稱，均爲宦官。

[8]憤恚：殿本乙作"恚憤"。

初，槐欲省李氏，充曰："彼有才氣，卿往不如不往。"及女爲妃，槐乃盛威儀而去。既入户，李氏出迎，槐不覺脚屈，因遂再拜。自是充每出行，槐輒使人尋之，恐其過李也。初，充母柳見古今重節義，竟不知充與成濟事，以濟不忠，數追罵之。侍者聞之，無不竊笑。及將亡，充問所欲言，柳曰："我教汝迎李新婦尚不肯，安問他事！"遂無言。及充薨後，李氏二女乃欲令其母祔葬，[1]賈后弗之許也。及后廢，李氏乃得合葬。李氏作《女訓》行於世。

[1]李氏二女：氏，原本、宋本作“郭”，殿本作“氏”，據殿本、中華本校勘記改。

謐，字長深。[1]母賈午，充少女也。父韓壽，字德真，南陽堵陽人，[2]魏司徒暨曾孫。[3]美姿貌，善容止，賈充辟爲司空掾。[4]充每讌賓僚，其女輒於青瑣中窺之，[5]見壽而悦焉。問其左右識此人不，有一婢説壽姓字，云是故主人。女大感想，發於寤寐。婢後往壽家，具説女意，并言其女光麗艷逸，端美絶倫。壽聞而心動，便令爲通殷勤。[6]婢以白女，女遂潛修音好，厚相贈結，呼壽夕入。[7]壽勁捷過人，逾垣而至，家中莫知，惟充覺其女悦暢異於常日。時西域有貢奇香，一著人則經月不歇，帝甚貴之，惟以賜充及大司馬陳騫。[8]其女密盗以遺壽，充僚屬與壽燕處，聞其芬馥，稱之於充。自是充意知女與壽通，而其門閣嚴峻，不知所由得入。乃夜中陽驚，託言有盗，因使循墻以觀其變。左右白曰：“無餘異，惟東北角如狐狸行處。”充乃考問女之左右，具以狀對。充秘之，遂以女妻壽。壽官至散騎常侍、河南尹。元康初卒，贈驃騎將軍。[9]

[1]長深：中華本校勘記：“《斠注》：《書鈔》五七、《文選·答賈長淵詩》注引王隱《晋書》均作‘長淵’，唐諱‘淵’改‘深’。”

[2]南陽：郡名，治所在宛縣（今河南省南陽市）。　堵陽：縣名，治所在今河南省方城縣東。

[3]司徒：官名，西漢哀帝元壽二年（前1）改丞相爲大司徒，東漢光武帝時改名爲司徒，東漢末又改爲丞相。三國魏恢復三公制，改丞相爲司徒，管理民政。兩晋沿制，爲八公之一，在太尉之下、司空之上。與丞相通職，一般不並置，爲名譽宰相。一品。　暨：韓暨，三國時南陽堵陽（今河南省方城縣東）人，字公至。任劉表宜城長。曹操占荆州後，任曹操丞相士曹屬、監冶謁者。改造冶鑄鼓風設備，功用提高三倍。加司金都尉。官至太常、司徒。宋本“暨”字下有小字夾文“一作及”三字。

[4]司空掾：司空府屬官。

[5]青瑣：窗户上刻鏤的格子。

[6]殷勤：心意。

[7]呼壽夕入：呼，宋本作“乎”。

[8]大司馬：官名，八公之一，位在上公之下、大將軍及三公之上，高級將帥，多爲大臣加官。一品。　陳騫：《世説新語·方正》注引《晋陽秋》：“騫字休淵。”本書卷三五有傳。

[9]驃騎將軍：官名，東漢以後居諸名號將軍之首，僅作爲軍府名號加授大臣或重要州郡長官。二品，開府位從公者一品。

謐好學，有才思。既爲充嗣，繼佐命之後，又賈后專恣，謐權過人主，至乃鎖繫黄門侍郎，其爲威福如此。負其驕寵，奢侈逾度，室宇崇僭，器服珍麗，歌僮舞女，選極一時。開閣延賓，海内輻湊，貴游豪戚及浮競之徒，莫不盡禮事之。或著文章稱美謐，以方賈誼。[1]渤海石崇、歐陽建，滎陽潘岳，吴國陸機、陸雲，蘭陵繆徵，京兆杜斌、摯虞，琅邪諸葛詮，弘農王粹，襄城杜育，南陽鄒捷，齊國左思，清河崔基，沛國劉瓌，汝南和郁、周恢，安平牽秀，潁川陳眕，太原郭彰，高陽許猛，彭城劉訥，中山劉輿、劉琨，皆傅會於謐，[2]號曰“二十四友”，其餘不得豫焉。

[1]賈誼：西漢洛陽（今河南省洛陽市）人。文帝時爲博士，後遷至太中大夫。建議改正朔、定官名、興禮樂、削藩王。因大臣周勃、灌嬰等譖毁，被貶爲長沙王太傅。

[2]渤海：郡名，西漢始置，西晋治所在南皮縣（今河北省南皮縣東北）。　石崇：字季倫，本書卷三三有傳。　歐陽建：西晋渤海南皮（今河北省南皮縣北）人，字堅石，石崇外甥。在玄學方面主張“言盡意”，與王弼等人的“言不盡意”相左。　滎陽：郡名，治所在滎陽縣（今河南省滎陽市東北）。　潘岳：字安仁，本書卷五五有傳。　吴國：郡國名，治所在吴縣（今江蘇省蘇州市）。　陸機：字士衡，本書卷五四有傳。　陸雲：字士龍，本書卷五四有傳。　蘭陵：郡名，治所在氶縣（今山東省棗莊市嶧城區）。　繆徵：中華本校勘記：“《斠注》：《張軌傳》有秘書監繆世徵，唐諱‘世’，故但稱‘繆徵’。”　京兆：郡名，治所在長安縣（今陝西省西安市西北）。　杜斌：杜，宋本作“社”。　摯虞：字仲治，本書卷五一有傳。　琅邪：封國名，治所在今山東省臨沂市。　諸葛詮：諸葛銓，字德林。中華本校勘記：“《懷紀》《諸葛夫人傳》‘詮’並作‘銓’。”　弘農：郡名，治所在弘農縣（今河南省靈寶市）。　王粹：弘農（今河南省靈寶市）人，歷任魏郡太守、北中郎將等職。　襄城：郡名，治所在襄城縣（今河南省許昌市襄城縣）。　杜育：西晋襄城人，歷任常侍、右將軍、汝南太守等職。　齊國：郡國名，治所在臨淄縣（今山東省淄博市東北）。　左思：字太冲，本書卷九二有傳。　清河：郡名，治所在清河縣（今山東省臨清市東北）。　汝南：郡名，西晋治所在新息縣（今河南省息縣西南），東晋移治懸瓠城（今河南省汝南縣）。　和郁：字仲輿，

本書卷四五有傳。　安平：郡國名，治所在信都縣（今河北省衡水市冀州區）。　牽秀：字成叔，本書卷六〇有傳。牽，原本、宋本、殿本作“索”，據中華本校勘記改。　陳眕：西晋潁川（今河南省許昌市東）人，歷任右衛將軍、左衛將軍等職。　太原：郡名，治所在晋陽縣（今山西省太原市西南）。　高陽：郡國名，東漢桓帝置，西晋治所在博陸縣（今河北省蠡縣南）。　彭城：郡國名，治所在彭城縣（今江蘇省徐州市）。　劉訥：西晋彭城（今江蘇省徐州市）人，任司隸校尉，“二十四友”之一。　中山：郡名，治所在盧奴縣（今河北省定州市）。　劉輿：西晋中山（今河北省定州市）人，歷任潁川太守、范陽王司馬虓長史等職，“二十四友”之一。輿，原本、宋本作“興”，殿本作“輿”，據殿本改。　劉琨：字越石，本書卷六二有傳。

歷位散騎常侍、後軍將軍。[1]廣城君薨，去職。喪未終，起爲秘書監，[2]掌國史。先是，朝廷議立《晋書》限斷，中書監荀勖謂宜以魏正始起年，著作郎王瓚欲引嘉平已下朝臣盡入晋史，[3]于時依違未有所决。惠帝立，更使議之。謐上議，請從泰始爲斷。於是事下三府，[4]司徒王戎、司空張華、領軍將軍王衍、侍中樂廣、黄門侍郎嵇紹、國子博士謝衡皆從謐議。[5]騎都尉濟北侯荀畯、侍中荀藩、黄門侍郎華混以爲宜用正始開元。[6]博士荀熙、刁協謂宜嘉平起年。[7]謐重執奏戎、華之議，事遂施行。

[1]後軍將軍：官名，西晋武帝泰始八年（272）置，與前軍、左軍、右軍將軍合稱四軍將軍。各領兵千人，是護衛皇帝宫禁的主要禁軍將領之一。四品。

［2］秘書監：官名，秘書省長官，掌管藝文圖籍、課試署吏，統著作局，掌國史修撰並管理中外三閣圖書。三品。

［3］著作郎：官名，三國時爲著作局長官，隸屬中書省。西晋時著作局改隸秘書省，長官仍爲著作郎。西晋後亦稱大著作郎、大著作、著作，掌國史及起居注的修撰。兩晋南北朝時爲清要之官，多由有名望的文學之士擔任，也用司空、侍中、尚書等官典領。職閑位重，南朝時多爲貴族起家官。六品。

［4］三府：三公之府。《後漢書》卷二七《承宫傳》："三府更辟，皆不應。"李賢注："三府，謂太尉、司徒、司空府。"

［5］王戎：字濬冲，本書卷四三有傳。　領軍將軍：官名，三國曹丕置，職掌同於中領軍，但任職者資位重於中領軍，簡稱領軍。爲禁衛軍最高統帥，常由皇帝親信或宗室擔任。兩晋沿置。三品。　王衍：字夷甫，本書卷四三有傳。　樂廣：字彦輔，本書卷四三有傳。　嵇紹：字延祖，本書卷八九有傳。　國子博士：學官，教授儒學。六品。　謝衡：東晋人，任散騎常侍、國子博士，多次議論禮制。

［6］荀藩：字大堅，本書卷三九有傳。　華混：字敬倫，本書卷四四有傳。

［7］刁協：字玄亮，本書卷六九有傳。

尋轉侍中，領秘書監如故。謐時從帝幸宣武觀校獵，[1]諷尚書於會中召謐受拜，誡左右勿使人知，於是衆疑其有異志矣。謐既親貴，數入二宫，[2]共愍懷太子游處，[3]無屈降心。常與太子弈棊争道，成都王穎在坐，[4]正色曰："皇太子，國之儲君，賈謐何得無禮！"謐懼，言之於后，遂出穎爲平北將軍，[5]鎮鄴。[6]

［1］宣武觀：位於洛陽大夏門内東北上。《太平寰宇記》卷三

《河南府·洛陽縣》:“夏門。北面有二門,其西,漢曰夏門,晋改爲大夏門。”《晋宫闕簿》云:“宣武觀在大夏門内東北上。”

[2]二宫:太子東宫。周一良先生指出:“蓋當時東宫之别稱,取義於副貳。貳字從弍聲,弍即古二字,故二貳相通,二宫即貳宫也。”(周一良:《魏晋南北朝史札記》,中華書局1985年版,第45頁)

[3]愍懷太子:即司馬遹,字熙祖,本書卷五三有傳。

[4]成都王穎:司馬穎,字章度,本書卷五九有傳。

[5]平北將軍:官名,與平東、平西、平南將軍合稱四平將軍。多持節都督或監某一地區的軍事,有時作爲刺史等地方官員監理軍務的加官。三品,加持節都督者二品。

[6]鄴:縣名,曹魏五都之一。治所在今河北省臨漳縣西南。

及爲常侍,侍講東宫,太子意有不悦,謐患之。而其家數有妖異,飄風吹其朝服飛上數百丈,墜于中丞臺,又蛇出其被中,夜暴雷震其室,柱陷入地,壓毁床帳,謐益恐。及遷侍中,專掌禁内,遂與后成謀,誣陷太子。及趙王倫廢后,[1]以詔召謐於殿前,將戮之。走入西鍾下,呼曰:“阿后救我!”乃就斬之。韓壽少弟蔚有器望,及壽兄鞏令保、弟散騎侍郎預、吴王友鑒、謐母賈午皆伏誅。[2]

[1]趙王倫:司馬倫,字子彝,本書卷五九有傳。

[2]鞏:縣名,治所在今河南省鞏義市西南。

初,充伐吴時,嘗屯項城,軍中忽失充,帳下都督周勤時晝寢,[1]夢見百餘人録充,引入一逕。勤驚覺,聞失充，乃出尋索，忽睹所夢之道，遂往求之。果見充行至一府舍，侍衛甚盛。府公南面坐，聲色甚厲，謂充曰：“將亂吾家事，必爾與荀勖，既惑吾子，又亂吾孫。間使任愷黜爾而不去，[2]又使庾純詈汝而不改。今吴寇當平，汝方表斬張華。汝之暗戇，[3]皆此類也。若不悛慎，當旦夕加罪。”充因叩頭流血。公曰：“汝所以延日月而名器如此者，是衛府之勛耳。終當使係嗣死於鍾虡之間，大子斃於金酒之中，小子困於枯木之下。荀勖亦宜同，然其先德小濃，故在汝後，數世之外，國嗣亦替。”言畢，命去。充忽然得還營，顔色憔悴，性理昏喪，經日乃復。及是，謐死於鍾下，賈后服金酒而死，賈午考竟用大杖，終皆如所言。

[1]帳下都督：官名，公府及開府位從公加兵者屬官，統領帳下親軍，侍衛主將。

[2]爾：殿本作“汝”。

[3]暗戇：愚昧。

趙王倫之敗，朝廷追述充勛，議立其後。欲以充從孫散騎侍郎衆爲嗣，[1]衆陽狂自免。以子禿後充，封魯公，又病死。永興中，立充從曾孫湛爲魯公，奉充後，遭亂死，國除。泰始中，人爲充等謡曰：“賈、裴、王，亂紀綱。王、裴、賈，濟天下。”言亡魏而成晋也。

[1]從孫：從，宋本作“後”。

充弟混，字宮奇，篤厚自守，無殊才能。太康中，爲宗正卿。[1]歷鎮軍將軍，[2]領城門校尉，[3]加侍中，封永平侯。卒，贈中軍大將軍、儀同三司。[4]

[1]宗正卿：官名，對宗正的尊稱，又稱大宗正。掌皇族事務。曹魏時多以皇族擔任，兩晋有時兼以外姓。三品。

[2]鎮軍將軍：官名，三國時始置，西晋罷又復置。位在鎮軍大將軍下，與中軍將軍、撫軍將軍並爲三名號將軍，位比四鎮將軍。三品。

[3]領：以職位較高的官員兼理較低的職務。　城門校尉：官名，掌京城諸城門警衛。新莽時稱城門將軍，東漢時復舊稱。掌管洛陽除北宫門之外的十一城門，位在北五校尉之上。三國、西晋沿置。四品。

[4]中軍大將軍：官名，三國魏文帝黄初年間置，地位顯要。晋朝不開府者爲二品，禄與特進同，開府位從公一品。

充從子彝、遵並有鑒裁，俱爲黄門郎。[1]遵弟模最知名。

[1]黄門郎：官名，黄門侍郎或給事黄門侍郎的省稱。五品。

模，字思範，少有志尚。頗覽載籍，而沉深有智算，確然難奪。深爲充所信愛，每事籌之焉。充年衰疾劇，恒憂己謚傳，模曰："是非久自見，不可掩也。"

起家爲邵陵令，[1]遂歷仕二宫尚書吏部郎，[2]以公事免，起爲車騎司馬。[3]豫誅楊駿，封平陽鄉侯，邑千户。及楚王瑋矯詔害汝南王亮、太保衛瓘，[4]詔使模將中騶三百人救之。

[1]邵陵：縣名，治所在今河南省漯河市郾城區東。

[2]吏部郎：官名，尚書省吏部曹長官通稱。亦稱郎中，資深者可轉侍郎。屬吏部尚書，主管官吏選任、銓叙、調動事務，對五品以下官吏之任免有建議權。六品。

[3]車騎司馬：官名，車騎將軍府高級幕僚。掌参讚軍務、管理府内武職，位僅次於長史。六品。

[4]楚王瑋：司馬瑋，字彦度，本書卷五九有傳。　汝南王亮：司馬亮，字子翼，本書卷五九有傳。　太保：官名，史上屢次廢置，三國魏末年復置。晋爲八公之一，位上公，在太宰、太傅之下。安置元老重臣，無職掌。一品。　衛瓘：字伯玉，本書卷三六有傳。

是時賈后既豫朝政，欲委信親黨，拜模散騎常侍，二日擢爲侍中。模乃盡心匡弼，推張華、裴頠同心輔政。[1]數年之中，朝野寧静，模之力也。乃加授光禄大夫。[2]然模潜執權勢，外形欲遠之，每有啓奏賈后事，[3]入輒取急，[4]或託疾以避之。至於素有嫌忿，多所中陷，朝廷甚憚之。加貪冒聚斂，富擬王公。但賈后性甚强暴，模每盡言爲陳禍福，[5]后不能從，反謂模毁己。於是委任之情日衰，而讒間之徒遂進。模不得志，憂憤成疾。卒，追贈車騎將軍、開府儀同三司，謚曰成。子遊，字彦將，嗣，歷官太子侍講、員外散騎侍郎。[6]

[1]裴頠：字逸民，本書卷三五有傳。

[2]光禄大夫：官名，三公等大臣告老回家即拜此職，或作爲

在朝顯職的加官。三品，開府位從公者一品。

[3]每有啓奏賈后事：有，殿本作“事”。

[4]取急：請假辦私事。

[5]爲陳禍福：爲，殿本作“開”。

[6]太子侍講：太子屬官，爲太子講讀經史。六品。　員外散騎侍郎：官名，西晋武帝始置，初爲正員之外添差之散騎侍郎，無員數，後成定員官。五品。

郭彰，字叔武，太原人，[1]賈后從舅也。與賈充素相親遇，充妻待彰若同生。歷散騎常侍、尚書、衛將軍，[2]封冠軍縣侯。及賈后專朝，彰豫參權勢，物情歸附，賓客盈門。世人稱爲“賈郭”，謂謐及彰也。卒，謚曰烈。

[1]太原：郡名，治所在晋陽縣（今山西省太原市西南）。

[2]尚書：官名，東漢尚書臺六曹各置尚書，秩六百石。魏晋出爲朝官，分掌尚書省諸曹，品秩提高。三品。

楊駿

楊駿，字文長，弘農華陰人也。[1]少以王官爲高陸令，[2]驍騎、鎮軍二府司馬。[3]後以后父超居重位，[4]自鎮軍將軍遷車騎將軍，封臨晋侯。識者議之曰：“夫封建諸侯，所以藩屏王室也。后妃，所以供粢盛，[5]弘内教也。[6]后父始封而以臨晋爲侯，兆於亂矣。”尚書褚䂮、郭奕並表駿小器，[7]不可以任社稷之重。武帝不從。帝自太康以後，天下無事，不復留心萬機，惟耽酒色，始寵后黨，請謁公行。而駿及珧、濟勢傾天下，時人有

"三楊"之號。

[1]華陰：縣名，治所在今陝西省華陰市東南。

[2]高陸：縣名，治所在今陝西省西安市高陵區西南。

[3]驍騎、鎮軍二府司馬：官名，驍騎將軍府和鎮軍將軍府的屬官。高級幕僚，掌參讚軍務、管理府内武職，位僅次於長史。前者六品，後者七品。

[4]重位：位，殿本作"任"。

[5]粢盛：古代盛在祭器内以供祭祀的穀物。

[6]内教：後宮教育。

[7]褚智：褚裒的祖父，歷任尚書、都督揚州諸軍事、安東將軍等職。　郭奕：字大業，本書卷四五有傳。　小器：能力小。

及帝疾篤，未有顧命，[1]佐命功臣，皆已没矣，朝臣惶惑，計無所從。而駿盡斥群公，親侍左右，因輒改易公卿，樹其心腹。會帝小間，[2]見所用者非，乃正色謂駿曰："何得便爾！"[3]乃詔中書，以汝南王亮與駿夾輔王室。駿恐失權寵，從中書借詔觀之，得便匿藏。中書監華廙恐懼，[4]自往索之，終不肯與。信宿之間，上疾遂篤，后乃奏帝以駿輔政，帝頷之。便召中書監華廙、令何劭，[5]口宣帝旨使作遺詔，曰："昔伊望作佐，[6]勛垂不朽；周霍拜命，[7]名冠往代。侍中、車騎將軍、行太子太保，領前將軍楊駿，經德履喆，鑒識明遠，毗翼二宫，忠肅茂著，宜正位上臺，擬迹阿衡。[8]其以駿爲太尉、太子太傅、假節、都督中外諸軍事，[9]侍中、録尚書、領前將軍如故。置參軍六人、步兵三千人、騎千人，移止前衛將軍珧故府。若止宿殿中宜有翼衛，其差左右衛三部司馬各二十人、殿中都尉司馬十人給駿，令得持兵仗出入。”詔成，后對廙、劭以呈帝，帝親視而無言。自是二日而崩，駿遂當寄託之重，居太極殿。梓宫將殯，[10]六宫出辭，而駿不下殿，以武賁百人自衛。不恭之迹，自此而始。

［1］顧命：臨終遺命。

［2］小間：病稍微好轉。

［3］何得便爾：怎能自作主張。

［4］華廙：字長駿，本書卷四四有傳。

［5］何劭：字敬祖，本書卷三三有傳。

［6］伊望：伊尹和吕公望。分别輔佐商、周的兩個大臣。

［7］周霍：西周周公和西漢霍光。周公旦，亦稱文公、叔旦。周武王弟，與吕尚同爲西周開國元勛。以魯公封於曲阜。武王去世，輔佐成王，平定叛亂，營建洛邑，制禮作樂，功勛卓著。

［8］阿衡：《史記》卷三《殷本紀》：“伊尹名阿衡。”司馬貞索隱：“《孫子兵書》：‘伊尹名摯。’孔安國亦曰‘伊摯’。然解者以阿衡爲官名。按：阿，倚也，衡，平也。言依倚而取平。《書》曰‘惟嗣王弗惠於阿衡’，亦曰保衡，皆伊尹之官號，非名也。”後引申爲國家輔弼之任。

［9］太子太傅：官名，與太子少傅並稱二傅，三國時並攝東宫事務，與尚書、東曹並掌太子、諸侯官署選舉。西晋時下設丞、功曹、主簿等屬官。三品。　都督中外諸軍事：官名，亦稱都督中外諸軍。全國最高軍事統帥，總統中央地方的内外諸軍，權力極大。

［10］梓宫：皇帝的棺材。

惠帝即位，進駿爲太傅、大都督、假黄鉞，録朝政，百官總己。慮左右間己，乃以其甥段廣、張劭爲近侍之職。凡有詔命，帝省訖，入呈太后，然後乃出。駿知賈后情性難制，甚畏憚之。又多樹親黨，皆領禁兵。於是公室怨望，天下憤然矣。駿弟珧、濟並有俊才，[1]數相諫止，駿不能用，因廢於家。駿暗於古義，動違舊典。武帝崩未逾年而改元，議者咸以爲違《春秋》逾年書即位之義。朝廷惜於前失，令史官没之，故明年正月復改年焉。

[1]並有俊才：並，殿本作“皆”。

駿自知素無美望，懼不能緝和遠近，乃依魏明帝即位故事，遂大開封賞，欲以悦衆。爲政嚴碎，愎諫自用，不允衆心。馮翊太守孫楚素與駿厚，[1]説之曰：“公以外戚，居伊霍之重，握天權，[2]輔弱主，當仰思古人至公至誠謙順之道。於周則周召爲宰，[3]在漢則朱虚、東牟，[4]未有庶姓專朝，而克終慶祚者也。今宗室親重，藩王方壯，而公不與共參萬機，内懷猜忌，外樹私昵，禍至無日矣。”駿不能從。[5]弘訓少府蒯欽，[6]駿之姑子，少而相昵，直亮不回，屢以正言犯駿，珧、濟爲之寒心。欽曰：“楊文長雖暗，猶知人之無罪，不可妄殺，必當疏我。我得疏外，可以不與俱死。不然，傾宗覆族，其能久乎！”

[1]馮翊：郡名，三國魏以左馮翊改置，治所在臨晋縣（今陝西省大荔縣）。　孫楚：字子荆，本書卷五六有傳。

[2]天權：天，殿本作“大”。

［3］周召：西周周公旦和召公奭。

［4］朱虚：朱虚侯劉章，西漢宗室，齊悼惠王劉肥之子。高后二年（前186）入京城長安宿衛，封朱虚侯，娶吕禄女爲妻。爲諸吕所憚。吕后死後，與大臣周勃等誅諸吕，立文帝。　東牟：東牟侯劉興居，西漢宗室，齊悼惠王劉肥之子，高后六年封東牟侯。吕后死後，與大臣周勃等誅諸吕，立文帝。後起兵反叛，兵敗自殺。

［5］駿不能從：宋本無“駿”字。

［6］弘訓少府：官名，弘訓宫少府，掌皇太后宫中事務。三品。

殿中中郎孟觀、李肇，[1]素不爲駿所禮，陰搆駿將圖社稷。賈后欲預政事，而憚駿未得逞其所欲，[2]又不肯以婦道事皇太后。黄門董猛，始自帝之爲太子即爲寺人監，[3]在東宫給事於賈后。后密通消息於猛，[4]謀廢太后。猛乃與肇、觀潛相結託。賈后又令肇報大司馬、汝南王亮，使連兵討駿。亮曰：“駿之凶暴，死亡無日，不足憂也。”肇報楚王瑋，瑋然之，於是求入朝。駿素憚瑋，先欲召入，防其爲變，因遂聽之。

［1］殿中中郎：官名，西晋置，統殿中兵護衛皇帝，位在殿中將軍之下。因爲是皇帝親信，控制殿中禁衛軍，又能進行宫廷内外的聯繫，故在西晋時的歷次宫廷政變中起到了相當重要的作用。孟觀：字叔時，本書卷六〇有傳。　李肇：西晋人，任殿中中郎、積弩將軍。

［2］未得：未，殿本作“不”。

［3］寺人監：官名，專由宦官擔任。七品。

［4］后密通消息：后，原本、宋本、殿本無此字，據中華本補。

及瑋至，觀、肇乃啓帝，夜作詔，中外戒嚴，遣使奉詔廢駿，以侯就第。東安公繇率殿中四百人隨其後以討駿。[1]段廣跪而言於帝曰："楊駿受恩先帝，竭心輔政。且孤公無子，豈有反理？願陛下審之。"帝不答。

[1]東安公繇：司馬繇，字思玄，本書卷三八有傳。

時駿居曹爽故府，[1]在武庫南，聞内有變，召衆官議之。太傅主簿朱振説駿曰：[2]"今内有變，其趣可知，必是閹豎爲賈后謀，[3]不利於公。宜燒雲龍門以示威，[4]索造事者首，開萬春門，[5]引東宫及外營兵，公自擁翼皇太子，入宫取奸人。殿内震懼，必斬送之，可以免難。"駿素怯懦，不决，乃曰："魏明帝造此大功，奈何燒之！"侍中傅祗夜白駿，[6]請與武茂俱入雲龍門觀察事勢。[7]祗因謂群僚"宫中不宜空"，便起揖，於是皆走。

[1]曹爽：三國時沛國譙縣（今安徽省亳州市）人，字昭伯，曹真子。明帝死，受遺詔與司馬懿共同輔政。後與司馬懿争權，爲司馬懿所殺。

[2]太傅主簿：官名，太傅府屬官，典領文書籍簿，省録衆事，職權甚重。

[3]爲賈后謀：殿本"謀"上有"設"字。

[4]雲龍門：洛陽宫門。《後漢書》卷四〇下《班固傳》李賢注引戴延之記曰："端門東有崇賢門，次外有雲龍門。"

[5]萬春門：洛陽紫微宫南面宫門。韋述《西京新記》："東京俗曰洛陽城，洛陽城紫微宫，城南面六門：正南應天門，應天次北乾元門，門東萬春門，西千秋門。"見《太平御覽》卷一八三《居

處部·門》。

[6]傅祗：字子莊，本書卷四七有傳。

[7]武茂：字季夏，本書卷四五有傳。

尋而殿中兵出，燒駿府，又令弩士於閣上臨駿府而射之，駿兵皆不得出。駿逃于馬厩，以戟殺之。觀等受賈后密旨，誅駿親黨，皆夷三族，死者數千人。又令李肇焚駿家私書，賈后不欲令武帝顧命手詔聞于四海也。駿既誅，莫敢收者，惟太傅舍人巴西閻纂殯斂之。[1]

[1]太傅舍人：官名，太傅府屬官，掌管秘書、侍從之職。巴西：郡名，治所在閬中縣（今四川省閬中市）。　閻纂：中華本校勘記："本傳'纂'作'纘'。"閻纘，字續伯，本書卷四八有傳。

初，駿徵高士孫登，[1]遺以布被。登截被於門，大呼曰："斫斫刺刺。"旬日託疾詐死，及是，其言果驗。永熙中，温縣有人如狂，[2]造書曰："光光文長，大戟爲墻。毒藥雖行，戟還自傷。"及駿居内府，以戟爲衛焉。

[1]孫登：字公和，本書卷九四有傳。

[2]温縣：治所在今河南省温縣西南。

永寧初，詔曰："舅氏失道，宗族隕墜，渭陽之思，[1]孔懷感傷。[2]其以蓩亭侯楊超爲奉朝請、騎都尉，[3]以慰《蓼莪》之思焉。"[4]

[1]渭陽：《詩·秦風·渭陽》："我送舅氏，曰至渭陽。"朱熹集傳："舅氏，秦康公之舅，晋公子重耳也。出亡在外，穆公召而納之。時康公爲太子，送之渭陽而作此詩。"後因以"渭陽"爲表示甥舅情誼之典。

[2]孔懷：思念。典出《詩·小雅·常棣》："死喪之威，兄弟孔懷。"鄭玄箋："維兄弟之親，甚相思念。"

[3]奉朝請：原爲兩漢朝廷給與退休大臣、列侯、宗室、外戚等的一種政治優待。西晋時成爲加官名號。晋武帝以宗室、外戚爲奉車都尉、駙馬都尉、騎都尉，並授此號。

[4]《蓼莪》：《詩·小雅》中的篇名。後指悼念亡親。

珧，字文琚，歷位尚書令、衛將軍。素有名稱，得幸於武帝，時望在駿前。以兄貴盛，知權寵不可居，自乞遜位，前後懇至，終不獲許。初，聘后，珧表曰："歷觀古今，一族二后，未嘗以全，而受覆宗之禍。乞以表事藏之宗廟，若如臣之言，得以免禍。"從之。右軍督趙休上書陳："王莽五公，[1]兄弟相代。今楊氏三公，並在大位，而天變屢見，臣竊爲陛下憂之。"由此珧益懼，固求遜位，聽之，賜錢百萬、絹五千匹。

[1]王莽五公：王莽姑姑當權時，出現過王氏五兄弟同時封侯事，所謂王莽五公當指此。

珧初以退讓稱，晚乃合朋黨，搆出齊王攸。中護軍羊琇與北軍中候成粲謀欲因見珧而手刃之。[1]珧知而辭疾不出，諷有司奏琇，轉爲太僕。[2]自是舉朝莫敢枝梧，[3]而素論盡矣。[4]珧臨刑稱冤，云："事在石函，可問張華。”當時皆謂宜爲申理，合依鍾毓事例。[5]而賈氏族黨待諸楊如仇，促行刑者遂斬之，時人莫不嗟嘆焉。

［1］羊琇：字稚舒，本書卷九三有傳。　北軍中候：官名，掌監屯騎校尉、越騎校尉、步兵校尉、長水校尉、射聲校尉所領北軍五營。魏晋時增設禁軍兵力，由地位更高的中領軍統轄，北軍五營作用漸輕，北軍中候置省無常。常與中領軍並置。五品。　成粲：西晋人，歷任侍中、北軍中候、太常等職。長於禮學，多次參與議論禮儀制度。

［2］太僕：官名，掌皇帝車馬、田獵、兵器及全國牧業。三品。

［3］枝梧：有異議。

［4］素論：舊時對其好的評論。

［5］鍾毓：三國時潁川長社（今河南省長葛市東）人，鍾會之兄，歷任魏郡太守、廷尉、後將軍等職。鍾會謀反伏誅，鍾毓的兒子鍾毅、鍾峻亦當誅，司馬昭以鍾毓“歷職内外，幹事有績”，赦免了鍾峻。

濟，字文通，歷位鎮南、征北將軍，[1]遷太子太傅。濟有才藝，嘗從武帝校獵北芒下，與侍中王濟俱著布袴褶，[2]騎馬執角弓在輦前。猛獸突出，帝命王濟射之，應弦而倒。須臾復一出，濟受詔又射殺之，六軍大叫稱快。帝重兵官，多授貴戚清望，濟以武藝號爲稱職。與兄珧深慮盛滿，乃與諸甥李斌等共切諫。駿斥出王佑爲河東太守，[3]建立皇儲，皆濟謀也。

［1］鎮南：官名，即鎮南將軍。與鎮東、鎮西、鎮北將軍合稱四鎮將軍。多爲持節都督，出鎮方面。曹魏二品。晋改三品，加持

節都督者二品。　征北將軍：官名，與征東、征西、征南將軍合稱四征將軍。三國魏蜀吴、兩晋皆置，出鎮方面，地位顯要。三品，加持節都督者二品。

[2]王濟：字武子，本書卷四二有傳。　袴褶：服裝名。以褶爲上衣，褲爲下衣，故稱。名起於漢末，始爲騎服。盛行於南北朝，亦作常服和朝服。

[3]王佑：西晋太原晋陽（今山西省太原市西南）人，王濟從兄，任河東太守。　河東：郡名，治所在安邑縣（今山西省夏縣西北禹王城）。殿本作"河南"。

初，駿忌大司馬汝南王亮，催使之藩。濟與斌數諫止之，駿遂疏濟。濟謂傅咸曰：[1]"若家兄徵大司馬入，退身避之，門户乃得免耳。[2]不爾，行當赤族。"咸曰："但徵還，共崇至公，便立太平，無爲避也。夫人臣不可有專，豈獨外戚！今宗室疏，因外戚之親以得安，外戚危，倚宗室之重以爲援，所謂脣齒相依，計之善者。"濟益懼而問石崇曰："人心云何？"崇曰："賢兄執政，疏外宗室，宜與四海共之。"濟曰："見兄，可及此。"崇見駿，及焉，駿不納。

[1]傅咸：字長虞，本書卷四七有傳。

[2]乃得免耳：乃，殿本作"可"。

後與諸兄俱見害。難發之夕，東宫召濟。濟謂裴楷曰："吾將何之？"楷曰："子爲保傅，當至東宫。"濟好施，久典兵馬，所從四百餘人皆秦中壯士，射則命中，皆欲救濟。濟已入宫，莫不嘆恨。

史臣曰：賈充以諂諛陋質，刀筆常材，幸屬昌辰，[1]濫叨非據。[2]抽戈犯順，曾無猜憚之心；杖鉞推亡，遽有知難之請，非惟魏朝之悖逆，抑亦晋室之罪人者歟！然猶身極寵光，任兼文武，存荷臺衡之寄，没有從享之榮，可謂無德而禄，殃將及矣。逮乎貽厥，乃乞丐之徒，嗣惡稔之餘基，縱奸邪之凶德。煽兹哲婦，[3]索彼惟家，[4]雖及誅夷，曷云塞責。昔當塗闕翦，公閭實肆其勞，典午分崩，[5]南風亦盡其力，可謂“君以此始，必以此終”，信乎其然矣。楊駿階緣寵幸，遂荷棟梁之任，敬之猶恐弗逮，驕奢淫泆，庸可免乎？括母以明智全身，[6]會昆以先言獲宥，[7]文琚識同曩烈，而罰異昔人，悲夫！

[1]幸屬昌辰：幸而趕上盛世。

[2]濫叨非據：徒有虚名，才不稱職。

[3]哲婦：亂國的婦人。典出《詩·大雅·瞻卬》：“哲夫成城，哲婦傾城。懿厥哲婦，爲梟爲鴟。”孔穎達疏：“若爲智多謀慮之婦人，則傾敗人之城國。婦言是用，國必滅亡。”

[4]索彼惟家：讓皇帝衹娶自己家女兒。索，使聘娶。

[5]典午：指司馬氏。《三國志》卷四二《蜀書·譙周傳》：“周語次，因書版示立曰：‘典午忽兮，月酉没兮。’典午者，謂司馬也；月酉者，謂八月也。至八月而文王果崩。”

[6]括母以明智全身：戰國時，趙王用趙括爲將，趙括母對趙王説趙括不堪爲將，趙王不聽。趙括母要求一定要任趙括爲將的話，將來萬一有什麽閃失，自己不被連累。趙王答應了。後來長平之戰趙軍大敗，幾十萬卒被秦軍坑殺。趙王亦以括母先言，竟不誅也。事見《史記》卷八一《廉頗藺相如列傳》。

[7]會昆以先言獲宥：鍾會之兄因爲有言在先而使其子獲宥。昆，兄。

贊曰：公閭便佞，心乖雅正。邀遇時來，遂階榮命。乞丐承緒，凶家亂政。瑣瑣文長，遂居棟梁。據非其位，[1]乃底滅亡。珧雖先覺，亦罹禍殃。

[1]據非其位：非其，原本、宋本乙作“其非”，殿本作“非其”，據殿本、中華本改。

晋書　卷四一

列傳第十一

魏舒　李憙　劉寔 弟智　高光 子韜

魏舒

魏舒，字陽元，任城樊人也。[1]少孤，爲外家寧氏所養。寧氏起宅，相宅者云："當出貴甥。"外祖母以魏氏甥小而慧，[2]意謂應之。舒曰："當爲外氏成此宅相。"久乃别居。身長八尺二寸，姿望秀偉，飲酒石餘，而遲鈍質朴，不爲鄉親所重。從叔父吏部郎衡，[3]有名當世，亦不之知，使守水碓，[4]每嘆曰："舒堪數百户長，我願畢矣！"舒亦不以介意。不修常人之節，不爲皎厲之事，[5]每欲容才長物，[6]終不顯人之短。性好騎射，著韋衣，入山澤，以漁獵爲事。唯太原王乂謂舒曰：[7]"卿終當爲臺輔，[8]然今未能令妻子免飢寒，吾當助卿營之。"常振其匱乏，舒受而不辭。

[1]任城：封國名，治所在任城縣（今山東省微山縣西北）。

樊：縣名，治所在今山東省濟寧市兖州區西南。

［2］魏氏：魏，原本、宋本作“盛”，殿本作“魏”，據殿本改。

［3］吏部郎：官名，尚書省吏部曹長官通稱。亦稱郎中，資深者可轉侍郎。屬吏部尚書，主管官吏選任、銓叙、調動事務，對五品以下官吏之任免有建議權。六品。

［4］水碓：利用水力舂米的器械。

［5］皎厲：清高自持。

［6］容才長物：容納人才發揮其長處。

［7］太原：郡名，治所在晋陽縣（今山西省太原市西南）。

［8］臺輔：三公宰輔之位。

舒嘗詣野王，[1]主人妻夜產，俄而聞車馬之聲，相問曰：“男也，女也？”曰：“男，書之，十五以兵死。”復問：“寢者爲誰？”曰：“魏公舒。”後十五載，詣主人，問所生兒何在，曰：“因條桑爲斧傷而死。”舒自知當爲公矣。

［1］野王：縣名，治所在今河南省沁陽市。

年四十餘，郡上計掾察孝廉。[1]宗黨以舒無學業，[2]勸令不就，可以爲高耳。[3]舒曰：“若試而不中，其負在我，安可虚竊不就之高以爲己榮乎！”於是自課，百日習一經，因而對策升第。除澠池長，[4]遷浚儀令，[5]入爲尚書郎。[6]時欲沙汰郎官，非其才者罷之。舒曰：“吾即其人也。”襆被而出。[7]同寮素無清論者咸有愧色，談者稱之。

[1]上計掾：官名，爲縣郡國派赴上級機關或京師遞交計簿的屬吏。　孝廉：漢代選拔人才的科目。

[2]宗黨：宗族鄉黨。

[3]可以爲高耳：可以建立清高之名。

[4]澠池：縣名，治所在今河南省澠池縣西。

[5]浚儀：縣名，治所在今河南省開封市。

[6]尚書郎：官名。東漢之制，取孝廉中之有才能者入尚書臺，在皇帝左右處理政務，初入臺稱守尚書郎中，滿一年稱尚書郎，滿三年稱侍郎。魏晋以後尚書各曹有侍郎、郎中等官，綜理職務，通稱爲尚書郎。六品。

[7]襆被：整理行裝。襆：本指包裹，此爲治，整理。

累遷後將軍鍾毓長史，[1]毓每與參佐射，舒常爲畫籌而已。後遇朋人不足，以舒滿數。毓初不知其善射。舒容範閑雅，發無不中，舉坐愕然，莫有敵者。毓嘆而謝曰：[2]“吾之不足以盡卿才，有如此射矣，豈一事哉！”

[1]後將軍：官名，漢代重號將軍之一，與前、左、右將軍並爲上卿。魏晋時常設，權位漸低，僅爲武官名號，略高於一般雜號將軍。三品。　鍾毓：三國時潁川長社（今河南省長葛市東）人，鍾會之兄，歷任魏郡太守、廷尉、後將軍等職。　長史：官名，此爲後將軍府長史。掌顧問參謀，爲所在官署掾屬之長。七品。

[2]嘆而謝：殿本作“謝而嘆”。

轉相國參軍，[1]封劇陽子。府朝碎務，未嘗見是非；至於廢興大事，衆人莫能斷者，舒徐爲籌之，多出衆議之表。文帝深器重之，每朝會坐罷，目送之曰：“魏舒堂堂，人之領袖也。”

[1]相國參軍：官名，相國府佐官。參軍，亦作參軍事，謂參謀軍事。兩晋公府、軍府皆置。

遷宜陽、滎陽二郡太守，[1]甚有聲稱。徵拜散騎常侍。[2]出爲冀州刺史，[3]在州三年，以簡惠稱。入爲侍中。[4]武帝以舒清素，特賜絹百匹。遷尚書，[5]以公事當免官，詔以贖論。舒三娶妻皆亡，是歲自表乞假還本郡葬妻，詔賜葬地一頃，錢五十萬。

[1]宜陽：郡名，治所在宜陽縣（今河南省宜陽縣西南福昌鎮）。　滎陽：郡名，治所在滎陽縣（今河南省滎陽市東北）。

[2]散騎常侍：官名，三國魏文帝黄初年間置，侍從皇帝左右，諫諍得失，顧問應對，與侍中等共平尚書奏事。也用作宰相、諸公等加官，入宫議政。三品。

[3]冀州：三國魏時治所在信都縣（今河北省衡水市冀州區），西晋移治房子縣（今河北省高邑縣西南）。

[4]侍中：官名，東漢建安中與給事黄門侍郎出入禁中，省尚書事。曹魏時爲門下之侍中省長官，常侍衛皇帝左右，掌顧問應對、諫諍糾察、平議奏事、駁奏異議等，權力甚重。三品。

[5]尚書：官名，東漢尚書臺六曹各置尚書，秩六百石。魏晋出爲朝官，分掌尚書省諸曹，品秩提高。三品。

太康初，拜右僕射。[1]舒與衛瓘、山濤、張華等以六合混一，[2]宜用古典封禪東岳，[3]前後累陳其事，帝謙讓不許。以舒爲左僕射，[4]領吏部。[5]舒上言：[6]“今選六宫，[7]聘以玉帛，而舊使御府丞奉聘，[8]宣成嘉禮，[9]贄重使輕。[10]以爲拜三夫人宜使卿，[11]九嬪使五官中郎將，[12]美人、良人使謁者，[13]於典制爲弘。”有詔詳之，衆議異同，遂寢。加右光禄大夫、儀同三司。[14]

[1]右僕射：官名，即尚書右僕射，尚書令副手，掌拆閱封緘奏章文書、參議政事、諫諍駁議、監察百官。位在左僕射之下。三品。

[2]衛瓘：字伯玉，本書卷三六有傳。　山濤：字巨源，本書卷四三有傳。　張華：字茂先，本書卷三六有傳。

[3]封禪：帝王爲表明自己受命於天所舉行的祭祀典禮。一般在泰山舉行。　東岳：泰山。在今山東省境内。又名岱宗、岱岳，或省稱岱。

[4]左僕射：官名，即即尚書左僕射，尚書省次官。輔助尚書令執行政務，參議大政，諫諍得失，監察糾彈百官。有時尚書省不置令，衹設左右僕射，此時左僕射居右僕射之上。三品。

[5]領：以地位較高的官員兼理較低的職務。　吏部：官名，指吏部尚書，三國魏時爲尚書省吏部曹長官，位居列曹尚書之上。三品。

[6]舒上言：殿本無“舒”字。

[7]六宫：《禮記·昏義》：“古者天子后立六宫”，孔穎達疏引正義：案《宫人》云：“掌王之六寢之修。”注云：“路寢一，小寢五。”是天子六寢也。因用以稱后妃或其所居之地。

[8]御府丞：官名，御府次官，魏晋任用士人擔任。　“聘以玉帛”及“奉聘”：聘，原本、宋本、殿本作“娉”，據中華本改。

[9]嘉禮：魏晋南北朝五禮之一，主要包括婚禮、冠禮、會禮、尊老養老禮等。

[10]贄重使輕：禮物重而使者地位輕微。

［11］三夫人：《南史》卷一一《后妃傳序》：晋武帝采漢魏之制：置貴嬪、夫人、貴人，是爲三夫人。

［12］九嬪：淑妃、淑媛、淑儀、修華、修容、修儀、婕妤、容華、充華。　五官中郎將：官名，西漢隸屬光禄勛。東漢時統部分侍郎、郎中。東漢初年或參與戰事。東漢末由於曹操之子曹丕任此職，地位上升，在魏諸臣之上。晋沿漢制，在光禄勛下置五官、左、右三中郎將，爲皇帝近侍之官。

［13］美人：嬪妃的稱號。　良人：嬪妃的稱號。　謁者：官名，謁者臺屬官。掌賓禮司儀、傳宣詔命、奉命出使等。又有監國謁者，監視諸侯王，權勢頗重。七品。

［14］右光禄大夫：官名，齊王曹芳正始元年（240）在光禄大夫上增置左、右，位在光禄大夫上。在朝顯職的加官，或授予年老有病致仕者，或授予死者。西晋時禄賜與特進同。二品，開府位從公者一品。　儀同三司：開府儀同三司，三國魏始置。爲大臣加號，意謂與太尉、司徒、司空三司待遇相同，許開設府署，任命僚屬。

及山濤薨，以舒領司徒，[1]有頃即真。舒有威重德望，禄賜散之九族，家無餘財。陳留周震累爲諸府所辟，[2]辟書既下，公輒喪亡，僉號震爲殺公掾，莫有辟者。舒乃命之，而竟無患，識者以此稱其達命。

［1］領：宋本無此字。　司徒：官名，西漢哀帝元壽二年（前1）改丞相爲大司徒，東漢光武帝時改名爲司徒，東漢末又改爲丞相。三國魏恢復三公制，改丞相爲司徒，管理民政。兩晋沿制，爲八公之一，在太尉之下、司空之上。與丞相通職，一般不並置，爲名譽宰相。一品。

［2］陳留：郡國名，治所在小黄縣（今河南省開封市東）。

以年老，每稱疾遜位。中復暫起，署兖州中正，[1]尋又稱疾。尚書左丞郤詵與舒書曰：[2]"公久疾小差，視事是也，唯上所念。何意起訖還卧，曲身回法，甚失具瞻之望。[3]公少立巍巍，一旦棄之，可不惜哉！"舒稱疾如初。[4]

[1]兖州：三國魏治所在廩丘縣（今山東省鄄城縣西北），晋惠帝末，兖州闔境淪没於石勒。東晋元帝僑置兖州，治京口（今江蘇省鎮江市）。　中正：魏晋時期評定士人品第的官員。郡設中正，州設大中正。朝廷根據中正所評士人的品第授予官職。

[2]尚書左丞：官名，尚書省佐官，位次尚書，居尚書右丞上。與右丞共掌尚書都省庶務，率諸都令史監督稽核諸尚書曹、郎曹政務。左丞又掌督録近道文書章奏，監察糾彈尚書令、僕射、尚書等文武百官，號稱"監司"，權勢甚重。六品。　郤詵：字廣基，本書卷五二有傳。

[3]具瞻：所有人都瞻仰。《詩·小雅·節南山》："赫赫師尹，民具爾瞻。"毛亨傳："師，太師，周之三公也。尹，尹氏，爲太師。"

[4]"公少立巍巍"至"舒稱疾如初"：宋本"哉"作"故"讀時下屬。

後以灾異遜位，帝不聽。後因正旦朝罷還第，表送章綬。帝手詔敦勉，而舒執意彌固，乃下詔曰："司徒、劇陽子舒，體道弘粹，思量經遠，忠肅居正，在公盡規。入管銓衡，[1]官人允叙；[2]出贊衮職，[3]敷弘五教。[4]惠訓播流，德聲茂著，可謂朝之俊乂者也。而屢執冲讓，辭旨懇誠，申覽反覆，省用憮然。[5]蓋成人之美，先典所與，難違至情。今聽其所執，以劇陽子就第，位同三司，禄賜如前。几杖不朝，賜錢百萬，床帳簟褥百副。[6]以舍人四人爲劇陽子舍人，[7]置官騎十人。使光禄勛奉策，[8]主者詳案典禮，令皆如舊制。”於是賜安車駟馬，[9]門施行馬。[10]舒爲事必先行而後言，遜位之際，莫有知者。時論以爲晋興以來，三公能辭榮善終者，[11]未之有也。司空衛瓘與舒書曰：[12]“每與足下共論此事，日日未果，可謂瞻之在前，忽焉在後矣。”太熙元年薨，時年八十二。帝甚傷悼，賵賻優厚，[13]謚曰康。

[1]銓衡：執掌選拔官吏的職位。

[2]官人允叙：授官任職次第合理使人信服。

[3]衮職：三公之職。

[4]敷弘五教：傳佈弘揚五常之教。

[5]省用憮然：閲覽因而感到悵然。

[6]百副：百，宋本作“自”。

[7]舍人：官名，魏晋時太子府、王國、公府、將軍府、王妃及公主府皆設舍人，掌文檄之事。

[8]光禄勛：官名，侍從皇帝左右，掌宫廷宿衛。西晋時兼掌原屬少府的一部分宫廷供御事務。三品。

[9]安車駟馬：四匹馬駕駛的可以坐乘的車子。

[10]行馬：古代官署前攔阻人馬通行的木架。俗稱“鹿角”，亦稱“梐枑”。

[11]榮善：善，殿本作“禄”。

[12]司空：官名，魏晋南北朝爲名譽宰相，多爲大臣加官。晋八公之一，位在三公之末。一品。

[13]賵（fèng）賻（fù）：幫助辦喪事的財物。

子混，字延廣，清惠有才行，爲太子舍人。[1]年二十七，先舒卒，朝野咸爲舒悲惜。舒每哀慟，退而嘆曰："吾不及莊生遠矣，豈以無益自損乎！"於是終服不復哭。詔曰："舒唯一子，薄命短折。舒告老之年，處窮獨之苦，每念怛然，爲之嗟悼。思所以散愁養氣，可更增滋味品物。仍給賜陽燧四望總窗户皂輪車牛一乘，[2]庶出入觀望，或足散憂也。"以庶孫融嗣。又早卒，從孫晃嗣。

[1]太子舍人：官名，掌行書令、表啓等。初隸太子太傅、太子少傅，後隸太子詹事。七品。

[2]仍給賜陽燧四望總窗户皂輪車牛一乘：原本、宋本無"賜"字，殿本有，據殿本補；宋本無"牛"字。陽燧四望總窗户皂輪車，帶有采光裝置的四面有窗的皂輪車。

李憙

李憙，字季和，上黨銅鞮人也。[1]父佺，漢大鴻臚。[2]憙少有高行，博學研精，與北海管寧以賢良徵，[3]不行。累辟三府，[4]不就。宣帝復辟憙爲太傅屬，[5]固辭疾，[6]郡縣扶輿上道。時憙母疾篤，乃竊逾泫氏城而徒還，[7]遂遭母喪，論者嘉其志節。後爲并州别駕，[8]時驍騎將軍秦朗過并州，[9]州將畢軌敬焉，[10]令乘車至閣。憙固諫以爲不可，軌不得已從之。

[1]上黨：郡名，治所在潞縣（今山西省黎城縣南）。　銅鞮：縣名，治所在今山西省沁縣南古城。

［2］大鴻臚：官名，九卿之一，掌賓客迎送接待、贊襄引導朝會百官等。晋三品。

［3］北海：郡名，治所在劇縣（今山東省昌樂縣西）。　管寧：三國時北海朱虛（今山東省臨朐縣東南）人，字幼安。早年游學四方，後避亂遼東三十餘年。曹魏建立後，文帝徵之爲太中大夫，明帝時任其爲光禄勛，皆固辭不受。　賢良：選舉科目，始於漢代。

［4］三府：三公治事府署合稱。魏晋南北朝時期多指太尉、司徒、司空三府。

［5］太傅屬：太傅屬官。

［6］固辭疾：辭，宋本作“亂”。

［7］泫氏城：泫氏縣城。泫氏，縣名，治所在今山西省高平市。

［8］并州：治所在晋陽縣（今山西省太原市西南）。　别駕：官名，别駕從事、别駕從事史省稱。州部佐官，因從刺史行部，别乘傳車，故稱。位居州吏之右。

［9］驍騎將軍：官名，三國魏爲内軍將領，統營兵。兩晋與領軍、護軍、左右衛、游擊諸將軍合稱六軍，擔當宿衛之任，是護衛宫廷的主要將領。四品。　秦朗：曹魏新興雲中（今内蒙古自治區托克托縣東北）人，字元明。歷魏武帝、文帝、明帝而無尤。明帝時授以内官，爲驍騎將軍、給事中，常隨車駕出入，深受明帝寵愛。四方多賂遺之，富均公侯。

［10］畢軌：曹魏東平（今山東省東平縣西北）人，字昭先，少有名聲。任魏明帝太子文學。黄初末出爲長史。明帝即位，入爲黄門郎，遷并州刺史。正始中，入爲中護軍，轉侍中、尚書，遷司隸校尉。因黨附曹爽而爲司馬懿所殺。

景帝輔政，命憙爲大將軍從事中郎。[1] 憙到，引見，謂憙曰：“昔先公辟君而君不應，今孤命君而君至，何也？”對曰：“先君以禮見待，憙得以禮進退。明公以法見繩，憙畏法而至。”帝甚重之。轉司馬，[2]尋拜右長史。[3]從討毌丘儉還，[4]遷御史中丞。[5]當官正色，不憚强御，百僚震肅焉。薦樂安孫璞，[6]亦以道德顯，時人稱爲知人。尋遷大司馬，[7]以公事免。

[1]大將軍：官名，高級軍事統帥。曹魏時多以之屯駐長安，對付蜀漢，蜀漢以其爲最高軍事長官，孫吴則别置上大將軍居其上。西晋時爲八公之一，位居上公、大司馬下，三公之上。東晋時常專擅軍政事務。一品。　從事中郎：官名，東漢時爲大將軍屬官，地位較高。三國時爲將軍府或公府屬官。六品。此爲大將軍府從事中郎。

[2]司馬：官名，大將軍府高級幕僚。掌參讚軍務、管理府内武職，位僅次於長史。六品。

[3]右長史：官名，大將軍府置長史，分左、右，領府中各曹。六品。

[4]毌丘儉：三國時河東聞喜（治所在今山西省聞喜縣東北）人，字仲恭。歷任曹魏尚書郎、羽林監、洛陽典農、荆州刺史、幽州刺史等職。後舉兵反司馬師，兵敗被殺。

[5]御史中丞：官名，御史大夫副手，掌監察、執法，爲京師顯官，職權甚重。四品。

[6]樂安：郡名，治所在高苑縣（今山東省鄒平市長山鎮）。

[7]尋遷大司馬：中華本校勘記：“勞校：‘司馬’下當有脱文。按：大司馬，三公，不得以御史中丞轉，蓋爲大司馬掾屬。勞謂下有脱文，即此意。”

司馬伷爲寧北將軍，[1]鎮鄴，[2]以憙爲軍司。[3]頃之，除凉州刺史，[4]加揚威將軍、假節，[5]領護羌校尉，[6]綏御華夷，甚有聲績。羌虜犯塞，憙因其隙會，不及啓聞，輒以便宜出軍深入，遂大克獲，以功重免譴，時人比之漢朝馮、甘焉。[7]於是請還，許之。居家月餘，拜冀州刺史，累遷司隸校尉。[8]

[1]司馬伷：字子將，本書卷三八有傳。　寧北將軍：官名，西晋置，多兼并州、青州等州刺史，或都督并州、冀州諸軍事，位在東中郎將之上。四品。

[2]鄴：縣名，曹魏五都之一。治所在今河北省臨漳縣西南。

[3]軍司：官名，即軍師，因避諱司馬師名諱故稱。爲諸軍府主要僚屬，佐主帥統帶軍隊，負有匡正監察主帥之責，地位很高，常繼任主帥。

[4]凉州：東漢治所在隴縣（今甘肅省張家川回族自治縣），三國魏移治姑臧縣（今甘肅省武威市）。

[5]揚威將軍：官名，雜號將軍，領兵。四品。　假節：假以節杖。指大臣臨時持節出巡，爲權臣掌軍、秉政的地位象徵和政治待遇。

[6]護羌校尉：官名，監護内附羌人，戍衛邊塞，領羌人軍隊作戰。四品。

[7]馮：馮奉世，西漢上黨潞（今山西省黎城縣南）人，字子明。漢武帝末以良家子選爲郎。宣帝時以衛侯使持節送大宛諸國客。時匈奴發兵攻車師，北道告急，莎車又攻劫南道，鄯善以西皆斷絶不通。於此時，馮奉世乃矯詔發西域諸國兵進擊莎車，西域復安。朝廷因其功不問矯詔罪，封其爲光禄大夫、水衡都尉。　甘：甘延壽，西漢北地郁郅（今甘肅省慶陽縣）人，字君况。歷任羽林、期門、遼東太守、西域都護、騎都尉。元帝建昭三年（前36）與西域副校尉陳湯矯詔發城郭諸國兵、車師戊己校尉屯田吏士，進擊康居。朝廷因其功不問矯詔罪，封其爲義成侯。

[8]司隸校尉：官名，三國魏時先治弘農，後治河南，轄司州

所屬河南、河東、河内、弘農、平陽五郡。掌監察京師，糾察京都百官。西晋沿置。三品。

及魏帝告禪於晋，憙以本官行司徒事，[1]副太尉鄭冲奉策。[2]泰始初，封祁侯。憙上言：“故立進令劉友、前尚書山濤、中山王睦、故尚書僕射武陔各占官三更稻田，[3]請免濤、睦等官。陔已亡，[4]請貶謚。”詔曰：“法者，天下取正，不避親貴，然後行耳，吾豈將枉縱其間哉！然案此事皆是友所作，侵剥百姓，以繆惑朝士。奸吏乃敢作此，其考竟友以懲邪佞。濤等不貳其過者，皆勿有所問。《易》稱：‘王臣蹇蹇，匪躬之故。’[5]今憙亢志在公，當官而行，可謂‘邦之司直’者矣。光武有云：‘貴戚且斂手以避二鮑’，[6]豈其然乎！其申敕群寮，各慎所司，寬宥之恩，不可數遇也。”憙爲二代司隸，朝野稱之。以公事免。

[1]行司徒事：兼行使司徒職能。

[2]太尉：官名，曹操爲丞相後，太尉府屬官歸相府，晋時太尉雖爲八公之一、三公之首，實爲名譽宰相，多爲大臣加官。一品。　鄭冲：字文和，本書卷三三有傳。　奉策：奉獻魏帝禪位詔書。

[3]中山王睦：司馬睦，字子友，本書卷三七有傳。　尚書僕射：官名，秦漢爲尚書令副貳，東漢建安四年（199）分置左、右，爲尚書省次官。三品。　武陔：字元夏，本書卷四五有傳。

[4]陔：宋本作“該”。

[5]王臣蹇蹇，匪躬之故：語見《易·蹇卦》。王弼注：“私身遠害，執心不回，志匡王室者也，故曰‘王臣蹇蹇，匪躬之故’。”

[6]貴戚且斂手以避二鮑：語見《後漢書》卷二九《鮑永傳》。二鮑指鮑永、鮑恢。

其年，皇太子立，以憙爲太子太傅。[1]自魏明帝以後，久曠東宫，制度廢闕，官司不具，詹事、左右率、庶子、中舍人諸官並未置，[2]唯置衛率令典兵，二傅并攝衆事。憙在位累年，訓道盡規。

[1]太子太傅：官名，與太子少傅並稱二傅，三國時并攝東宫事務，與尚書、東曹并掌太子、諸侯官署選舉。西晋時下設丞、功曹、主簿等屬官。三品。

[2]詹事：官名，即太子詹事，東宫屬官，掌管東宫内外事務。兩晋南北朝東宫地位極重，官署齊備，擬於朝廷。太子詹事任總宫官，堪比朝廷之尚書令、領軍將軍，位權甚重。三品。　左右率：官名，即太子左衛率、太子右衛率。西晋武帝泰始五年（269）分太子衛率而置，領精兵萬人，宿衛東宫，亦任征伐。五品。　庶子：官名，即太子庶子，東宫屬官。晋太子宫置中庶子、庶子各四員，職比散騎常侍。以俊茂者爲之。釋奠禮時，中庶子扶左，庶子扶右。五品。　中舍人：官名，即太子中舍人，簡稱太子中舍、中舍人、中舍。東宫屬官，其中有才學者與中庶子共掌東宫文翰及奏事文書，侍從規諫太子。位在太子中庶子下、太子洗馬上。六品。

遷尚書僕射，拜特進、光禄大夫，[1]以年老遜位。詔曰："光禄大夫、特進李憙，杖德居義，當升臺司，毗亮朕躬，而以年尊致仕。雖優游無爲，可以頤神，而虚心之望，能不憮然！其因光禄之號，改假金紫，置官騎十人，賜錢五十萬，禄賜班禮，一如三司，門施行馬。”

[1]特進：官名，三國兩晋時表示有特殊地位，或用作安置閑退大臣。二品。

初，憙爲僕射時，凉州虜寇邊，憙唱義遣軍討之。朝士謂出兵不易，虜未足爲患，竟不從之。後虜果大縱逸，凉州覆没，朝廷深悔焉。以憙清素貧儉，賜絹百匹。及齊王攸出鎮，[1]憙上疏諫争，辭甚懇切。

[1]齊王攸：司馬攸，字大猷，本書卷三八有傳。

憙自歷仕，雖清非異衆，而家無儲積，親舊故人乃至分衣共食，未嘗私以王官。及卒，追贈太保，[1]謚曰成。子贊嗣。

[1]太保：官名，史上屢次廢置，三國魏末年復置。晋爲八公之一，位上公，在太宰、太傅之下。安置元老重臣，無職掌。一品。

少子儉，字仲約，歷左積弩將軍、屯騎校尉。[1]儉子弘，[2]字世彦，少有清節，永嘉末，[3]歷給事黄門侍郎、散騎常侍。[4]

[1]左積弩將軍：官名，領禁衛營兵，隸屬中領軍。四品。屯騎校尉：官名，北軍五校尉之一，隸屬中領軍，掌本營騎士，戍衛京師。四品。

[2]弘：宋本作“務”。

[3]永嘉末：末，原本、宋本作“中”，殿本作“末”，據殿本改。

[4]給事黄門侍郎：官名，魏晋時爲侍中省或門下省次官。與侍中俱掌門下衆事，職掌略同，地位隨皇帝旨意或侍中地位而定。五品。

劉寔

劉寔，字子真，平原高唐人也。[1]漢濟北惠王壽之後也，[2]父廣，斥丘令。[3]寔少貧苦，賣牛衣以自給。[4]然好學，手約繩，[5]口誦書，博通古今。清身潔己，行無瑕玷。郡察孝廉，州舉秀才，[6]皆不行。以計吏入洛，[7]調爲河南尹丞，[8]遷尚書郎、廷尉正。[9]後歷吏部郎，參文帝相國軍事，[10]封循陽子。

[1]平原：郡國名，治所在平原縣（今山東省平原縣西南）。　高唐：縣名，治所在今山東省禹城縣西南。

[2]濟北惠王壽：東漢宗室，章帝之子。和帝永元二年（90）封濟北王，分泰山郡爲國，未就國，留京師，恩寵有加。和帝死後乃就國。卒謚惠王。

[3]斥丘：縣名，治所在今河北省成安縣東南。

[4]牛衣：供牛御寒用的披蓋物。如蓑衣之類。

[5]約繩：纏繞繩子。指製作牛衣。

[6]秀才：察舉科目，州舉秀才，郡舉孝廉。

[7]計吏：即上計吏，地方政府派赴中央呈遞計簿的官員。

[8]河南尹丞：官名，河南尹副貳，佐掌衆事。七品。　“以計吏入洛，調爲河南尹丞”：原本作“以計吏入洛滑爲河南尹丞”，宋本、殿本“滑”作“調”，據宋本、殿本改。

[9]廷尉正：官名，廷尉副貳，高級審判官員，地位相當於列卿丞。可代表廷尉參加詔獄會審，或獨立決斷疑獄，平反冤案，參議案例律條。六品。

[10]參文帝相國軍事：即相國府參軍。參軍，亦作參軍事，謂參謀軍事。兩晋公府、軍府皆置。

鍾會、鄧艾之伐蜀也，[1]有客問寔曰："二將其平蜀乎？"寔曰："破蜀必矣，而皆不還。"客問其故，笑而不答，竟如其言。寔之先見，多此類也。[2]

[1]鍾會：三國時潁川長社（今河南省長葛市東）人，字士季。钟繇之子。歷任秘書郎、尚書郎、中書侍郎、黄門侍郎、司隸校尉。破蜀後因與姜維謀叛，失敗被殺。　鄧艾：三國時義陽棘陽（今河南省南陽市南）人，字士載。歷任典農綱紀、尚書郎、討寇將軍、汝南太守、兖州刺史。平蜀漢有功，官至太尉。後爲鍾會所誣，以檻車徵回京師，中途爲衛瓘所殺。

[2]多此類也：多，殿本作"皆"。

以世多進趣，廉遜道缺，乃著《崇讓論》以矯之。其辭曰：

古之聖王之化天下，所以貴讓者，欲以出賢才，息争競也。夫人情莫不皆欲己之賢也，故勸令讓賢以自明賢也，豈假讓不賢哉！[1]故讓道興，賢能之人不求而自出矣，至公之舉自立矣，百官之副亦豫具矣。一官缺，擇衆官所讓最多者而用之，審之道也。[2]在朝之士相讓於上，草廬之人咸皆化之，推能讓賢之風從此生矣。[3]爲一國所讓，則一國士也；天下所共推，則天下士也。推讓之風行，則賢與不肖灼然殊矣。此道之行，在上者無所用其心，因成清議，隨之而已。故曰：蕩蕩乎堯之爲君，莫之能名。言天下自安矣，不見堯所以化之，故不能名也。又曰：舜禹之有天下而不與焉，無爲而化者其舜也歟。賢人相讓於朝，大才之人恒在大官，小人不争於野，天下無事矣。以賢才化無事，至道興矣。已仰其成，復何與焉！故可以歌《南風》之詩，[4]彈五弦之琴也。成此功者非有他，崇讓之所致耳。孔子曰：能以禮讓爲國，則不難也。

[1]假讓：虚假謙讓，不管對方是否賢人。

[2]審之道也：中華本校勘記："《類聚》二一、《御覽》四二四引'審'下有'才'字。"

[3]推能讓賢：殿本作"推賢讓能"。

[4]《南風》之詩：古代樂曲名。相傳爲虞舜所作。《禮記·樂記》："昔者舜作五弦之琴，以歌《南風》。"《孔子家語·辨樂解》："昔者舜彈五弦之琴，造《南風》之詩。其詩曰：'南風之薰兮，可以解吾民之愠兮；南風之時兮，可以阜吾民之財兮。'"

在朝之人不務相讓久矣，天下化之。自魏代以來，登進辟命之士，及在職之吏，臨見受叙，雖自辭不能，終莫肯讓有勝己者。夫推讓之風息，争競之心生。孔子曰：上興讓則下不争，明讓不興下必争也。推讓之道興，則賢能之人日見推舉；争競之心生，則賢能之人日見謗毁。夫争者之欲自先，甚惡能者之先，不能無毁也。故孔墨不能免世之謗己，況不及孔墨者乎！議者僉然言，[1]世少高名之才，朝廷不有大才之人可以爲大官者。山澤人小官吏亦復云，朝廷之士雖有大官名德，皆不及往時人也。余以爲此二言皆失之矣。[2]非時獨乏賢也，時不貴讓。一人有先衆之譽，毁必隨之，名不得成使之然也。雖令稷契復存，[3]亦不復能全其名矣。能否渾雜，[4]優劣不分，士無素定之價，[5]官職有缺，主選之吏不知所用，但案官次而舉之。同才之人先用者，非勢家之子，則必爲有勢者之所念也。非能獨賢，因其先用之資，而復遷之無已。遷之無已，不勝其任之病發矣。觀在官之人，政績無聞，自非勢家之子，率多因資次而進也。

[1]議者僉然言：中華本校勘記："《群書治要》二九及《通典》一六引無'然'字。"

[2]此二言：言，殿本作"者"。

[3]稷契：稷即後稷，周先祖，虞舜命爲農官，教民耕稼，稱爲"後稷"。契即殷契，商的祖先，爲帝嚳之子。舜時佐禹治水有功，任爲司徒，封於商，賜姓子氏。　復存：宋本於此二字之下有小字"一有作皋夔復存"七字。

[4]渾雜：渾，殿本作"混"。

[5]素定之價：根據其平素表現作出的評價。

向令天下貴讓，士必由於見讓而後名成，名成而官乃得用之。諸名行不立之人，在官無政績之稱，讓之者必矣，官無因得而用之也。所以見用不息者，由讓道廢，因資用人之有失久矣。故自漢魏以來，時開大舉，令衆官各舉所知，唯才所任，不限階次，如此者甚數矣。其所舉必有當者，不聞時有擢用，不知何誰最賢故也。[1]所舉必有不當，而罪不加，不知何誰最不肖也。所以不可得知，由當時之人莫肯相推，賢愚之名不别，令其如此，舉者知在上者察不能審，[2]故敢漫舉而進之。或舉所賢，因及所念，一頓而至，[3]人數猥多，各言所舉者賢；加之高狀，相似如一，難得而分矣。參錯相亂，真僞同貫，更復由此而甚。雖舉者不能盡忠之罪，亦由上開聽察之路濫，令其爾也。昔齊王好聽竽聲，必令三百人合吹而後聽之，廩以數人之俸。南郭先生不知吹竽者也，以三百人合吹可以容其不知，因請爲王吹竽，虚食數人之俸。嗣王覺而改之，難彰先王之過。乃下令曰："吾之好聞竽聲有甚於先王，欲一一列而聽之。"先生於此逃矣。推賢之風不立，[4]濫舉之法不改，則南郭先生之徒盈於朝矣。才高守道之士日退，馳走有勢之門日多矣。雖國有典刑，弗能禁矣。

[1]何誰：何人，誰人。

[2]審：細察。

[3]一頓而至：一下子就使很多賢人出來。

[4]推賢之風不立：立，宋本作"亡"。

夫讓道不興之弊，非徒賢人在下位，不得時進也，國之良臣荷重任者，亦將以漸受罪退矣。何以知其然也？孔子以爲顏氏之子不貳過耳，明非聖人皆有過。寵貴之地欲之者多矣，惡賢能者塞其路，過而毁之者亦多矣。[1]夫謗毁之生，非徒空設，必因人之微過而甚之者也。毁謗之言數聞，在上者雖欲弗納，不能不杖所聞，因事之來而微察之也，無以，其驗至矣。[2]得其驗，安得不理其罪。若知而縱之，王之威日衰，[3]令之不行自此始矣。知而皆理之，[4]受罪退者稍多，大臣有不自固之心。夫賢才不進，貴臣日疏，此有國者之深憂也。詩曰："受禄不讓，至于已斯亡。"不讓之人憂亡不暇，而望其益國朝，不亦難乎！

[1]過而毁之者：殿本於"過"前有"其"字。

[2]"因事之來"至"其驗至矣"：中華本校勘記："《通典》一六作'因事之來而微察之，察之無已，其驗至矣'。"

[3]王之威日衰：王，宋本作"主"。

[4]知而皆理之：而，殿本作"之"。

竊以爲改此俗甚易耳。何以知之？夫一時在官之人，雖雜有凡猥之才，其中賢明者亦多矣，豈可謂皆不知讓賢爲貴邪！直以其時皆不讓，習以成俗，故遂不爲耳。人臣初除，皆通表上聞，名之謝章，所由來尚矣。原謝章之本意，欲進賢能以謝國恩也。昔舜以禹爲司空，禹拜稽首，[1]讓於稷契及咎繇。[2]使益爲虞官，[3]讓於朱虎、熊、羆。使伯夷典三禮，[4]讓於夔龍。[5]唐虞之時，衆官初除，莫不皆讓也。謝章之義，蓋取於此。書記之者，欲以永世作則。季世所用，不賢不能讓賢，虚謝見用之恩而已。相承不變，習俗之失也。

[1]拜稽首：雙膝跪地，頭拜伏在地且不動。

[2]咎繇：即皋陶，相傳爲堯舜時人，生於曲阜，偃姓。被命爲管理刑獄的士，佐禹治水有功。

[3]益：即伯益，又稱柏益、伯翳、化益、大費。相傳爲少昊後裔，嬴姓，封於費，又稱費侯。舜時爲掌山澤之官，佐禹治水有功。禹即位後，爲禹繼承人。禹死後，其位被禹子啓所奪。　虞官：掌管山林川澤之官。

[4]伯夷典三禮：語見《尚書·舜典》："帝曰：'諮！四岳。有能典朕三禮？'僉曰：'伯夷。'"孔安國傳："伯夷，臣名，姜姓。"

[5]夔龍：相傳舜的二臣名。夔爲樂官，龍爲諫官。《尚書·舜典》："伯拜稽首，讓於夔龍。"孔安國傳："夔龍，二臣名。"

夫叙用之官得通章表者，其讓賢推能乃通，其不能有所讓徒費簡紙者，皆絶不通。人臣初除，各思推賢能而讓之矣，讓之文付主者掌之。三司有缺，擇三司所讓最多者而用之。此爲一公缺，三公已豫選之矣。且主選之吏，不必任公而選三公，不如令三公自共選一公爲詳也。四征缺，[1]擇四征所讓最多者而用之，此爲一征缺，四征已豫選之矣，必詳於停缺而令主者選四征也。尚書缺，擇尚書所讓最多者而用之，此爲八尚書共選一尚書，詳於臨缺令主者選八尚書也。郡守缺，擇衆郡所讓最多者而用之，詳於任主者令選百郡守也。

[1]四征：即征東、征南、征西、征北四將軍。

夫以衆官百郡之讓，與主者共相比，不可同歲而論也。雖復令三府參舉官，本不委以舉選之任，各不能以根其心也。[1]其所用心者裁之不二三，但令主者案官次而舉之，不用精也。賢愚皆讓，百姓耳目盡爲國耳目。夫人情争則欲毁己所不知，[2]讓則競推於勝己。故世争則毁譽交錯，優劣不分，難得而讓也。時讓則賢智顯出，能否之美歷歷相次，不可得而亂也。當此時也，能退身修己者，讓之者多矣。雖欲守貧賤，不可得也。[3]馳騖進趣而欲人見讓，猶却行而求前也。夫如此，愚智咸知進身求通，非修之於己則無由矣。游外求者，於此相隨而歸矣。浮聲虚論，不禁而自息矣。人無所用其心，[4]任衆人之議，而天下自化矣。不言之化行，巍巍之美於此著矣。讓可以致此，豈可不務之哉！

[1]各不能以根其心也：不能够安心、專心。

[2]夫人情争則欲毁己所不知：中華本校勘記："《通鑑》八二'知'作'如'。"

[3]不可得也：宋本作"不可得之也"。

[4]人無所用其心：人，殿本作"人人"。

《春秋傳》曰："范宣子之讓，其下皆讓。欒黶雖汰，弗敢違也。晋國以平，數世賴之。"[1]上世之化也，君子尚能而讓其下，小人力農以事其上，上下有禮，讒慝遠黜，[2]由不争也。及其亂也，國家之弊，恒必由之。篤論了了如此。在朝君子典選大官，能不以人廢言，舉而行之，各以讓賢舉能爲先務，則群才猥出，能否殊别，蓋世之功，莫大於此。

[1]語見《左傳·襄公十三年》。

[2]讒慝：邪惡奸佞之人。

泰始初，進爵爲伯，累遷少府。[1]咸寧中爲太常，[2]轉尚書。杜預之伐吴也，[3]寔以本官行鎮南軍司。[4]

[1]少府：官名，掌管宫廷手工業。三品。

[2]太常：官名，漢代稱奉常，本掌禮樂宗廟、社稷祭祀，魏晋時此職掌歸尚書裁定，太常成爲閑職。三品。

[3]杜預：字元凱，本書卷三四有傳。

[4]行：兼攝官職。　鎮南軍司：官名，即鎮南將軍府軍師。軍司，官名，即軍師，因避司馬師諱，故改。爲諸軍府主要僚屬，佐主帥統軍隊，負有匡正監察主帥之責，地位很高，常繼任主帥。

初，寔妻盧氏生子躋而卒，華氏將以女妻之。寔弟智諫曰："華家類貪，必破門户。"辭之不得，竟婚華氏而生子夏。寔竟坐夏受賂，[1]免官。頃之爲大司農，[2]又以夏罪免。

[1]竟：宋本作“竞”。

[2]大司農：官名，掌管全國財政和各地的屯田。三品。

寔每還州里，鄉人載酒肉以候之。寔難逆其意，輒共啖而返其餘。或謂寔曰：“君行高一世，而諸子不能遵。何不旦夕切磋，[1]使知過而自改邪！”寔曰：“吾之所行，是所聞見，不相祖習，[2]豈復教誨之所得乎！”世以寔言爲當。

[1]切磋：本意爲加工玉器。此指對子女進行教育。

[2]祖習：宗奉學習。

後起爲國子祭酒、散騎常侍。[1]愍懷太子初封廣陵王，[2]高選師友，以寔爲師。元康初，進爵爲侯，累遷太子太保，[3]加侍中、特進、右光禄大夫、開府儀同三司，領冀州都督。[4]九年，策拜司空，遷太保，轉太傅。[5]

[1]國子祭酒：官名，國子學的長官，主管國子學，掌教授儒學、參議禮制。五品。

[2]愍懷太子：即司馬遹，字熙祖，本書卷五三有傳。

[3]太子太保：官名，東宮三師之一，位居太子太師、太子太傅下，品秩同太子太師。三品。

[4]冀州都督：都督冀州諸軍事。

[5]太傅：官名，晋爲八公之一。位上公，太宰之下、太保之

上。一品。

太安初，寔以老病遜位，賜安車駟馬、錢百萬，以侯就第。及長沙、成都之相攻也，寔爲軍人所掠，潛歸鄉里。

惠帝崩，寔赴山陵。懷帝即位，復授太尉。寔自陳年老，固辭，不許。左丞劉坦上言曰："夫堂高級遠，主尊相貴。是以古之哲王莫不師其元臣，崇養老之教，訓示四海，使少長有禮。七十致仕，亦所以優異舊德，厲廉高之風。太尉寔體清素之操，執不渝之潔，懸車告老，[1]二十餘年，浩然之志，老而彌篤。可謂國之碩老，邦之宗模。臣聞老者不以筋力爲禮，寔年逾九十，命在日制，[2]遂自扶輿，冒險而至，展哀山陵，致敬闕庭，大臣之節備矣。聖詔殷勤，必使寔正位上臺，光飪鼎實，[3]斷章敦喻，[4]經涉二年。[5]而寔頻上露板，[6]辭旨懇誠。臣以爲古之養老，以不事爲優，[7]不以吏之爲重，謂宜聽寔所守。"

[1]懸車：致仕，退休。

[2]命在日制：生命的終點就在旦夕。日制，古人年老預制送終之具：六十歲時預制棺木；七十、八十歲時預制送終衣物；到九十歲，棺木、衣物都已預制完畢，就日日修整以作送終之用。

[3]光飪鼎實：喻掌握朝廷大政。

[4]斷章敦喻：一字一句的曉諭衆官。

[5]經涉：經歷，涉歷。

[6]露板：奏疏。

[7]以不事爲優：優，原本、宋本作"擾"，殿本作"優"，據

殿本改。

三年，詔曰："昔虞任五臣，[1]致垂拱之化，[2]漢相蕭何，[3]興寧一之譽，故能光隆於當時，垂裕于百代。[4]朕紹天明命，臨御萬邦，所以崇顯政道者，亦賴之於元臣庶尹，畢力股肱，以副至望。而君年耆告老，確然難違。今聽君以侯就第，位居三司之上，秩禄準舊，賜几杖不朝及宅一區。國之大政，將就諮于君，副朕意焉。"歲餘薨，時年九十一，謚曰元。

［1］五臣：《論語·泰伯》："舜有臣五人，而天下治。"何晏注："孔曰：'禹、稷、契、皋陶、伯益。'"

［2］垂拱：垂衣拱手，無爲而治。

［3］蕭何：秦末泗水沛縣豐邑（今江蘇省豐縣）人。隨劉邦起兵反秦。楚漢戰争中，留守關中，爲前綫籌集糧草。劉邦稱帝後，因功高封酇侯。助吕后誅除韓信，封相國。劉邦死後復事惠帝，死前推薦曹參繼任。

［4］垂裕：語出《尚書·仲虺之誥》："王懋昭大德，建中於民，以義制事，以禮制心，垂裕後昆。"孔安國傳："垂優足之道示後世。"

寔少貧窶，杖策徒行，每所憩止，不累主人，薪水之事，皆自營給。及位望通顯，每崇儉素，不尚華麗。嘗詣石崇家，[1]如厠，見有絳紋帳，裀褥甚麗，[2]兩婢持香囊。寔便退，笑謂崇曰："誤入卿内。"崇曰："是厠耳。"寔曰："貧士未嘗得此。"乃更如他厠。雖處榮寵，居無第宅，所得俸禄，贍恤親故。雖禮教陵遲，而行己以正。喪妻爲廬杖之制，終喪不御内。[3]輕薄者笑之，寔不以介意。自少及老，篤學不倦，雖居職務，卷弗離手。尤精《三傳》，[4]辨正《公羊》，以爲衛輒不應辭以王父命，[5]祭仲失爲臣之節，[6]舉此二端以明臣子之體，遂行於世。又撰《春秋條例》二十卷。

［1］石崇：字季倫，本書卷三三有傳。

［2］裀褥：疊放整齊的衣服和坐卧墊具。

［3］御内：與女眷進行房事。

［4］《三傳》：《春秋穀梁傳》《春秋公羊傳》《春秋左氏傳》。

［5］衛輒不應辭以王父命：《春秋穀梁傳注疏序》："《穀梁》以衛輒拒父爲尊祖。"

［6］祭仲失爲臣之節：《春秋穀梁傳注疏序》："《公羊》以祭仲廢君爲行權。"

有二子，躋、夏。躋，字景雲，官至散騎常侍。夏以貪污棄放於世。

弟智，字子房，貞素有兄風。少貧窶，每負薪自給，讀誦不輟，竟以儒行稱。歷中書、黄門、吏部郎，[1]出爲潁川太守。[2]平原管輅嘗謂人曰：[3]"吾與劉潁川兄弟語，使人神思清發，昏不假寐。自此之外，殆白日欲寢矣。"入爲秘書監，[4]領南陽王師，加散騎常侍，遷侍中、尚書、太常。著《喪服釋疑論》，多所辨明。太康末卒，謚曰成。

[1]中書：官名，此指中書郎。隸屬中書令。掌草擬詔書、外出執行重要使命等。亦作爲中書通事郎、中書侍郎的省稱。五品。　黄門：官名，此指黄門郎、黄門侍郎或給事黄門侍郎的省稱。五品。　中華本在“中書”“黄門”“吏部郎”之間無斷，宜頓開。

[2]潁川：郡名，治所在許昌縣（今河南省許昌市東）。

[3]管輅：三國魏平原（今山東省平原縣西南）人，字公明。喜天文，明《周易》，善卜筮。世人凡有灾難疾病，多求其爲之解。曾任曹魏少府丞。

[4]秘書監：官名，秘書省長官，掌管藝文圖籍、課試署吏，統著作局，掌國史修撰並管理中外三閣圖書。三品。

高光

高光，字宣茂，陳留圉城人，[1]魏太尉柔之子也。[2]光少習家業，明練刑理，初以太子舍人累遷尚書郎，出爲幽州刺史、潁川太守。[3]是時武帝置黄沙獄，[4]以典詔囚。以光歷世明法，用爲黄沙御史，[5]秩與中丞同。[6]遷廷尉。[7]

[1]圉（yǔ）城：縣名，治所在今河南省杞縣西南圉鎮。

[2]柔：高柔，三國時陳留圉縣（今河南省杞縣西南圉鎮）人，字文惠。初附袁紹，後歸曹操，歷任丞相倉曹屬、丞相理曹掾、治書侍御史，官至太尉。

[3]幽州：治所在薊縣（今北京市西南）。　潁川：中華本誤作“潁州”。

[4]黄沙獄：官署名，西晋武帝置，治理刑獄案件的機構。

[5]黄沙御史：官名，黄沙獄治書侍御史的簡稱，西晋武帝置，主管詔獄案件審理及覆核廷尉所處理案件。六品。

[6]中丞：官名，即御史中丞。四品。

[7]廷尉：官名，中央最高司法審判機構長官，負責會審朝中有罪文武大臣，覆核審决郡國疑獄等。三品。

元康中，拜尚書，典三公曹。[1]時趙王倫篡逆，[2]光於其際，守道全貞。[3]及倫賜死，齊王冏輔政，[4]復以光爲廷尉，遷尚書，加奉車都尉。[5]後從駕討成都王穎有勳，[6]封延陵縣公，邑千八百户。於時朝廷咸推光明於用法，故頻典理官。[7]惠帝爲張方所逼，[8]幸長安，朝臣奔散，莫有從者，光獨侍帝而西。遷尚書左僕射，加散騎常侍。

[1]三公曹：官署名，尚書省諸郎曹之一。隸屬三公尚書，掌斷獄及宣讀五季時令儀注。

[2]趙王倫：司馬倫，字子彝，本書卷五九有傳。

[3]守道全貞：全貞，原本、宋本作“貞全”，殿本作“全貞”，據殿本、中華本校勘記改。

[4]齊王冏：司馬冏，字景治，本書卷五九有傳。

[5]奉車都尉：官名，魏晋時作加官，與駙馬都尉、騎都尉并號三都尉。六品。

[6]成都王穎：司馬穎，字章度，本書卷五九有傳。

[7]典理官：官名，掌刑獄訴訟治理。

[8]張方：西晋河間（今河北省獻縣東南）人，本書卷六〇有傳。

光兄誕爲上官巳等所用，歷徐、雍二州刺史。[1]誕性任放無倫次，而决烈過人，[2]與光異操。常謂光小節，恒輕侮之，光事誕愈謹。

[1]徐：徐州，治所在彭城縣（今江蘇省徐州市）。　雍：雍州，治所在姑臧縣（今甘肅省武威市）。東漢建安十八年（213）移治長安（今陝西省西安市西北）。

[2]决烈：果决剛烈。

帝既還洛陽，時太弟新立，重選傅訓，以光爲少傅，[1]加光禄大夫，常侍如故。及懷帝即位，加光禄大夫金章紫綬，[2]與傅祗並見推崇。[3]尋爲尚書令，[4]本官如故。以疾卒，贈司空、侍中。屬京洛傾覆，竟未加謚。

[1]少傅：官名，即太子少傅，與太子太傅並稱二傅，三國時并攝東宫事務，與尚書、東曹并掌太子、諸侯官署選舉。西晋時下設丞、功曹、主簿等屬官。三品。

[2]金章紫綬：黄金印章紫色綬帶。

[3]傅祗：字子莊，本書卷四七有傳。

[4]尚書令：官名，秦漢時爲尚書署長官。秩位雖低，權力甚重。魏晋時沿置，爲尚書省長官，綜理全國政務，參議大政，爲高級政務長官。三品。

子韜，字子遠，放佚無檢。光爲廷尉時，韜受貨賕，有司奏案之，而光不知。時人雖非光不能防閑其子，[1]以其用心有素，不以爲累。初，光詣長安，[2]留臺以韜兼右衛將軍。[3]韜與殿省小人交通，及光卒，仍於喪中往來不絶。時東海王越輔政，[4]不朝覲。韜知人心有望，密與太傅參軍姜賾、京兆杜概等謀討越，[5]事泄伏誅。

[1]防閑：防備和禁阻。

[2]光詣長安：中華本將逗號標在“留臺”後。按照中華本標點，留臺似乎設在長安。然《晋書》卷四《惠帝紀》明確記載，公元304年，晋惠帝爲張方所逼，由洛陽到長安。尚書僕射荀藩、太常鄭球、司隸校尉劉暾、河南尹周馥在洛陽組成留臺。從留臺本身的設置看，留臺是君主出京時留守在京城的中央機構。西晋的都城在洛陽，留臺當設在洛陽。就晋惠帝時的史料來看，找不出留臺設在長安的旁證。（參見陶賢都《〈晋書·高光傳〉標點辨誤一則》，《中國史研究》2003年第3期）

[3]留臺：指古代帝王因故离京，奉命留守京師之官及其機構。　右衛將軍：官名，三國魏咸熙二年（265），司馬炎即晋王位，分中衛將軍爲左、右衛將軍。掌伙飛虎賁及前驅、由基、强弩三部司馬，屬下還有虎賁、羽林、上騎、異力、命中共五部督，負責宮禁侍衛。西晋屬中軍將軍，後屬領軍將軍。爲禁衛軍主要統帥之一，權任很重。四品。右，殿本作“石”。

[4]東海王越：司馬越，字元超，本書卷五九有傳。

[5]太傅參軍：官名，太傅府幕僚。參軍，亦作參軍事，謂參謀軍事。兩晋公府、軍府皆置。　京兆：郡名，治所在長安縣（今陝西省西安市西北）。

史臣曰：下士競而文，[1]中庸静而質，[2]不若進不足而退有餘也。魏舒、劉寔發慮精華，[3]結綬登槐，[4]覽止成務。[5]季和切問近對，當官正色。《詩》云“貪人敗類”，[6]豈劉夏之謂歟！

[1]下士競而文：下等之人競争，外表華麗。

[2]中庸静而質：中等之人守静，表現質樸。

[3]發慮精華：慮，殿本作“攄”。

[4]結綬登槐：戴上印綬登上公位。

[5]覽止成務：最大限度地成就事業。

[6]貪人敗類：語出《詩·大雅·桑柔》："大風有隧，貪人敗類。聽言則對，誦言如醉。匪用其良，覆俾我悖。"

贊曰：舒言不矜，憙對千乘。子真、宣茂，雅志難陵。進忠能舉，退讓攸興。皎皎瑚器，[1]來光玉繩。[2]

[1]皎皎瑚器：潔凈的祭祀禮器。瑚器，古宗廟盛黍稷的禮器。《禮記·明堂位》："有虞氏之兩敦，夏後氏之四連，殷之六瑚，周之八簋。"鄭玄注："皆黍稷器。"孫希旦集解："敦、璉、瑚、簋，四代之名雖異，而其實爲一物也。"

[2]玉繩：星名。常泛指群星。《文選·張衡〈西京賦〉》："上飛闥而仰眺，正睹瑶光與玉繩。"李善注引《春秋元命苞》曰："玉衡北兩星爲玉繩。"

晋書　卷四二

列傳第十二

王渾 子濟　王濬　唐彬

王渾

王渾，字玄冲，太原晋陽人也。[1]父昶，[2]魏司空。[3]渾沉雅有器量。襲父爵京陵侯，辟大將軍曹爽掾。[4]爽誅，隨例免。起爲懷令，[5]參文帝安東軍事，[6]累遷散騎、黄門侍郎、散騎常侍。[7]咸熙中爲越騎校尉。[8]

[1]太原：郡名，治所在晋陽縣（今山西省太原市西南）。

[2]昶：王昶，三國時太原晋陽（今山西省太原市西南）人，字文舒。歷任曹魏太子文學、洛陽典農、兖州刺史、揚烈將軍等職。參與平定毌丘儉、諸葛誕反叛有功，官至司空。

[3]司空：官名，魏晋南北朝爲名譽宰相，多爲大臣加官。晋八公之一，位在三公之末。一品。

[4]大將軍：官名，高級軍事統帥。曹魏時多以之屯駐長安，對付蜀漢，蜀漢以其爲最高軍事長官，孫吴則别置上大將軍居其

上。西晋時爲八公之一，位居上公、大司馬下，三公之上。東晋時常專擅軍政事務。一品。　曹爽：三國時沛國譙縣（今安徽省亳州市）人，字昭伯，曹真子。明帝死，受遺詔與司馬懿共同輔政。後與司馬懿争權，爲司馬懿所殺。爽，宋本作“樊”。　掾：大將軍掾。

[5]懷：縣名，治所在今河南省武陟縣西南。

[6]參文帝安東軍事：即安東將軍參軍。參軍，官名，亦作參軍事，謂參謀軍事。兩晋公府、軍府皆置。

[7]散騎：散騎侍郎的省稱。中華本將“散騎”和“黄門侍郎”連在一起爲“散騎黄門侍郎”。史無此官職，應頓開。　黄門侍郎：官名，魏晋時爲侍中省或門下省次官。侍從皇帝，顧問應對，多以重臣或外戚子弟擔任，位頗重要。五品。

[8]越騎校尉：官名，西漢北軍八校尉之一，東漢五校尉之一，隸屬北軍中候。魏晋以後隸屬中領軍（領軍將軍）。四品。

武帝受禪，加揚烈將軍，[1]遷徐州刺史。[2]時年荒歲饑，渾開倉振贍，百姓賴之。泰始初，增封邑千八百户。久之，遷東中郎將，[3]督淮北諸軍事，[4]鎮許昌。[5]數陳損益，多見納用。

[1]揚烈將軍：官名，統軍出鎮地方，或爲刺史加官。五品。

[2]徐州：治所在彭城縣（今江蘇省徐州市）。

[3]東中郎將：官名，東、西、南、北四中郎將之一，統兵征伐，多有固定的轄區和治所。四品。

[4]督淮北諸軍事：淮北地區軍事行政長官，位低於都督和監。中華本作“監”，誤。

[5]許昌：縣名，治所在許昌城（今河南省許昌市東）。

轉征虜將軍、監豫州諸軍事、假節，[1]領豫州刺史。[2]渾與吴接境，宣布威信，前後降附甚多。吴將薛瑩、魯淑衆號十萬，[3]淑向弋陽，[4]瑩向新息。[5]時州兵並放休息，衆裁一旅，浮淮潛濟，出其不意，瑩等不虞晋師之至。渾擊破之，以功封次子尚爲關内侯。

[1]征虜將軍：既是武官名，也作爲高級文職官員的加官。三品。　監豫州諸軍事：豫州地區軍事行政長官，位低於都督。　假節：假以節杖。指大臣臨時持節出巡，爲權臣掌軍、秉政的地位象徵和政治待遇。

[2]領：以地位較高的官員兼理較低的職務。　豫州：曹魏時治所在安城縣（今河南省正陽縣東北），西晋移治陳縣（今河南省周口市淮陽區）。

[3]薛瑩：三國時沛郡竹邑（今安徽省宿州北）人，字道言。歷任孫吴秘府中書郎、選曹尚書、太子少傅、左國史、光禄勛。吴亡後至洛陽。

[4]弋陽：縣名，治所在今河南省潢川縣西。

[5]新息：縣名，治所在今河南省息縣西南。

遷安東將軍、都督揚州諸軍事，[1]鎮壽春。[2]吴人大佃皖城，[3]圖爲邊害。渾遣揚州刺史應綽督淮南諸軍攻破之，[4]并破諸别屯，焚其積穀百八十餘萬斛、稻苗四千餘頃、船六百餘艘。渾遂陳兵東疆，視其地形險易，歷觀敵城，察攻取之勢。

[1]安東將軍：官名，東漢建安年間置，與安西、安南、安北合稱四安將軍，爲出鎮某一地區的軍事長官，或作爲刺史等兼理軍

務的加官，權任頗重。三品，加持節都督者二品。　都督揚州諸軍事：揚州地區最高軍事行政長官。

［2］壽春：縣名，治所在今安徽省壽縣東南。

［3］皖城：又名皖公城，治所在今安徽省潛山市。

［4］揚州：三國魏、吴各置揚州，魏治所在壽春縣（今安徽省壽縣），吴治所在建業縣（今江蘇省南京市）。西晋統一後復合，治所在建鄴縣（治所在今江蘇省南京市）。

及大舉伐吴，渾率師出横江，[1]遣參軍陳慎、都尉張喬攻尋陽瀨鄉，[2]又擊吴牙門將孔忠，[3]皆破之，獲吴將周興等五人。又遣殄吴護軍李純據高望城，[4]討吴將俞恭，破之，多所斬獲。吴厲武將軍陳代、平虜將軍朱明懼而來降。[5]吴丞相張悌、大將軍孫震等率衆數萬指城陽，[6]渾遣司馬孫疇、揚州刺史周浚擊破之，[7]臨陣斬二將，及首虜七千八百級，吴人大震。

［1］横江：今安徽省和縣與馬鞍山市之間的長江。

［2］參軍：官名，亦作參軍事，謂參謀軍事。兩晋公府、軍府皆置。此處爲安東將軍府參軍。　陳慎：西晋人，歷任都水使者、水衡都尉、王渾安東將軍府參軍。　都尉：官名，統兵武職，不常置。　尋陽：縣名，治所在今湖北省黄梅縣西南。　瀨鄉：治所在今江蘇省南京市西北。

［3］牙門將：官名，簡稱牙門，三國魏晋南北朝皆置，統兵武職，位在裨將軍下、郡守上。五品。

［4］殄吴護軍：官名，西晋置，職掌同將軍，位低於同號將軍。魏晋時常隨征伐目的，置諸雜號護軍，如征蜀護軍、平虜護軍、揚威護軍等，職如將軍，而地位稍遜同號將軍，資歷稍淺之統帥常授此。　高望城：治所在今江蘇省江浦縣西南高望鎮。

［5］厲武將軍：官名，三國孫吴所置武職。　平虜將軍：官名，領軍武職，根據軍事行動而置。

［6］張悌：字巨先，襄陽（今湖北省襄陽市）人，歷任孫吴屯騎校尉、丞相、軍師。版橋兵敗爲晋軍所殺。　孫震：孫吴宗室，孫賁之孫，任無難督、大將軍，與張悌俱爲晋軍所殺。

［7］司馬：官名，府署高級幕僚。掌參讚軍務、管理府内武職，位僅次於長史。魏晋南北朝時王府、公府、軍府、邊郡均置。八至六品。　周浚：字開林，本書卷六一有傳。

孫皓司徒何植、建威將軍孫晏送印節詣渾降。[1]既而王濬破石頭，[2]降孫皓，威名益振。明日，渾始濟江，登建鄴宫，釃酒高會。自以先據江上，破皓中軍，案甲不進，致在王濬之後。意甚愧恨，有不平之色，頻奏濬罪狀，時人譏之。帝下詔曰："使持節、都督揚州諸軍事、安東將軍、京陵侯王渾，[3]督率所統，遂逼秣陵，[4]令賊孫皓救死自衛，不得分兵上赴，以成西軍之功。又摧大敵，獲張悌，使皓塗窮勢盡，面縛乞降。遂平定秣陵，功勛茂著。其增封八千户，進爵爲公，封子澄爲亭侯、弟湛爲關内侯，賜絹八千匹。"

［1］司徒：官名，西漢哀帝元壽二年（前1）改丞相爲大司徒，東漢光武帝時改名爲司徒，東漢末又改爲丞相。三國魏恢復三公制，改丞相爲司徒，管理民政。兩晋沿制，爲八公之一，在太尉之下、司空之上。與丞相通職，一般不並置，爲名譽宰相。一品。　何植：三國孫吴人，孫皓舅舅，任三郡督、牛渚都督、司徒等。　建威將軍：官名，領兵征戰，曹魏、孫吴、西晋皆置。四品。

［2］石頭：石頭城，故址在今江蘇省南京市清涼山。

[3]使持節：漢朝官吏奉使外出時，或由皇帝授予節杖，以提高其權力。魏晋以後，凡重要軍事長官出征或出鎮，加使持節，可誅殺二千石以下官員。

[4]秣陵：縣名，東漢建安十七年（212）孫權改名建業縣，治所在今江蘇省南京市。

轉征東大將軍，[1]復鎮壽陽。[2]渾不尚刑名，處斷明允。時吴人新附，頗懷畏懼。渾撫循羈旅，[3]虚懷綏納，座無空席，門不停賓。於是江東之士莫不悦附。

[1]征東大將軍：官名，三國魏文帝黄初三年（222）置，職掌與征東將軍同，但位在其上，多統兵出鎮方面，都督數州軍事。不常置。二品，開府位從公者一品。

[2]壽陽：即壽春縣，秦置。治所在今安徽省壽縣東南。東晋時纔改爲壽陽，此時應仍稱壽春。

[3]羈旅：寄居他鄉之人。

徵拜尚書左僕射，[1]加散騎常侍。會朝臣立議齊王攸當之藩，[2]渾上書諫曰："伏承聖詔，憲章古典，[3]進齊王攸爲上公，崇其禮儀，遣攸之國。昔周氏建國，大封諸姬，以藩帝室，永世作憲。至於公旦，武王之弟，左右王事，輔濟大業，不使歸藩。明至親義著，不可遠朝故也。是故周公得以聖德光弼幼主，忠誠著於《金縢》，[4]光述文武仁聖之德。攸於大晋，姬旦之親也。宜贊皇朝，與聞政事，實爲陛下腹心不貳之臣。且攸爲人，修潔義信，加以懿親，志存忠貞。今陛下出攸之國，假以都督虚號，而無典戎幹方之實，[5]去離天朝，不預王政。傷母弟至親之體，虧友于款篤之義，[6]懼非陛下追述先帝、文明太后待攸之宿意也。若以攸望重，於事宜出者，今以汝南王亮代攸。[7]亮，宣皇帝子，文皇帝弟，伷、駿各處方任，[8]有内外之資，論以後慮，亦不爲輕。攸今之國，適足長異同之論，[9]以損仁慈之美耳。而令天下窺陛下有不崇親親之情，臣竊爲陛下不取也。若以妃后外親，任以朝政，則有王氏傾漢之權，[10]吕産專朝之禍。[11]若以同姓至親，則有吴楚七國逆亂之殃。[12]歷觀古今，苟事輕重，所在無不爲害也。不可事事曲設疑防，慮方來之患者也，唯當任正道而求忠良。若以智計猜物，雖親見疑，至於疏遠者亦何能自保乎！人懷危懼，非爲安之理，此最有國有家者之深忌也。愚以爲太子太保缺，[13]宜留攸居之，與太尉汝南王亮、衛將軍楊珧共爲保傅，[14]幹理朝事。三人齊位，足相持正，進有輔納廣義之益，退無偏重相傾之勢。令陛下有篤親親之恩，使攸蒙仁覆之惠。臣同國休戚，義在盡言，心之所見，不能默已。私慕魯女存國之志，[15]敢陳愚見，觸犯天威。欲陛下事每盡善，冀萬分之助。臣而不言，誰當言者。”帝不納。

[1]尚書左僕射：官名，尚書省次官，輔助尚書令執行政務，參議大政，諫諍得失，監察糾彈百官。有時尚書省不置令，衹設左右僕射，此時左僕射居右僕射之上。三品

[2]齊王攸：司馬攸，字大猷，本書卷三八有傳。

[3]憲章古典：效法古時典章制度。

[4]《金縢》:《尚書》中的篇名。

［5］典戎幹方：統兵獨任一方。

［6］友于：借指兄弟。

［7］汝南王亮：司馬亮，字子翼，本書卷五九有傳。

［8］伷：司馬伷，字子將，本書卷三八有傳。　駿：司馬駿，字子臧，本書卷三八有傳。

［9］長異同之論：增加人們不同的説法和議論。

［10］王氏傾漢之權：漢元帝皇后，王莽姑。成帝即位，尊爲皇太后，河平二年（前 27）始專權。哀帝死後，招王莽入朝爲大司馬，立平帝，遂臨朝稱制，委政於王莽。後王莽代漢，建立新朝。

［11］吕産：西漢單父（今山東省單縣）人，吕后侄子。高后元年（前 187）封汶侯。七年爲梁王。吕后病危時任相國，與上將軍吕禄分掌南北軍。吕后死，與諸吕謀亂，被殺。

［12］吴楚七國逆亂：漢高祖劉邦死後，同姓諸侯王的勢力膨脹，漢景帝即位後，采納晁錯的削藩建議，逐步削奪楚、趙、吴、膠西等國封邑，引其諸國不滿。景帝三年（前 154），吴王劉濞聯合楚王戊、膠西王卬、膠東王雄渠、濟南王辟光、淄川王賢、趙王遂發動叛亂，後被平定。

［13］太子太保：官名，東宫三師之一，位居太子太師、太子太傅下，品秩同太子太師。三品。

［14］衛將軍：官名，魏晋時位在名號將軍之上，多爲軍府名號，加給大臣、重要州郡長官。二品，開府位從公者一品。　楊珧：字文琚，本書卷四〇有傳。

［15］魯女存國：魯漆室女，爲國君老太子年幼而擔心。後來國家果然發生内亂，齊楚等國趁亂攻之，正如漆室女所擔心的那樣。事見劉向撰《列女傳》卷三《魯漆室女》。

太熙初，遷司徒。惠帝即位，加侍中，[1]又京陵置士官，[2]如睢陵比。[3]及誅楊駿，崇重舊臣，乃加渾兵。

渾以司徒文官，主史不持兵，持兵乃吏屬絳衣。自以偶因時寵，權得持兵，非是舊典，皆令皂服。[4]論者美其謙而識體。

[1]侍中：官名，東漢建安中與給事黄門侍郎出入禁中，省尚書事。曹魏時爲門下之侍中省長官，常侍衛皇帝左右，掌顧問應對、諫諍糾察、平議奏事、駁奏異議等，權力甚重。三品。

[2]京陵：京陵縣，治所在今山西省平遥縣東北京陵村。　士官：監獄的别名。蔡邕《獨斷》："四代獄之别名：唐虞曰士官，《史記》曰'皋陶爲理'，《尚書》曰'皋陶作士'；夏曰均臺；周曰囹圄；漢曰獄。"

[3]睢陵：縣名，治所在今江蘇省泗洪縣東南洪澤湖中。　比：等同。

[4]皂服：黑色衣服。因持兵吏著絳衣，王渾仍讓兵吏著黑衣，以示暫時之意。

楚王瑋將害汝南王亮等也，[1]公孫宏説瑋曰："昔宣帝廢曹爽，引太尉蔣濟參乘，[2]以增威重。大王今舉非常事，宜得宿望，鎮厭衆心。司徒王渾宿有威名，爲三軍所信服，可請同乘，使物情有憑也。"[3]瑋從之。渾辭疾歸第，以家兵千餘人閉門距瑋。瑋不敢逼。俄而瑋以矯詔伏誅，渾乃率兵赴宫。[4]帝嘗訪渾元會問郡國計吏方俗之宜，[5]渾奏曰："陛下欽明聖哲，光于遠近，明詔冲虚，[6]詢及芻蕘，[7]斯乃周文疇咨之求，[8]仲尼不耻下問也。舊三朝元會前計吏詣軒下，侍中讀詔，計吏跪受。臣以詔文相承已久，無他新聲，非陛下留心方國之意也。可令中書指宣明詔，問方土異同，賢才秀異，風俗好尚，農桑本務，刑獄得無冤濫，守長得無侵虐。其勤心政化、興利除害者，授以紙筆，盡意陳聞。以明聖指垂心四遠，不復因循常辭。且察其答對文義，以觀計吏人才之實。又先帝時，正會後東堂見征鎮長史司馬、諸王國卿、諸州别駕。[9]今若不能别見，可前詣軒下，使侍中宣問，以審察方國，於事爲便。”帝然之。又詔渾録尚書事。[10]

[1]楚王瑋：司馬瑋，字彦度，本書卷五九有傳。

[2]太尉：官名，曹操爲丞相後，太尉府屬官歸相府，晋時太尉雖爲八公之一、三公之首，實爲名譽宰相，多爲大臣加官。一品。　蔣濟：三國時楚國平阿（今安徽省懷遠縣西南）人，字子通。歷任揚州别駕、丞相主簿西曹署，典選舉。齊王曹芳時官至太尉。

[3]物情有憑：有，殿本作“可”。

[4]率兵赴官：官，殿本作“宫”。

[5]計吏：即上計吏，地方政府派赴中央呈遞計簿的官員。

[6]明詔冲虚：詔，宋本作“帝”。冲虚，淡泊謙虚。

[7]詢及芻蕘：咨詢草野之人。

[8]疇咨：訪問，訪求。

[9]征鎮長史司馬：官名，四征將軍、四鎮將軍的長史、司馬。七品。　别駕：官名，别駕從事、别駕從事史省稱。州部佐官，因從刺史行部，别乘傳車，故稱。位居州吏之右。

[10]録尚書事：官名，初爲職銜名，重臣加此名義始得總知國事，綜理政務，成爲真宰相。魏晋多以公卿權重者居之，總領尚書省政務，凡重號將軍、刺史皆得命曹授用，位在三公之上。

渾所歷之職，前後著稱，及居臺輔，聲望日減。元康七年薨，時年七十五，謚曰元。長子尚早亡，次子濟嗣。[1]

［1］次子濟嗣：中華本校勘記："據《濟傳》，濟先渾卒，濟庶子卓嗣渾爵，此云'濟嗣'，未當。"

濟，字武子。少有逸才，風姿英爽，氣蓋一時。好弓馬，勇力絶人，善《易》及《莊》《老》，文詞俊茂，伎藝過人，有名當世，與姊夫和嶠及裴楷齊名。[1]尚常山公主。年二十，起家拜中書郎，[2]以母憂去官。起爲驍騎將軍，[3]累遷侍中，與侍中孔恂、王恂、楊濟同列，[4]爲一時秀彦。武帝常會公卿藩牧於式乾殿，顧濟、恂而謂諸公曰："朕左右可謂恂恂濟濟矣！"每侍見，未嘗不諮論人物及萬機得失。[5]濟善於清言，修飾辭令，諷議將順，朝臣莫能尚焉，帝益親貴之。仕進雖速，論者不以主婿之故，咸謂才能致之。然外雖弘雅，而内多忌刻，好以言傷物，儕類以此少之。[6]以其父之故，每排王濬，時議譏焉。

［1］和嶠：字長輿，本書卷四五有傳。　裴楷：字叔則，本書卷三五有傳。

［2］拜中書郎：中華本校勘記："'拜'字疑衍，《御覽》二三八引《晋書百官名臣》、《册府》四五八並無。"

［3］驍騎將軍：官名，三國魏爲内軍將領，統營兵。兩晋與領軍、護軍、左右衛、游擊諸將軍合稱六軍，擔當宿衛之任，是護衛

宫廷的主要將領。四品。

[4]孔恂：西晋人，字士信，任侍中、御史中丞、平東將軍衛尉。　王恂：字良夫，本書卷九三有傳。　楊濟：西晋人，楊駿弟，字文通，本書卷四〇有傳。

[5]萬機：機，殿本作“幾”。

[6]儕類以此少之：同輩因此小看他。

齊王攸當之藩，濟既陳請，[1]又累使公主與甄德妻長廣公主俱入，稽顙泣請帝留攸。帝怒謂侍中王戎曰：[2]“兄弟至親，今出齊王，自是朕家事。而甄德、王濟連遣婦來生哭人！”以忤旨，左遷國子祭酒，[3]常侍如故。

[1]陳請：陳，殿本作“諫”。

[2]王戎：字濬冲，本書卷四三有傳。

[3]國子祭酒：官名，國子學的長官，主管國子學，掌教授儒學、参議禮制。五品。

數年，入爲侍中。時渾爲僕射，主者處事或不當，濟性峻厲，明法繩之。素與從兄佑不平，[1]佑黨頗謂濟不能顧其父，由是長同異之言。出爲河南尹，[2]未拜，坐鞭王官吏免官，而王佑始見委任。而濟遂被斥外，於是乃移第北芒山下。[3]

[1]佑：王佑，西晋太原晋陽（今山西省太原市西南）人，王濟從兄，任河東太守。

[2]河南尹：官名，京都洛陽所在河南郡長官，主管京都事務。

三品。

[3]北芒山：又作北邙山，即芒山，位於今河南省洛陽市北。

性豪侈，麗服玉食。時洛京地甚貴，濟買地爲馬埒，[1]編錢滿之，時人謂爲“金溝”。[2]王愷以帝舅奢豪，[3]有牛名“八百里駮”，常瑩其蹄角。濟請以錢千萬與牛對射而賭之。愷亦自恃其能，令濟先射。一發破的，因據胡床，[4]叱左右速探牛心來，須臾而至，一割便去。和嶠性至儉，家有好李，帝求之，不過數十。濟候其上直，率少年詣園，共啖畢，伐樹而去。帝嘗幸其宅，供饌甚豐，悉貯琉璃器中。[5]蒸肫甚美，[6]帝問其故，答曰：“以人乳蒸之。”帝色甚不平，食未畢而去。

[1]馬埒：習射之馳道。兩邊有界限，使不致跑出道外。

[2]時人謂爲“金溝”：中華本校勘記：“《世説·汰侈》注、《太平寰宇記》三、《御覽》四九三引皆作‘金埒’，《食貨志》云‘布金埒之泉’，亦即指此。上文云‘爲馬埒’，則此作‘埒’義長。”

[3]王愷：字君夫，本書卷九三有傳。

[4]胡床：魏晋時傳入中原的少數民族用的輕便坐具，又稱交床。朱大渭先生《中古漢人由跪坐到垂脚高坐》一文中有論述。(參見朱大渭《六朝史論》，中華書局1998年版)

[5]琉璃：原本、宋本作“流離”，殿本作“琉璃”，據殿本改。

[6]肫：小猪。

濟善解馬性，嘗乘一馬，著連乾鄣泥，[1]前有水，終不肯渡。濟云：“此必是惜鄣泥。”使人解去，便渡。故杜預謂濟有馬癖。[2]

[1]連乾鄣泥：帶有裝飾的馬韉。

[2]杜預：字元凱，本書卷三四有傳。

帝嘗謂和嶠曰：“我將駡濟而後官爵之，何如？”嶠曰：“濟俊爽，恐不可屈。”帝因召濟，切讓之，既而曰：“知愧不？”濟答曰：“尺布斗粟之謡，[1]常爲陛下耻之。他人能令親疏，臣不能使親親，以此愧陛下耳。”帝默然。

[1]尺布斗粟之謡：典出《史記》卷一一八《淮南衡山列傳》：漢文帝劉恒之弟淮南厲王劉長謀反失敗，被押解去蜀郡嚴道縣，在路上絶食而死，民間編了首歌謡：“一尺布，尚可縫；一斗粟，尚可舂；兄弟二人不能相容。”

帝嘗與濟棋，而孫皓在側，謂皓曰：“何以好剥人面皮？”皓曰：“見無禮於君者則剥之。”濟時伸脚局下，而皓譏焉。

尋使白衣領太僕。[1]年四十六，先渾卒，追贈驃騎將軍。[2]及其將葬，時賢無不畢至。孫楚雅敬濟，[3]而後來，哭之甚悲，賓客莫不垂涕。哭畢，向靈床曰：“卿常好我作驢鳴，我爲卿作之。”體似聲真，客皆笑。[4]楚顧曰：“諸君不死，而令王濟死乎！”

[1]白衣：布衣，無官職。　太僕：官名，掌皇帝車馬、田獵、兵器及全國牧業。三品。

[2]驃騎將軍：官名，西漢時爲重號將軍，東漢以後，居諸名號將軍之首，僅作爲軍府名號加授大臣或重要州郡長官。二品，開府位從公者一品。

[3]孫楚：字子荆，本書卷五六有傳。

[4]客皆笑：殿本"客"前有"賓"字。

初，濟尚主，主兩目失明，[1]而妒忌尤甚，然終無子，有庶子二人。卓，字文宣，嗣渾爵，拜給事中。[2]次聿，字茂宣，襲公主封敏陽侯。濟二弟，澄，字道深，汶，字茂深，皆辯慧有才藻，[3]並歷清顯。[4]

[1]兩目失明：兩目，宋本作"不"。

[2]給事中：官名，爲加官，所加爲三公、將軍、中書監令、博士、郎等。常侍從皇帝左右，諫諍糾彈，爲中朝要職。五品。

[3]辯慧有才藻：辯，殿本作"辨"。

[4]清顯：清要顯達。

王濬

王濬，字士治，弘農湖人也。[1]家世二千石。濬博涉墳典，[2]美姿貌，不修名行，不爲鄉曲所稱。晚乃變節，疏通亮達，恢廓有大志。嘗起宅，[3]開門前路廣數十步。人或謂之何太過，濬曰："吾欲使容長戟幡旗。"衆咸笑之，濬曰："陳勝有言，[4]燕雀安知鴻鵠之志。"

[1]弘農：郡名，治所在弘農縣（今河南省靈寶市）。　湖：

縣名，治所在今河南省靈寶市西北。

［2］墳典：三《墳》五《典》，泛指古代典籍。

［3］嘗起宅：嘗，原本、宋本作“常”，殿本作“嘗”，據殿本改。

［4］陳勝：秦末陽城（今河南省登封市告成鎮）人，字涉。少時爲人傭耕，有“苟富貴無相忘”之許。同耕者笑，陳勝説：“燕雀安知鴻鵠之志！”後成爲農民起義領袖，稱王，政權號“張楚”。

州郡辟河東從事。[1]守令有不廉潔者，皆望風自引而去。刺史燕國徐邈有女才淑，[2]擇夫未嫁。邈乃大會佐吏，令女於内觀之。女指濬告母，邈遂妻之。後參征南軍事，[3]羊祜深知待之。[4]祜兄子暨白祜：“濬爲人志大，奢侈不節，不可專任，宜有以裁之。”祜曰：“濬有大才，將欲濟其所欲，[5]必可用也。”轉車騎從事中郎，[6]識者謂祜可謂能舉善焉。

［1］河東：郡名，治所在安邑縣（今山西省夏縣西北禹王城）。從事：官名，州部屬吏。東漢稱從事史，由州部長官自己選拔任命。

［2］燕國：郡國名，治所在薊縣（今北京市西南）。

［3］參征南軍事：官名，征南將軍府參軍事。參軍事，亦作參軍，謂參謀軍事。兩晋公府、軍府皆置。

［4］羊祜：字叔子，本書卷三四有傳。

［5］濟其所欲：實現他的願望。

［6］從事中郎：官名，東漢時爲大將軍屬官，地位較高。三國時爲將軍府或公府屬官。六品。此爲車騎將軍府從事中郎。

除巴郡太守。[1]郡邊吴境，兵士苦役，生男多不養。濬乃嚴其科條，[2]寬其徭課，其産育者皆與休復，所全活者數千人。轉廣漢太守，[3]垂惠布政，百姓賴之。濬夜夢懸三刀於其卧屋梁上，[4]須臾又益一刀，濬驚覺，意甚惡之。主簿李毅再拜賀曰：[5]“三刀爲州字，又益一者，明府其臨益州乎？”[6]及賊張弘殺益州刺史皇甫晏，果遷濬爲益州刺史。濬設方略，悉誅弘等，以勛封關内侯。懷輯殊俗，待以威信，蠻夷徼外，多來歸降。徵拜右衛將軍，[7]除大司農。[8]車騎將軍羊祜雅知濬有奇略，[9]乃密表留濬，於是重拜益州刺史。

[1]巴郡：治所在江州縣（今重慶市）。

[2]嚴其科條：制定了嚴厲的法令。

[3]廣漢：郡名，治所在廣漢縣（今四川省射洪市南）。

[4]於其卧屋梁上：殿本無“其”字。

[5]主簿：官名，郡守屬官，典領文書籍簿，省録衆事，職權甚重。

[6]益州：治所在成都縣（今四川省成都市）。

[7]右衛將軍：官名，三國魏咸熙二年（265），司馬炎即晋王位，分中衛將軍爲左、右衛將軍。掌依飛虎賁及前驅、由基、强弩三部司馬，屬下還有虎賁、羽林、上騎、異力、命中共五部督，負責宫禁侍衛。西晋屬中軍將軍，後屬領軍將軍。爲禁衛軍主要統帥之一，權任很重。四品。

[8]大司農：官名，掌管全國財政和各地的屯田。三品。

[9]車騎將軍：官名，魏晋南北朝時位次於驃騎將軍，在諸名號將軍之上，多作爲軍府名號，以加授大臣及重要州郡長官。二品，開府位從公者一品。

武帝謀伐吴，詔濬修舟艦。濬乃作大船連舫，方百二十步，受二千餘人。以木爲城，起樓櫓，開四出門，其上皆得馳馬來往。又畫鷁首怪獸於船首，以懼江神。舟楫之盛，自古未有。濬造船於蜀，其木柹蔽江而下。[1]吴建平太守吾彦取流柹以呈孫皓曰：[2]"晋必有攻吴之計，宜增建平兵。建平不下，終不敢渡。"皓不從。尋以謡言拜濬爲龍驤將軍、監益梁諸軍事。[3]語在《羊祜傳》。

[1]木柹（fèi）：削下來的木片、木皮。

[2]建平太守吾彦：吾彦，原本、宋本作"吴彦"，殿本作"吾彦"，據殿本、中華本校勘記改。

[3]龍驤將軍：官名，高級軍事將領。三品。　監益梁諸軍事：上述二州軍事行政長官，位低於都督。

時朝議咸諫伐吴，濬乃上疏曰："臣數參訪吴楚同異，孫皓荒淫凶逆，荆揚賢愚無不嗟怨。[1]且觀時運，宜速征伐。若今不伐，天變難預。令皓卒死，更立賢主，文武各得其所，則强敵也。臣作船七年，日有朽敗，又臣年已七十，死亡無日。三者一乖，則難圖也，誠願陛下無失事機。"帝深納焉。賈充、荀勖陳諫以爲不可，[2]唯張華固勸。[3]又杜預表請，帝乃發詔，分命諸方節度。濬於是統兵。先在巴郡之所全育者，皆堪徭役供軍，其父母戒之曰："王府君生爾，爾必勉之，無愛死也！"

[1]無不嗟怨：無，殿本作“莫”。

[2]賈充：字公閭，本書卷四〇有傳。　荀勖：字公曾，本書卷三九有傳。

[3]張華：字茂先，本書卷三六有傳。　固勸：勸，殿本作“諫”。

太康元年正月，濬發自成都，[1]率巴東監軍、廣武將軍唐彬攻吴丹楊，[2]克之，禽其丹陽監盛紀。[3]吴人於江險磧要害之處，並以鐵鎖横截之，又作鐵錐長丈餘，暗置江中，以逆距船。先是，羊祜獲吴間諜，具知情狀。濬乃作大筏數十，亦方百餘步，縛草爲人，被甲持杖，令善水者以筏先行，筏遇鐵錐，錐輒著筏去。又作火炬，長十餘丈，大數十圍，灌以麻油，在船前，遇鎖，然炬燒之，須臾，融液斷絶，於是船無所礙。二月庚申，克吴西陵，[4]獲其鎮南將軍留憲、征南將軍成據、宜都太守虞忠。[5]壬戌，克荆門、夷道二城，[6]獲監軍陸晏。[7]乙丑，克樂鄉，[8]獲水軍督陸景。[9]平西將軍施洪等來降。[10]乙亥，詔進濬爲平東將軍、假節、都督益梁諸軍事。[11]

[1]成都：縣名，治所在今四川省成都市。

[2]巴東監軍：官名，巴東地區的軍事行政長官，位低於都督。四品。　廣武將軍：官名，曹魏、西晋皆置。名號將軍中地位較高。四品。　丹楊：郡名，治所在建鄴縣（今江蘇省南京市）。楊，原本、殿本作“陽”，宋本作“楊”。據宋本改。

[3]禽：殿本作“擒”。　丹陽監：即丹楊監，監理丹楊軍政事務長官。

[4]西陵：地名，在今江蘇省南京市南。

[5]鎮南將軍：官名，與鎮東、鎮西、鎮北將軍合稱四鎮將軍。多爲持節都督，出鎮方面。曹魏二品。晋改三品，加持節都督者二品。　征南將軍：官名，與征東將軍、征西將軍、征北將軍合稱四征將軍。三國魏蜀吴兩晋皆置，出鎮方面，地位顯要。三品，加持節都督者二品。　宜都：郡名，治所在夷陵縣（今湖北省宜昌市東南長江北岸）。中華本校勘記："獲其鎮南將軍留憲、征南將軍成據：《武紀》'成據'作'成璩'，'獲'作'殺'，《通鑑》八一亦云'殺吴都督留憲等'。"

[6]荆門：地名，在今湖北省枝江市西北長江邊。　夷道：縣名，治所在今湖北省枝江市。

[7]監軍：官名，軍隊出征所置官員，掌監視將帥，權勢頗重。四品。　陸晏：三國時吴郡吴縣（今江蘇省蘇州市）人，陸抗之子，任裨將軍、夷道監。

[8]樂鄉：縣名，治所在今湖北省鐘祥市西北。

[9]水軍督：水軍統帥。　陸景：字士仁，陸晏弟。以尚公主拜騎都尉，封毗陵侯。拜偏將軍、中夏督。澡身好學，著書數十篇。

[10]平西將軍：官名，與平北、平南、平東合稱四平將軍，權任很重，多持節都督或監某一地區的軍事，有時亦作爲刺史等地方官員兼理軍務的加官。三品，加持節都督者二品。

[11]平東將軍：官名，與平北、平南、平西合稱四平將軍，權任很重，多持節都督或監某一地區的軍事，有時亦作爲刺史等地方官員兼理軍務的加官。三品，加持節都督者二品。　都督益梁諸軍事：上述二州最高軍事行政長官。

濬自發蜀，兵不血刃，攻無堅城，夏口、武昌，[1]無相支抗。於是順流鼓棹，徑造三山。[2]皓遣游擊將軍張象率舟軍萬人禦濬，[3]象軍望旗而降。皓聞濬軍旌旗器甲，屬天滿江，威勢甚盛，莫不破膽。用光禄勛薛瑩、中書令胡冲計，[4]送降文於濬曰："吴郡孫皓叩頭死罪。昔漢室失御，九州幅裂，先人因時略有江南，遂阻山河，與魏乖隔。大晋龍興，德覆四海，暗劣偷安，未喻天命。至於今者，猥煩六軍，衡蓋露次，[5]遠臨江渚。舉國震惶，假息漏刻，[6]敢緣天朝，含弘光大。謹遣私署太常張夔等奉所佩璽綬，委質請命。"壬寅，[7]濬入于石頭。皓乃備亡國之禮，素車白馬，肉袒面縛，銜璧牽羊，大夫衰服，士輿櫬，率其僞太子瑾、瑾弟魯王虔等二十一人，造于壘門。濬躬解其縛，受璧焚櫬，送于京師。收其圖籍，封其府庫，無私焉。帝遣使者犒濬軍。

[1]夏口：即沔口，位於今湖北省武漢市，漢江入長江之口。　武昌：縣名，治所在今湖北省鄂州市鄂城區。

[2]三山：一名護國山，位於今江蘇省南京市西南長江南岸。

[3]游擊將軍：官名，禁軍將領，與驍騎將軍分領命中虎賁，掌宿衛之任。隸屬中領軍（領軍將軍）。四品。

[4]光禄勛：官名，侍從皇帝左右，掌宫廷宿衛。西晋時兼掌原屬少府的一部分宫廷供御事務。三品。　中書令：官名，掌收納尚書奏事、傳達皇帝詔旨。三國魏文帝初年分秘書置中書省，設中書監和中書令，職權甚重。三品。

[5]衡蓋露次：將車停駐在露天。

[6]假息漏刻：漏刻，殿本作"刻漏"。

[7]壬寅：是年二月戊午朔，月内無壬寅。《晋書》卷三《武帝紀》、《資治通鑑》卷七九《晋紀一》均作"三月壬寅"。此"壬寅"上脱"三月"二字。（參見牛繼清、張林祥《十七史疑年録》，

黄山書社 2007 年版，第 61 頁）

初，詔書使濬下建平，受杜預節度，至秣陵，受王渾節度。預至江陵，[1]謂諸將帥曰："若濬得下建平，則順流長驅，威名已著，不宜令受制於我。若不能克，則無緣得施節度。"濬至西陵，預與之書曰："足下既摧其西藩，便當徑取秣陵，討累世之逋寇，釋吴人於塗炭。自江入淮，逾于泗汴，[2]泝河而上，振旅還都，亦曠世一事也。"濬大悦，表呈預書。

［1］江陵：縣名，治所在今湖北省江陵縣。

［2］泗：泗水，又名清水，一作清泗。源自今山東省泗水縣東蒙山南麓，西流經泗水、曲阜、兖州等縣市，折南經濟寧市南魯鎮及魚臺縣東，轉東南經江蘇省沛縣及徐州市，此下略循廢黄河至淮安市淮陰區西南入淮河。　汴：汴水，即今河南省滎陽市西索河。

及濬將至秣陵，王渾遣信要令暫過論事，濬舉帆直指，報曰："風利，不得泊也。"王渾久破皓中軍，斬張悌等，頓兵不敢進。而濬乘勝納降，渾耻而且忿，乃表濬違詔不受節度，誣罪狀之。有司遂案濬檻車徵，帝弗許，詔讓濬曰："伐國事重，宜令有一。前詔使將軍受安東將軍渾節度，渾思謀深重，案甲以待將軍。云何徑前，不從渾命，違制昧利，甚失大義。將軍功勛，簡在朕心，當率由詔書，崇成王法，而於事終恃功肆意，朕將何以令天下？"濬上書自理曰：[1]

臣前被《庚戌詔書》曰："軍人乘勝，猛氣益壯，便當順流長騖，直造秣陵。”臣被詔之日，即便東下。又前被詔書云“太尉賈充總統諸方，自鎮東大將軍伷及渾、濬、彬等皆受充節度”，無令臣别受渾節度之文。

[1]理：辯白，辯解。

臣自達巴丘，所向風靡，知孫皓窮踧，勢無所至。十四日至牛渚，[1]去秣陵二百里，宿設部分，爲攻取節度。前至三山，見渾軍在北岸，遣書與臣，可暫來過，共有所議，亦不語臣當受節度之意。臣水軍風發，乘勢造賊城，加宿設部分行有次第，[2]無緣得於長流之中回船過渾，令首尾斷絶。須臾之間，皓遣使歸命。臣即報渾書，并寫皓牋，具以示渾，使速來，當於石頭相待。軍以日中至秣陵，暮乃被渾所下當受節度之符，欲令臣明十六日悉將所領，還圍石頭，備皓越逸。又索蜀兵及鎮南諸軍人名定見。[3]臣以爲皓已來首都亭，無緣共合空圍。又兵人定見，不可倉卒，皆非當今之急，不可承用。中詔謂臣忽棄明制，專擅自由。伏讀嚴詔，驚怖悚慄，不知軀命當所投厝。豈唯老臣獨懷戰灼，[4]三軍上下咸盡喪氣。臣受國恩，任重事大，常恐託付不效，孤負聖朝。故投身死地，轉戰萬里，被蒙寬恕之恩，得從臨履之宜。[5]是以憑賴威靈，幸而能濟，皆是陛下神策妙算。[6]臣承指授，效鷹犬之用耳，有何勛勞而恃功肆意，寧敢昧利而違聖詔。

［1］牛渚：地名，在今安徽省馬鞍山市西長江南岸采石磯。

［2］宿設部分行有次第：設定好的部署被有次序地執行。

［3］人名定見：人名籍簿。（参見周一良《魏晋南北朝史札記》，中華書局1985年版）

［4］豈唯：唯，殿本作"惟"。

［5］臨履：根據實地出現的情况適當處置。

［6］神策妙算：妙，殿本作"廟"。

臣以十五日至秣陵，而詔書以十六日起洛陽，[1]其間懸闊，不相赴接，則臣之罪責宜蒙察恕。假令孫皓猶有螳蜋舉斧之勢，而臣輕軍單入，有所虧喪，罪之可也。臣所統八萬餘人，乘勝席卷。皓以衆叛親離，無復羽翼，匹夫獨坐，[2]不能庇其妻子，雀鼠貪生，苟乞一活耳。而江北諸軍不知其虚實，不早縛取，自爲小誤。臣至便得，更見怨恚，並云守賊百日，而令他人得之，言語噂𠴲，[3]不可聽聞。

［1］十六日：六，原本、宋本、殿本作"二"，據中華本改。

［2］匹夫獨坐：坐，殿本作"立"。

［3］噂𠴲：衆説紛紜不一。

案《春秋》之義，大夫出疆，由有專輒。臣雖愚蠢，以爲事君之道，唯當竭節盡忠，奮不顧命，[1]量力受任，臨事制宜，苟利社稷，死生以之。若其顧護嫌疑，以避咎責，此是人臣不忠之利，實非明主社稷之福也。臣不自料，忘其鄙劣，披布丹心，輸寫肝腦，欲竭股肱之力，加之以忠貞，庶必掃除凶逆，清一宇宙，願令聖世與唐虞比隆。陛下粗察臣之愚款，而識其欲自效之誠，是以授臣以方牧之任，委臣以征討之事。雖燕王之信樂毅，[2]漢祖之任蕭何，[3]無以加焉。受恩深重，死且不報，而以頑疏，舉錯失宜。陛下弘恩，財加切讓，惶怖怔營，無地自厝，願陛下明臣赤心而已。

[1]奮不顧命：命，殿本作“身”。

[2]樂毅：戰國時靈壽（今河北省靈壽縣西北）人，魏將樂羊後代，燕昭王時入燕，帥聯軍大敗齊國，攻下齊國城邑七十多座。後因燕惠王中反間計，樂毅遂離開燕國入趙國。

[3]蕭何：秦末泗水沛縣豐邑（今江蘇省豐縣）人。隨劉邦起兵反秦。楚漢戰争中，留守關中，爲前綫籌集糧草。劉邦稱帝後，因功高封酇侯。助吕后誅除韓信，封相國。劉邦死後復事惠帝，死前推薦曹參繼任。

渾又騰周浚書，云濬軍得吴寶物。濬復表曰：

被《壬戌詔書》，[1]下安東將軍所上揚州刺史周浚書，謂臣諸軍得孫皓寶物，又謂牙門將李高放火燒皓僞宫。[2]輒公文上尚書，具列本末。又聞渾案陷上臣。臣受性愚忠，行事舉動，信心而前，祈於不負神明而已。[3]秣陵之事，皆如前所表，而惡直醜正，實繁有徒，[4]欲構南箕，[5]成此貝錦，[6]公於聖世，反白爲黑。

[1]壬戌詔書：壬，原本、宋本作“戊”，殿本作“壬”，據殿本改。

[2]牙門：官名，牙門將省稱，三國兩晋南北朝皆置，統兵武職，位在裨將軍下、郡守上。五品。牙，原本、宋本作“衙”，殿本作“牙”，據殿本改。

[3]祈：殿本作“期”。

[4]實繁有徒：確實有不少這樣的人。

[5]南箕：星名。即箕宿。共四星，二星爲踵，二星爲舌。古人認爲箕星主口舌，多以比喻讒佞。《詩·小雅·巷伯》：“哆兮侈兮，成是南箕。彼譖人者，誰適與謀？”鄭玄箋：“箕星哆然，踵狹而舌廣。今讒人之因寺人之近嫌而成言其罪，猶因箕星之哆而侈大之。”

[6]貝錦：喻誣陷他人、羅織成罪的讒言。《詩·小雅·巷伯》：“萋兮斐兮，成是貝錦。”朱熹集傳：“言因萋斐之形，而文致之以成貝錦，以比讒人者因人之小過而飾成大罪也。”

夫佞邪害國，自古而然。故無極破楚，[1]宰嚭滅吴，[2]及至石顯，[3]傾亂漢朝，皆載在典籍，爲世作戒。昔樂毅伐齊，下城七十，而卒被讒間，脱身出奔。樂羊既反，[4]謗書滿篋。[5]况臣頑疏，能免讒慝之口！然所望全其首領者，實賴陛下聖哲欽明，使浸潤之譖不得行焉。[6]然臣孤根獨立，朝無黨援，久棄遐外，人道斷絶，而結恨强宗，取怨豪族。以累卵之身，處雷霆之衝；繭栗之質，當豺狼之路，其見吞噬，豈抗脣齒！

[1]無極：費無忌，春秋時楚國大夫。楚平王二年（前 527），派費無忌到秦國爲太子建取婦。秦婦生得漂亮，費無忌便勸平王自己娶之，給太子另擇婦人。當時費無忌任太子少傅，不受太子寵信，便常常在楚王面前説太子壞話，最終逼走太子。又誣蔑太子師伍奢謀叛，使平王殺死伍奢父子。最終爲令尹子常所殺。

[2]宰嚭：春秋時吴國人，任太宰。性貪，吴越之戰，接受越國的賄賂，勸吴王不要滅掉越國。結果越國得以休養生息，反過手來將吴國滅掉。越王滅吴後，認爲宰嚭不忠，將其殺掉。

[3]石顯：西漢濟南（今山東省章丘市西）人，字君房。受腐刑，爲中黄門、中尚書。宣帝時任中書僕射。元帝時被委以朝政，大小事皆由其所決。乃結黨營私，收受賄賂。成帝即位後失勢，被免官，回鄉途中病死。

[4]樂羊：戰國時魏國人，魏文侯時受翟璜推薦，爲將軍，北伐中山，三年而克之。返而論功，魏文侯示之謗書一篋。樂羊再拜稽首曰："此非臣之功也，主君之力也。"

[5]謗書滿篋：滿，殿本作"盈"。

[6]浸潤之譖：讒毁之言。《論語·顔淵》："浸潤之譖，膚受之愬，不行焉，可謂明也已矣。"邢昺疏引鄭玄曰："譖人之言，如水之浸潤，漸以成之。"

夫犯上干主，其罪可救，乖忤貴臣，則禍在不測。故朱雲折檻，[1]嬰逆鱗之怒，[2]慶忌救之，[3]成帝不問。望之、周堪違忤石顯，[4]雖闔朝嗟嘆，而死不旋踵。此臣之所大怖也。今渾之友黨姻族内外，[5]皆根據磐牙，並處世位。聞遣人在洛中，專共交構，[6]盗言孔甘，[7]疑惑觀聽。[8]夫曾參之不殺人，[9]亦以明矣，然三人傳之，其母投杼。今臣之信行，未若曾參之著；而讒構沸騰，非徒三夫之對，外内扇助，爲二五之應。[10]夫猛獸當途，麒麟恐懼，况臣脆弱，敢不悚悚！

[1]朱雲折檻：朱雲，西漢魯國（今山東省曲阜市）人，字游。元帝時任博士。時石顯用事，百官畏之，獨朱雲與陳咸不附。成帝時，因彈劾佞臣張禹而觸怒成帝，命御史將朱雲拿下。朱雲抓住殿檻，將殿檻拉折。左將軍辛慶忌免冠解印綬，死保朱雲。成帝氣消後纔赦免朱雲。後來下人要修門檻，成帝表示留着它以表彰直言之臣。

[2]逆鱗：冒犯君主使之震怒。《韓非子·説難》："夫龍之爲蟲也，柔可狎而騎也，然其喉下有逆鱗徑尺，若人有嬰之者則必殺人。人主亦有逆鱗，説者能無嬰人主之逆鱗則幾矣。"

[3]慶忌：辛慶忌，西漢隴西狄道（今甘肅省臨洮市）人，字子真。以戰功歷任侍郎、郎中、車騎將軍。成帝時徵爲光禄大夫、執金吾，後拜右將軍、左將軍。

[4]望之：蕭望之，西漢東海蘭陵（今山東省蒼山西南蘭陵鎮）人，字長倩。昭帝時以射策甲科爲郎。宣帝時任謁者，累遷諫大夫、丞相司直。後歷任少府、左馮翊、大鴻臚、御史大夫、太子太傅等。後被石顯等人一再誣陷，自殺。　周堪：西漢齊人，字少卿。宣帝時任太子少傅。元帝時與蕭望之並領尚書事。時外戚放縱，宦官擅權，周堪欲罷宦官，因而受石顯等人誣陷，被免官。後又入朝爲官，拜光禄大夫，領尚書事。但因中書令石顯控制尚書臺，事事决定於石顯，遂積憤病卒。

[5]友黨：友，殿本作"支"。

[6]交構：構陷，撥弄是非。

[7]盗言孔甘：即讒言外表甘甜，實則害人。語出《詩·小

雅·巧言》:“君子屢盟。亂是用長。君子信盜。亂是用暴。盜言孔甘。亂是用餤。匪其止共。維王之邛。”

[8]觀聽:觀,殿本作“親”。

[9]曾參:孔子弟子,字子輿。以孝著名。

[10]二五之應:互相呼應以取利。《易·乾卦》第二爻和第五爻都是“利見大人”。

僞吴君臣,今皆生在,便可驗問,以明虚實。前僞中郎將孔攄説,去二月武昌失守,水軍行至。皓案行石頭還,左右人皆跳刀大呼云:“要當爲陛下一死戰决之。”皓意大喜,謂必能然,便盡出金寶,以賜與之。小人無狀,得便持走,皓懼,乃圖降首。降使適去,左右劫奪財物,略取妻妾,放火燒宫。皓逃身竄首,恐不脱死,臣至,遣參軍主者救斷其火耳。周浚以十六日前入皓宫,臣時遣記室吏往視書籍,[1]浚使收縛。若有遺寶,則浚前得,不應移踪後人,欲求苟免也。

[1]往視書籍:視,殿本作“觀”。

臣前在三山得浚書云:“皓散寶貨以賜將士,府庫略虚。”而今復言“金銀篋笥,動有萬計”,疑臣軍得之。言語反覆,無復本末。臣復與軍司張牧、汝南相馮紞等共入觀皓宫,[1]乃無席可坐。後日又與牧等共視皓舟船,渾又先臣一日上其船。船上之物,皆渾所知見。臣之案行,皆出其後,若有寶貨，渾應得之。

[1]軍司：官名，即軍師，因避司馬師諱，故改。爲諸軍府主要僚屬，佐主帥統軍隊，負有匡正監察主帥之責，地位很高，常繼任主帥。　汝南：郡名，西晋治所在新息縣（今河南省息縣西南），東晋移治懸瓠城（今河南省汝南縣）。　相：官名，郡國相，也稱内史。五品。　馮紞：字少胄，本書卷三九有傳。

又臣將軍素嚴，兵人不得妄離部陣間。[1]在秣陵諸軍，凡二十萬衆。臣軍先至，爲土地之主。百姓之心，皆歸仰臣，臣切敕所領，秋毫不犯。諸有市易，皆有伍任證左，明從券契，有違犯者，凡斬十三人，皆吴人所知也。餘軍縱横，詐稱臣軍，而臣軍類皆蜀人，幸以此自别耳。豈獨浚之將士皆是夷齊，[2]而臣諸軍悉聚盗跖邪！[3]時有八百餘人，緣石頭城劫取布帛。臣牙門將軍馬潛即收得二十餘人，[4]并疏其督將姓名，移以付浚，使得自科結，[5]而寂無反報，疑皆縱遣，絶其端緒也。

[1]妄離：妄，原本、宋本作“妾”，殿本作“妄”，據殿本改。

[2]浚之將士皆是：殿本無“是”字。　夷齊：伯夷和叔齊，殷商人，商滅後隱居首陽山，不食周粟而死。

[3]盗跖：亦作“盗蹠”，古代人名。《史記》卷六一《伯夷列傳》：“盗跖日殺不辜，肝人之肉，暴戾恣睢。”

[4]牙門將軍：官名，即牙門將。五品。牙，原本、宋本作“衙”，殿本作“牙”，據殿本改。

[5]科結：依科條結案定罪。

又聞吴人言，前張悌戰時，所殺財有二千人，而渾、浚露布言以萬計。[1]以吴剛子爲主簿，而遣剛至洛，欲令剛增斬級之數。可具問孫皓及其諸臣，則知其定審。[2]若信如所聞，浚等虚詐，尚欺陛下，豈惜於臣！云臣屯聚蜀人，不時送皓，欲反狀。又恐動吴人，言臣皆當誅殺，取其妻子，冀其作亂，得騁私忿。謀反大逆，尚以見加，其餘謗㖭，故其宜耳。

[1]露布：軍旅文書。

[2]定審：確定詳細。此指確定詳細的數字。

渾案臣"瓶罄小器，蒙國厚恩，頻繁擢敘，遂過其任"。渾此言最信，内省慚懼。今年平吴，誠爲大慶，於臣之身，更受咎累。既無孟側策馬之好，[1]而令濟濟之朝有讒邪之人，虧穆穆之風，損皇代之美。由臣頑疏，使致於此，拜表流汗，言不識次。

[1]孟側策馬：《左傳・哀公十一年》：齊魯兩軍開戰，魯國右軍奔逃，齊軍追趕。陳瓘、陳莊徒步渡過泗水。"孟之側後入以爲殿，抽矢策其馬，曰：'馬不進也。'"杜預注："不欲伐善。"意思是孟之側不想自誇其殿後掩護大軍之功。孟側，即孟之側。

濬至京都，有司奏，濬表既不列前後所被七詔月日，又赦後違詔不受渾節度，大不敬，付廷尉科罪。詔曰："濬前受詔徑造秣陵，後乃下受渾節度。詔書稽留，所下不至，便令與不受詔同責，未爲經通。濬不即表上被渾宣詔，此可責也。濬有征伐之勞，不足以一眚掩之。"有司又奏，濬赦後燒賊船百三十五艘，輒敕付廷尉禁推。詔曰"勿推"。拜濬輔國大將軍，[1]領步兵校尉。[2]舊校唯五，[3]置此營，自濬始也。有司又奏，輔國依比，未爲達官，[4]不置司馬，不給官騎。詔依征鎮給五百大車，增兵五百人爲輔國營，給親騎百人、官騎十人，置司馬。封爲襄陽縣侯，邑萬户。封子彝楊鄉亭侯，邑千五百户，賜絹萬匹，又賜衣一襲、錢三十萬及食物。

[1]輔國大將軍：官名，高級統帥。禄與特進同，二品。若開府則位與公同，進爲一品。

[2]步兵校尉：官名，東漢時隸屬北軍中候，爲北軍五校尉之一，魏晋時隸屬中領軍，領宿衛營兵。四品。

[3]舊校唯五：漢代的北軍五校尉：步兵校尉、屯騎校尉、長水校尉、越騎校尉、射聲校尉。

[4]宋本於"未爲達官"下有小字"觀閣本未有達官作未有大官誤"十三字。

濬自以功大，而爲渾父子及豪强所抑，屢爲有司所奏，每進見，陳其攻伐之勞，及見枉之狀，或不勝忿憤，徑出不辭。帝每容恕之。益州護軍范通，濬之外親也，謂濬曰："卿功則美矣，然恨所以居美者，未盡善也。"濬曰："何謂也?"通曰："卿旋旆之日，[1]角巾私第，[2]口不言平吴之事。若有問者，輒曰：'聖主之德，群帥之力，老夫何力之有焉!'如斯，顔老之不伐，[3]龔遂之雅對，[4]將何以過之。藺生所以屈廉頗，[5]王渾能無愧乎!"濬曰："吾始懼鄧艾之事，[6]畏禍及，不得無言，亦不能遣諸胸中，[7]是吾褊也。"[8]

[1]旋旆：回軍，回師。

[2]角巾私第：象隱士一樣待在家裏。角巾，隱士的冠飾。

[3]顔老：顔回和寧武子，顔回"願無伐善，無施勞"，寧武子"邦有道則智，邦無道則愚"，孔子認爲他們是不夸耀自己功勞的典範。寧武子是衛國元老，故稱老。

[4]龔遂：西漢山陽南平陽（今山東省鄒城市）人，字少卿，宣帝時任渤海太守，使郡中富實。宣帝召其進京，詢問其治理渤海之事。龔遂説："皆聖主之德，非小臣之力也。"

[5]藺生所以屈廉頗：藺生，藺相如，戰國時趙國人。趙惠文王時，秦昭王謊稱以十五城换趙國和氏璧，藺相如奉璧入秦，又完璧歸趙，使秦國謊言没有得逞。秦趙澠池會，又捍衛了趙國的尊嚴，因此被拜爲上卿，位在將軍廉頗之上。廉頗不服，欲辱之。藺相如屢次退讓，認爲"應先國家之急"。廉頗乃悟，負荆請罪。

[6]鄧艾：三國時義陽棘陽（今河南省南陽市南）人，字士載。歷任典農綱紀、尚書郎、討寇將軍、汝南太守、兗州刺史。平蜀漢有功，官至太尉。後爲鍾會所誣，以檻車徵回京師，中途爲衛瓘所殺。

[7]亦不能：亦，原本、宋本、殿本作"末"，據中華本改。

[8]是吾褊也：是我心胸狹小。

時人咸以濬功重報輕，博士秦秀、太子洗馬孟康、前温令李密等並表訟濬之屈。[1]帝乃遷濬鎮軍大將軍，[2]加散騎常侍，領後軍將軍。[3]王渾詣濬，濬嚴設備衛，然後見之，其相猜防如此。

[1]博士：學官，國子博士、太學博士或太常博士泛稱，教授儒學。六品。　秦秀：字玄良，本書卷五〇有傳。　太子洗馬：官名，東宫屬官。掌太子圖籍、經書，太子出行則前導威儀。七品。　孟康：三國時安平（今河北省衡水市冀州區）人，字公休。歷任曹魏散騎侍郎、弘農太守、領典農校尉。在任清己奉職，嘉善而矜不能，省息獄訟，緣民所欲，吏民稱歌焉。嘉平末，從渤海太守徵入爲中書令，後轉爲中書監。　温：縣名，治所在今河南省温縣西南。　李密：字令伯，本書卷八八有傳。

[2]鎮軍大將軍：官名，高級軍事長官，權任甚重。兩晉二品，開府位從公者一品。

[3]後軍將軍：官名，西晉武帝泰始八年（272）置，與前軍、左軍、右軍將軍合稱四軍將軍。各領兵千人，是護衛皇帝宫禁的主要禁軍將領之一。四品。

濬平吴之後，以勛高位重，不復素業自居，乃玉食錦服，縱奢侈以自逸。其有辟引，多是蜀人，示不遺故舊也。後又轉濬撫軍大將軍、開府儀同三司，[1]加特進，[2]散騎常侍、後軍將軍如故。太康六年卒，時年八十，謚曰武。葬柏谷山，大營塋域，葬垣周四十五里，面别開一門，松柏茂盛。子矩嗣。

[1]撫軍大將軍：官名，三國魏文帝始置，皇帝出征，總管留

守事。晋二品，開府位從公者一品。　開府儀同三司：官名，三國魏始置。爲大臣加號，意謂與太尉、司徒、司空三司待遇相同，許開設府署，任命僚屬。

[2]特進：官名，三國兩晋時表示有特殊地位，或用作安置閑退大臣。二品。

矩弟暢，散騎郎。暢子粹，太康十年，武帝詔粹尚潁川公主，仕至魏郡太守。[1]

[1]魏郡：治所在鄴縣（今河北省臨漳縣西南）。

濬有二孫，過江不見齒録。安西將軍桓温鎮江陵，[1]表言之曰："臣聞崇德賞功，爲政之所先；興滅繼絶，百王之所務。故德參時雍，[2]則奕世承祀；功烈一代，則永錫祚胤。案故撫軍王濬歷職内外，任兼文武，料敵制勝，明勇獨斷，義存社稷之利，不顧專輒之罪。荷戈長騖，席卷萬里，僭號之吴，面縛象魏。[3]今皇澤被於九州，玄風洽於區外。襄陽之封，[4]廢而莫續；恩寵之號，墜於近嗣。遐邇酸懷，臣竊悼之。濬今有二孫，年出六十，室如懸磬，餬口江濱，四節蒸嘗，[5]菜羹不給。昔漢高定業，求樂毅之嗣；[6]世祖旌賢，建葛亮之胤。[7]夫效忠異代，立功異國，尚通天下之善，使不泯棄。况濬建元勛於當年，著嘉慶於身後，靈基託根於南垂，皇祚中興於江左，[8]舊物克彰，神器重耀，豈不由伊人之功力也哉！誠宜加恩，少垂矜憫，追録舊勛，纂錫茅土。則聖朝之恩，宣暢於上，忠臣之志，不墜于地矣。”卒不見省。

［1］安西將軍：官名，東漢建安年間置，與安東、安南、安北合稱四安將軍，爲出鎮某一地區的軍事長官，或作爲刺史等兼理軍務的加官，權任頗重。三品，加持節都督者二品。　桓温：字元子，本書卷九八有傳。

［2］德參時雍：德高當世。

［3］象魏：宫闕，此指朝廷。

［4］襄陽之封：指王濬封襄陽縣侯。

［5］蒸嘗：本指秋冬二祭。後泛指祭祀。

［6］漢高定業，求樂毅之嗣：事見《史記》卷八〇《樂毅列傳》：“高帝過趙，問：‘樂毅有後世乎？’對曰：‘有樂叔。’高帝封之樂卿，號曰華成君。華成君，樂毅之孫也。”

［7］世祖旌賢，建葛亮之胤：指晋武帝詔蜀相諸葛亮孫諸葛京隨才署吏之事。

［8］江左：江東。因自北方視之，江東在左，江西在右，故稱。

唐彬

唐彬，字儒宗，魯國鄒人也。[1]父臺，太山太守。[2]彬有經國大度，而不拘行檢。少便弓馬，好游獵，身長八尺，走及奔鹿，强力兼人。晚乃敦悦經史，尤明《易經》，隨師受業，還家教授，恒數百人。初爲郡門下掾，[3]轉主簿。刺史王沉集諸參佐，[4]盛論距吴之策，以問九郡吏。彬與譙郡主簿張惲俱陳吴有可兼之勢，[5]沉善其對。又使彬難言吴未可伐者，而辭理皆屈。還遷功曹，[6]舉孝廉，[7]州辟主簿，累遷别駕。

[1]魯國：治所在魯縣（今山東省曲阜市東）。　鄒：縣名，治所在今山東省鄒城市東南。

[2]太山：郡名，治所在奉高縣（今山東省泰安市東）。太，殿本作“泰”。

[3]門下掾：官名，州郡府屬吏中較親近者，如功曹、賊曹、主簿等。

[4]王沉：字處道，本書卷三九有傳。

[5]譙郡：郡國名，曹魏置，治所在譙縣（今安徽省亳州市）。

[6]功曹：官名，即功曹史。郡縣屬官，職掌人事，參與郡縣政務。兩晋時，不開府將軍、太子二傅、特進、郡縣皆置。

[7]孝廉：漢代選拔人才的科目。

彬忠肅公亮，盡規匡救，不顯諫以自彰。又奉使詣相府計事，于時僚佐皆當世英彦，見彬莫不欽悦，稱之於文帝，薦爲掾屬。帝以問其參軍孔顥，顥忌其能，良久不答。陳騫在坐，[1]斂板而稱曰：“彬之爲人，勝騫甚遠。”帝笑曰：“但能如卿，固未易得，何論於勝。”因辟彬爲鎧曹屬。[2]帝問曰：“卿何以致辟？”對曰：“修業陋巷，觀古人之遺迹，言滿天下無口過，行滿天下無怨惡。”帝顧四坐曰：“名不虛行。”他日，謂孔顥曰：“近見唐彬，卿受蔽賢之責矣。”

[1]陳騫：《世説新語·方正》注引《晋陽秋》：“騫字休淵。”本書卷三五有傳。

[2]鎧曹屬：官名，丞相府鎧曹長官。

初，鄧艾之誅也，文帝以艾久在隴右，[1]素得士心，一旦夷滅，恐邊情搔動，使彬密察之。彬還，白帝曰："鄧艾忌克詭狹，矜能負才，順從者謂爲見事，直言者謂之觸迕。雖長史司馬，參佐牙門，答對失指，輒見駡辱。處身無禮，大失人心。又好施行事役，數勞衆力。隴右甚患苦之，喜聞其禍，不肯爲用。今諸軍已至，足以鎮壓外内，願無以爲慮。"

[1]隴右：地區名，指甘肅隴山以西地區。

俄除尚書水部郎。[1]泰始初，賜爵關内侯。出補鄴令，[2]彬導德齊禮，期月化成。遷弋陽太守，[3]明設禁防，百姓安之。以母喪去官。益州東接吴寇，監軍位缺，朝議用武陵太守楊宗及彬。[4]武帝以問散騎常侍文立，[5]立曰："宗、彬俱不可失。然彬多財欲，而宗好酒，惟陛下裁之。"帝曰："財欲可足，酒者難改。"遂用彬。尋又詔彬監巴東諸軍事，[6]加廣武將軍。上征吴之策，甚合帝意。

[1]尚書水部郎：官名，尚書水部曹長官，亦稱水部郎中，資深者稱侍郎。六品。

[2]鄴：縣名，曹魏五都之一。治所在今河北省臨漳縣西南。

[3]弋陽：郡名，治所在弋陽縣（今河南省潢川縣西）。

[4]武陵：郡名，治所在臨沅縣（今湖南省常德市）。

[5]散騎常侍：官名，三國魏文帝黄初年間置，侍從皇帝左右，諫諍得失，顧問應對，與侍中等共平尚書奏事。也用作宰相、諸公等加官，入宫議政。三品。　文立：字廣休，本書卷九一有傳。

[6]監巴東諸軍事：巴東地區軍事行政長官地位低於都督。

後與王濬共伐吴，彬屯據衝要，爲衆軍前驅。每設疑兵，應機制勝。陷西陵、樂鄉，多所擒獲。自巴陵、沔口以東，[1]諸賊所聚，莫不震懼，倒戈肉袒。彬知賊寇已殄，孫皓將降，未至建鄴二百里，稱疾遲留，以示不競。果有先到者争物，後到者争功，於時有識莫不高彬此舉。吴平，詔曰："廣武將軍唐彬受任方隅，東御吴寇，南臨蠻越，撫寧疆埸，有綏禦之績。又每慷慨，志在立功。頃者征討，扶疾奉命，首啓戎行，獻俘授馘，[2]勛效顯著。其以彬爲右將軍、都督巴東諸軍事。"[3]徵拜翊軍校尉，[4]改封上庸縣侯，食邑六千户，賜絹六千匹。朝有疑議，每參預焉。

[1]巴陵：縣名，治所在今湖南省岳陽市。　沔口：原漢水入長江之口，又稱漢口、夏口、魯口。位於今湖北省武漢市。

[2]獻俘授馘：古代軍禮。出征凱旋時以所獲俘虜獻於宗廟。《左傳・僖公二十八年》："獻俘授馘，飲至大賞。"杜預注："獻楚俘於廟。"馘，割下殺死敵人的左耳。

[3]右將軍：官名，漢代重號將軍之一，與前、左、後將軍並爲上卿。魏晋時常設，權位漸低，僅爲武官名號，略高於一般雜號將軍。三品。　都督巴東諸軍事：巴東地區最高軍事行政長官。

[4]翊軍校尉：官名，地位與北軍五校尉同。皇帝出行，與五校並行護駕。四品。

北虜侵掠北平，[1]以彬爲使持節、監幽州諸軍事、領護烏丸校尉、右將軍。[2]彬既至鎮，訓卒利兵，廣農重稼，震威耀武，[3]宣喻國命，示以恩信。於是鮮卑二部大莫廆、擿何等並遣侍子入貢。兼修學校，誨誘無倦，仁惠廣被。遂開拓舊境，却地千里。[4]復秦長城塞，自温城洎於碣石，[5]綿亘山谷且三千里，分軍屯守，烽候相望。[6]由是邊境獲安，無犬吠之警，自漢魏征鎮莫之比焉。鮮卑諸種畏懼，遂殺大莫廆。彬欲討之，恐列上俟報，虜必逃散，乃發幽冀車牛。[7]參軍許祇密奏之，詔遣御史檻車徵彬付廷尉，[8]以事直見釋。百姓追慕彬功德，生爲立碑作頌。

[1]北平：郡名，治所在徐無縣（今河北省遵化市東）。

[2]監幽州諸軍事：幽州地區軍事行政長官，位低於都督。　護烏丸校尉：官名，掌管内附烏丸事務，魏晉及十六國多置此職。四品。

[3]耀武：耀，原本、宋本作“曜”，殿本作“耀”，據殿本改。

[4]却地千里：却，宋本作“都”。

[5]温城：《史記》卷四《周本紀》：“取襄王所絀翟后與居温”。張守節正義：“《括地志》云：‘故温城在懷州温縣西三十里，漢、晋爲縣，本周司寇蘇忿生之邑。’”　碣石：即碣石山，位於今河北省昌黎縣北。

[6]烽候：候，殿本作“堠”。

[7]幽：幽州，治所在薊縣（今北京市西南）。　冀：冀州，三國魏治所在信都縣（今河北省衡水市冀州區），西晋移治房子縣（今河北省高邑縣西南）。

[8]御史：官名，魏晋時爲侍御史、治書侍御史、督軍糧侍御史、殿中侍御史、監國侍御史等官的簡稱。　廷尉：官名，中央最高司法審判機構長官，負責會審朝中有罪文武大臣，覆核審决郡國疑獄等。三品。

彬初受學於東海閻德，[1]門徒甚多，[2]獨目彬有廊廟才。及彬官成，而德已卒，乃爲之立碑。

［1］東海：郡名，治所在郯縣（今山東省郯城縣北）。

［2］彬初受學於東海閻德，門徒甚多：中華本校勘記："《御覽》四四三引'門徒'上重'德'字，文義較明確。"

元康初，拜使持節、前將軍、領西戎校尉、雍州刺史。[1]下教曰："此州名都，士人林藪。處士皇甫申叔、嚴舒龍、姜茂時、梁子遠等，並志節清妙，履行高潔。踐境望風，虛心饑渴，思加延致，待以不臣之典。幅巾相見，論道而已，豈以吏職，屈染高規。[2]郡國備禮發遣，以副於邑之望。"[3]於是四人皆到，彬敬而待之。元康四年卒官，時年六十，謚曰襄，賜絹二百匹，錢二十萬。長子嗣，[4]官至廣陵太守。[5]少子岐，征虜司馬。[6]

［1］前將軍：官名，漢代重號將軍之一，與左、右、後將軍並爲上卿。魏晋時常設，權位較兩漢時漸低，僅爲武官名號，略高於一般雜號將軍，不典禁兵，不與朝政。三品。　西戎校尉：官名，亦稱護西戎校尉，西晋初治長治，掌雍州少數民族事務，領兵，多以征西、鎮西將軍兼任。四品。　雍州：治所在姑臧縣（今甘肅省武威市）。東漢建安十八年（213）移治長安縣（今陝西省西安市西北）。

［2］屈染高規：委屈他使他的清高之規受到污染。

［3］於邑之望：盼望之殷切。曹丕《與吴質書》："東望於邑，裁書叙心。"

［4］長子嗣：中華本校勘記："周校：長子某脱名。"

[5]廣陵：郡名，治所在廣陵縣（今江蘇省揚州市西北蜀岡上）。

[6]征虜司馬：官名，征虜將軍府司馬。府署高級幕僚，掌参讚軍務、管理府内武職，位僅次於長史。七品。

史臣曰：孫氏負江山之阻隔，恃牛斗之妖氛，[1]奄有水鄉，抗衡上國。二王屬當戎旅，受律遄征，渾既獻捷横江，濬亦克清建鄴。于時討吴之役，將帥雖多，定吴之功，此焉爲最。向使弘范父之不伐，[2]慕陽夏之推功，[3]上稟廟堂，下憑將士，[4]豈非懋勛懋德，善始善終者歟！此而不存，彼焉是務。[5]或矜功負氣，或恃勢驕陵，競構南箕，成兹貝錦。遂乃喧黷宸扆，[6]斁亂彝倫，[7]既爲戒於功臣，亦致譏于清論，豈不惜哉！王濟遂驕父之褊心，乖争子之明義，俊材雖多，[8]亦奚以爲也。唐彬畏避交争，屬疾遲留，退讓之風，賢於渾、濬遠矣。傳云"不拘行檢"，安得長者之行哉！

[1]牛斗：牛，星宿名。二十八宿之一。斗，星宿名。因象斗形，故以爲名。

[2]范父：即前文所説勸王濬謙讓的范通。"父"同"甫"，對男子的美稱。

[3]陽夏：東漢馮異，東漢初潁川父城（今河南省寶豐縣東）人，字公孫。隨劉秀起兵，以功封陽夏侯。爲人謙退不伐，行與諸將相逢，輒引車避道。每所止舍，諸將並坐論功，異常獨屏樹下，軍中號曰"大樹將軍"。

[4]中華本此爲句號，應爲逗號。

[5]彼焉是務：惟争功是務。

[6]喧黷宸扆：在朝廷之中絮叨煩擾。宸扆，借指帝廷、君位。扆，帝王座後的屏風。

[7]斁（dù）亂彝倫：敗壞淆亂人倫秩序。

[8]俊材：俊，殿本作“雋”。

贊曰：二王總戎，淮海攸同。渾既害善，濬亦矜功。武子豪桀，夙參朝列。逞欲牛心，紓情馬埒。儒宗知退，避名全節。